POUR UN QUÉBEC SOUVERAIN
de Jacques Parizeau
est le cinq cent quatre-vingt-troisième ouvrage
publié chez
VLB éditeur
et le neuvième de la collection
«Partis pris actuels»
dirigée par Pierre Graveline.

S'inscrivant dans le prolongement des perspectives ouvertes par la célèbre revue *Parti pris* à l'époque de la Révolution tranquille, la collection «Partis pris actuels» propose des essais qui analysent d'un point de vue critique la société contemporaine et défendent des prises de position fermes dans les débats culturels et politiques qui la traversent. Sans reprendre intégralement le «programme» social et politique de *Parti pris*, la collection entend maintenir une exigence de critique radicale des diverses formes de domination qui s'exercent dans la société québécoise. Elle privilégie, dans cette optique, les ouvrages se réclamant de positions progressistes dans l'examen et la discussion des enjeux actuels auxquels nous sommes collectivement confrontés.

AUTRES TITRES PARUS

Daniel Baril, *Les mensonges de l'école catholique. Les insolences d'un militant laïque*

Marc-François Bernier, *Les planqués. Le journalisme victime des journalistes*

Claude G. Charron, *La partition du Québec. De Lord Durham à Stéphane Dion*

Henri Lamoureux, *Le citoyen responsable. L'éthique de l'engagement social*

Josée Legault, *Les nouveaux démons. Chroniques et analyses politiques*

Rodolphe Morissette, *Les juges: quand éclatent les mythes. Une radiographie de la crise*

Jacques Pelletier, *Les habits neufs de la droite culturelle. Les néo-conservateurs et la nostalgie de la culture d'un ancien régime*

Pierre Vallières, *Le devoir de résistance*

VLB éditeur bénéficie du soutien du ministère du Patrimoine du Canada et de la Société de développement des entreprises culturelles du Québec pour son programme d'édition.

Nous remercions le Conseil des Arts du Canada de l'aide accordée à notre programme de publication.

POUR UN QUÉBEC SOUVERAIN

VLB ÉDITEUR
Une division du groupe Ville-Marie Littérature
1010, rue de La Gauchetière Est
Montréal, Québec H2L 2N5
Tél.: (514) 523-1182
Téléc.: (514) 282-7530

Maquette de la couverture: Nancy Desrosiers
Photographie de la couverture: Josée Lambert

Données de catalogage avant publication (Canada)

    Parizeau, Jacques, 1930-
    Pour un Québec souverain

    (Collection Partis pris actuels)

    ISBN 2-89005-655-4

    1. Québec (Province) – Politique et gouvernement – 1960- . 2. Québec (Province) – Histoire – Autonomie et mouvements indépendantistes. 3. Droit des peuples à disposer d'eux-mêmes – Québec (Province). 4. Québec (Province) – Histoire – 1995 (Référendum constitutionnel). 5. Parizeau, Jacques, 1930- – Pensée politique et sociale. I. Titre. II. Collection.

FC2925.2.P374   1997   971.4'04   C97-940225-5
F1053.2.P374   1997

DISTRIBUTEURS EXCLUSIFS

• Pour le Québec, le Canada
et les États-Unis:
MESSAGERIES ADP*
955, rue Amherst
Montréal, Québec H2L 3K4
Tél.: (514) 523-1182
Téléc.: (514) 939-0406
* Filiale de Sogides ltée

• Pour la Belgique et le Luxembourg:
PRESSES DE BELGIQUE S.A.
Boulevard de l'Europe, 117
B-1301 Wavre
Tél.: (010) 42-03-20
Téléc.: (010) 41-20-24

• Pour la Suisse:
TRANSAT S.A.
Route des Jeunes, 4 Ter
C.P. 125, 1211 Genève 26
Tél.: (41-22) 342-77-40
Téléc.: (41-22) 343-46-46

• Pour la France et les autres pays:
INTER FORUM
Immeuble PARYSEINE 3, allée de la Seine
94854 Ivry Cedex
Tél.: 01 49 59 11 89/91
Téléc.: 01 49 59 11 96
Commandes: Tél.: 02 38 32 71 00
            Téléc.: 02 38 32 71 28

JACQUES PARIZEAU

Pour un Québec souverain

vlb éditeur

Je remercie mon éditeur, M. Pierre Graveline, de son appui et de ses conseils pour mettre ce livre au point. M. Jean-François Nadeau m'a été d'une aide précieuse ainsi que Mme Sylvie Brousseau, qui s'est chargée de rassembler le matériel nécessaire. Je remercie enfin M. Jean-Yves Soucy d'avoir fait d'un manuscrit, un livre.

La suggestion initiale de ce livre est venue d'un poète, Gaston Miron, qui vivra longtemps dans nos souvenirs.

*Aux militantes et aux militants
de la souveraineté du Québec.*

Avant-propos

À l'origine, cet ouvrage devait être un simple recueil de larges extraits de mes discours, en particulier de ceux qui ont trait à la souveraineté du Québec. Je n'ai évidemment pas écrit tous ces textes et discours moi-même, encore qu'à peu près tout ce qui se rattache aux rapports économiques entre le Québec et le Canada a été écrit par moi. Je remercie ici tous ceux et celles qui, au cours des années, m'ont prêté leur plume et leur talent. Je revendique toutefois jalousement la paternité des contenus.

J'ai prononcé beaucoup de discours, et pendant de nombreuses années. Il m'a semblé que, plutôt que de laisser reproduire une avalanche de textes, il valait mieux présenter d'abord, en introduction, l'évolution de mes idées pendant toutes les années où j'ai eu la responsabilité de faire avancer la cause de la souveraineté et de tenter de la réaliser. Cette introduction a pris des dimensions inattendues. Je crois cependant qu'elle jette une lumière nouvelle sur l'évolution de l'idée d'indépendance et permet peut-être de mieux la comprendre. Le lecteur en jugera.

Les discours et les textes choisis ont été regroupés dans cinq chapitres, chacun étant précédé d'une courte introduction. Certains d'entre eux ont été légèrement retouchés pour satisfaire aux exigences de l'imprimé.

Le premier chapitre présente trois textes qui correspondent à trois étapes de ma réflexion sur la souveraineté du Québec. Le premier est de 1961, le deuxième de 1967, le troisième, jamais publié, date de 1992.

Le deuxième chapitre s'intitule «La marche vers le référendum de 1995». Il commence au moment où le Parti québécois prend le pouvoir, le 12 septembre 1994, et se termine le soir du 30 octobre 1995, le soir du référendum. On peut trouver étrange de commencer ainsi par la fin. Tout ce qui a été dit, fait, préparé, tout ce qui apparaît dans le reste de l'ouvrage et bien d'autres choses encore ont été conditionnés par l'assurance qu'un jour on essaierait de nouveau. «À la prochaine», avait dit René Lévesque. La «prochaine», c'était le 30 octobre. Je suis convaincu qu'il y en aura une autre.

Le troisième chapitre est consacré à l'éternelle question des rapports économiques entre le Canada et le Québec, aux peurs, aux menaces, aux réalités, à la façon de faire la souveraineté en évitant de donner prise aux représailles, à la façon de travailler au développement de notre petit pays dans un grand espace économique. De l'apocalypse au partenariat: c'est un peu court, mais c'est un bon résumé.

Le quatrième chapitre porte sur les rapports de la majorité française avec les anglophones, les autochtones et les allophones qui, dans leur ensemble, ne partagent pas son aspiration à la souveraineté.

Le dernier chapitre, enfin, a trait à la reconnaissance internationale de la souveraineté du Québec. Comme on le verra dans l'introduction générale, loin d'être une sorte d'élément décoratif, la préparation diplomatique de la souveraineté aurait été la clé de sa réalisation si le OUI l'avait emporté.

La conclusion de l'ouvrage ne peut pas vraiment en être une tant que la souveraineté n'est pas réalisée. Voilà pourquoi c'est «Pour la suite des choses» qu'il faudrait l'intituler.

Introduction générale

En octobre 1967, je suis invité à prononcer une conférence à Banff sur le sempiternel problème du fédéralisme canadien. Je suis alors conseiller au bureau du premier ministre du Québec. Je l'ai été auprès de Jean Lesage, je le suis auprès de Daniel Johnson, le père, et je le serai auprès de son successeur, Jean-Jacques Bertrand.

En 1967, je suis fédéraliste; je l'ai toujours été. D'abord parce que, sur le plan économique et social, je suis de centre gauche. Comme bien des gens à cette époque, comme les libéraux à Ottawa et comme les libéraux à Québec. Je n'ai cependant jamais fait de politique active. Depuis ma jeunesse, j'éprouve une profonde répugnance pour le duplessisme qui, pour moi, est le prolongement d'une forme de cléricalisme étroit qui sévit au Québec depuis le milieu du XIXe siècle, c'est-à-dire depuis l'écrasement des Rébellions de 1837-1838. Ce mélange d'idées primaires de droite, de nationalisme linguistique borné, de favoritisme et de conformisme me tape sur les nerfs.

De retour d'Angleterre, en 1955, à la fin de mes études, je regarde, depuis mon poste de professeur à l'École des Hautes Études Commerciales, vers Ottawa où une grande réforme sociale est en cours depuis plus de dix ans. Le gouvernement d'Ottawa a bien géré l'économie durant la Seconde Guerre mondiale. Il a commencé à cette époque à mettre en place les filets de la sécurité sociale qui avaient tellement fait défaut durant la grande dépression des années trente. L'assurance-chômage, les allocations familiales et le régime universel des pensions de vieillesse, puis l'assurance-hospitalisation ne sont que les plus importantes de ces réformes.

Une forme de péréquation est instaurée pour compenser les inégalités de revenus entre les provinces. L'accès à la propriété individuelle est considérablement facilité par la création de la Société centrale d'hypothèque et de logement. On révise les lois contre les monopoles. On crée de toutes pièces des outils financiers nouveaux.

Bref, un pays se construit. C'est emballant, c'est excitant. Mais cela ne va pas sans inconvénient. En réalité, le fait d'être canadien plutôt qu'américain comporte un coût dont l'élément le plus important est le tarif douanier canadien, qui est très élevé. L'Ukrainien de la Saskatchewan a de la difficulté à comprendre pourquoi son voisin du Dakota, qui est pourtant arrivé en Amérique en même temps que lui de leur Ukraine natale, paie moins cher que lui pour son auto et reçoit plus que lui pour son blé.

Mais le fait d'être canadien représente alors quelque chose de tellement précieux que l'on accepte volontiers le sacrifice. Et l'idée qu'un sacrifice est nécessaire pour être indépendant des États-Unis est tellement ancrée dans les esprits que, quand on voudra, quarante ans plus tard, persuader les Québécois qu'ils pourraient eux aussi aspirer à construire leur pays, beaucoup resteront convaincus qu'ils devront en payer le prix, qu'ils devront accepter de faire des sacrifices, perçus comme une sorte de punition. Pourtant, le contexte a complètement changé. Le libre-échange s'est étendu sur tout le continent, on sait que la société québécoise peut économiser plusieurs milliards de dollars par an en éliminant le chevauchement des services gouvernementaux. Jamais, à vrai dire, il n'aurait été aussi avantageux que le Québec soit indépendant du Canada. Mais, chez beaucoup de gens âgés, le vieux fond dogmatique est encore présent: devenir indépendant, ça se paye.

Toujours est-il que Maurice Duplessis meurt, en 1959. Son successeur, Paul Sauvé, a à peine le temps de secouer la société québécoise avec ses discours qui commencent invariablement par le même mot: «Désormais», qu'il meurt à son tour. Et les libéraux arrivent au pouvoir en 1960. C'est le début de la Révolution tranquille.

Je plonge avec enthousiasme dans ce qui se passe à Québec. Enfin! La modernisation du Québec sera une tâche extraordinaire. Quel retard nous avons pris! Quelque 54 % des adultes québécois francophones n'ont pas dépassé la sixième année. L'État du Québec ne dispose d'à peu près aucun instrument d'intervention. Presque tous les centres de décisions économiques sont aux mains d'intérêts extérieurs à la communauté francophone. Sous-scolarisés, le plus souvent unilingues, non seulement les francophones ont-ils dans l'ensemble des revenus nettement inférieurs à ceux de la plupart des Anglo-Québécois, mais les membres des autres communautés ethniques se débrouillent mieux qu'eux.

Le Québec, cependant, recèle des trésors d'imagination et de dynamisme; il suffit d'aller les chercher: à l'université et à l'école, dans la presse, dans les syndicats et, oui, dans une partie du clergé, chez les jésuites en particulier.

Ainsi commence la première grande aventure de la «responsabilisation» des Québécois à l'égard d'eux-mêmes, dans un cadre intellectuel tout à fait moderne, dans une grande naïveté sans doute, mais avec enthousiasme et avec une foi capable de soulever les montagnes: la réforme de l'éducation, les premières tentatives de planification à la française, les grands instruments d'intervention économique, l'instauration de mesures de sécurité sociale, toujours en gardant l'œil fixé sur le taux de chômage, à une époque où l'expression «plein emploi» ne faisait pas rire. «Qui s'instruit s'enrichit», lisait-on sur des panneaux publicitaires le long des routes.

Pour moi comme pour d'autres, l'arrivée au pouvoir de Daniel Johnson, en 1966, lui, le successeur de Maurice Duplessis, constitue une véritable catastrophe. La droite est de retour. Mais au bout d'un mois, on constate que non. Le mouvement amorcé est trop puissant. Il se poursuivra.

Mais me voici en octobre 1967. Je m'en vais prononcer une conférence à Banff. J'ai eu tellement de travail dans les semaines qui ont précédé que je n'ai pas eu le temps d'écrire mon texte ni même d'y penser. Je prends donc le train pour l'Ouest en me disant que, au cours des trois jours que dure le trajet, j'aurai la paix et tout le temps nécessaire pour me préparer.

Je suis monté dans le train. Je me souviens... avec comme arrière-plan les interminables forêts du nord de l'Ontario. Défilent alors dans ma tête tous les projets menés à bien durant la Révolution tranquille: l'apparition de l'État du Québec, les phases de son expansion, les assauts livrés contre Ottawa pour faire reculer ce gouvernement central qui, à la faveur de la Seconde Guerre mondiale, s'est emparé de tous les vrais pouvoirs et de presque toute la fiscalité, l'établissement de rapports directs avec l'étranger, et, grâce au général de Gaulle, particulièrement avec les pays de la francophonie.

Quelques mois avant ce voyage vers Banff, j'avais présenté au Quai d'Orsay, à Paris, au nom du gouvernement du Québec, un projet de participation au lancement des satellites de communication franco-allemands appelés *Symphonie*. Ils seraient lancés à partir de fusées russes (en attendant que la fusée française *Ariane* soit prête). À ce moment, le Canada négociait sa participation au lancement de satellites, principalement avec les États-Unis, mais aussi avec la Grande-Bretagne et le Japon.

J'étais assez fier de moi. En même temps, j'étais mal à l'aise. Les Québécois allaient-ils vraiment se payer deux systèmes de communication par satellite[1]? Le Québec possède sans doute alors le dynamisme et les ressources financières pour s'engager dans des voies nouvelles, créatives, stimulantes. Il reste que nous sommes, tout fédéralistes que nous soyons, en train de miner la capacité d'Ottawa d'être un gouvernement véritable.

---

1. En fait, le projet québécois n'aboutira pas.

Une des façons de maintenir une certaine cohésion dans les politiques gouvernementales des fédérations consiste à recourir aux plans conjoints. Le gouvernement central accepte de supporter, disons, 50 % des frais de la construction d'une autoroute à condition que les États ou les provinces qui composent le pays acceptent le plan routier défini par le gouvernement central et des normes minimales de construction. Il y a évidemment, dans le pays en question, des États ou provinces plus riches que d'autres. La péréquation sert au gouvernement central à rééquilibrer les coûts en fonction de la richesse respective des États ou provinces. Pour reprendre mon exemple d'autoroute, le gouvernement central peut décider que sa contribution sera plus faible pour les États dits riches et plus élevée pour les États dits pauvres.

Sans doute, les États ou provinces ont-ils leur propre mode de taxation, mais il faut trouver le moyen de coordonner l'usage qu'ils font de l'argent perçu. Si le gouvernement central baisse le taux d'imposition pour favoriser la relance de l'économie, il ne faut pas que l'autre palier de gouvernement en profite pour augmenter le sien.

Dans certaines fédérations, seul le gouvernement central peut être en déficit en ce qui concerne les opérations courantes. Les gouvernements des provinces ne peuvent emprunter que pour les immobilisations. Il arrive aussi que seul l'État central peut emprunter à l'étranger. On cherche un peu partout à coordonner les grands investissements publics, pour éviter que, en période d'inflation, tout le monde investisse en même temps.

Au Canada, sous les assauts répétés du Québec, à peu près tous les mécanismes de coordination ont sauté. Jean Lesage a retiré le Québec de 29 programmes conjoints d'un seul coup contre pleine compensation fiscale et financière. La péréquation est généreuse et inconditionnelle. Chaque province, dans le champ des impôts directs, taxe maintenant comme elle veut. Chacune emprunte à son gré. Les grands investisseurs (les sociétés hydroélectriques et de transport, par exemple) ne se parlent jamais.

Tout cela va finir mal. Je n'ai pas encore compris, alors, à quel point un tel désordre est susceptible d'entraîner un gaspillage éhonté de fonds publics, au fur et à mesure que la surenchère des deux paliers de gouvernement auprès du même électorat amène un dédoublement insensé des programmes et des services et, donc, un accroissement des dépenses.

Je n'ai pas non plus prévu le fait que le gouvernement fédéral se raidira si rapidement après l'élection de Pierre Trudeau comme premier ministre. Mais je sens bien que, tôt ou tard, chacun des deux gouvernements des Québécois va être en mesure de gêner sinon d'empêcher le travail de l'autre.

Un peuple, une nation, un pays doit avoir un gouvernement, un vrai. Et dans une fédération, il faut que le gouvernement central puisse définir des orientations, des politiques, en fonction d'objectifs précis, et qu'il s'assure qu'il a les moyens de mettre en œuvre ses politiques. Dans toutes les fédérations, on a compris cela.

Dressant alors la liste des pouvoirs que le Québec devrait accepter de remettre à Ottawa pour lui permettre de lutter efficacement contre le chômage, contre la pauvreté, contre l'inflation, je me dis que jamais on ne trouvera de parti politique au Québec qui consentira à cela. Et l'on continuera à dénoncer Ottawa, à l'attaquer, à se plaindre.

Si donc, pour les Québécois, il est impensable que leur vrai gouvernement soit à Ottawa, alors qu'il soit à Québec!

Les premiers paragraphes de ma conférence à Banff reflétaient encore un point de vue fédéraliste. La longue analyse technique que je rédige en traversant les Prairies me sort du carcan intellectuel qui a été le mien pendant tant d'années. En arrivant dans les Rocheuses, la conclusion tombe, inéluctable: au fond, le Québec deviendra peut-être un pays indépendant.

Je suis devenu souverainiste pour faire en sorte qu'un vrai gouvernement s'installe dans un vrai pays, un pays où les gens sont responsables d'eux-mêmes et où les dirigeants ne peuvent se décharger les uns sur les autres de leurs responsabilités.

Je suis devenu souverainiste parce que j'ai vu que la souveraineté du Québec constituait l'une des deux avenues disponibles, mais la seule possible pour assurer la croissance de l'emploi et de l'économie, l'égalité des chances des citoyens, un bon filet de sécurité sociale protégeant vraiment contre les aléas de la vie, sans que ces protections fassent toutefois l'objet d'une surenchère ruineuse entre deux gouvernements qui courtisent le même électorat.

La souveraineté ne rend pas automatiquement intelligent. Mais elle ne rend pas automatiquement imbécile non plus. Dans un pays industrialisé, moderne, le coût de la souveraineté, c'est le coût des mauvaises politiques que l'on adopte et que l'on applique. Si les politiques sont bien adaptées aux besoins, la souveraineté libère; elle permet à l'économie d'avancer et à la croissance de se manifester, car les entraves sont moins nombreuses.

Et la langue? Et la culture? Pour bien des gens, c'est de la langue et de la culture françaises qu'est issue la longue marche du peuple québécois vers son pays. Il m'a fallu beaucoup de temps avant de pouvoir communier à cette ferveur. Sous un certain angle intellectuel, je comprenais bien l'importance cruciale de la langue et de la culture françaises, là n'est pas la question. Mais ayant fait presque toutes mes études dans des institutions françaises ou britanniques, étant bilingue et n'ayant aucune espèce de «complexe» linguistique, j'ai eu autant de réticences à m'insérer dans la mouvance québécoise que bien des immigrés francophones pouvaient en avoir dans les années cinquante et soixante.

On peut comprendre que, par sa pauvreté, une population puisse à la longue en venir à accepter d'être dirigée dans une autre langue que la sienne. On peut comprendre que la minorité qui possède l'argent et en maîtrise le mouvement puisse obtenir toutes les garanties constitutionnelles pour préserver ses droits linguistiques. Je n'ai cependant jamais admis que l'on fasse du bilinguisme institutionnel un idéal, un objectif moral, une sorte de vertu civique. On sait à quoi, en Belgique, a abouti une tentative de ce genre: une division claire du pays entre les deux communautés culturelles et linguistiques. Et en Suisse, trouve-t-on des écoles publiques allemandes dans le canton de Genève ou des écoles publiques françaises dans le canton de Zurich? Non!

Mieux encore, pour préserver le droit d'affichage en anglais au Québec, on a été jusqu'à invoquer l'argument de la liberté d'expression tiré des chartes des droits. Quelle liberté d'expression? Celle des entreprises? Celle des sociétés commerciales? Pourquoi pas la liberté de religion ou de conscience des entreprises? Ces libertés fondamentales appartiennent, dans le monde normal, à l'individu, à l'homme ou à la femme, pas aux entreprises qui, contrairement aux personnes, sont des créatures de l'État.

Que le poids de l'histoire, les contraintes de la politique ou la paix des âmes nous amènent à accepter des situations qui ne sont ni habituelles ni normales, soit! Mais le peuple québécois, qui est un peuple francophone, doit d'abord protéger sa langue et faire s'épanouir sa culture, qui ne sont ni la langue anglaise ni la culture canadienne. Celles-ci, d'autres s'en occupent.

C'est pour cela que la Charte de la langue française, dite loi 101, adoptée en 1977, a été pour moi comme un véritable courant d'air frais. La popularité même de la loi faisait plaisir à voir. Comme si, enfin, une voie praticable apparaissait dans le gâchis linguistique.

Or, fait toujours partie du gâchis cette résistance d'un grand nombre de Québécois à reconnaître que, si le bilinguisme institutionnel est une aberration, le bilinguisme individuel est, par contre, nécessaire quand on est à ce point isolé en Amérique du Nord. Et les enfants apprennent d'autant plus facilement l'anglais et le parlent d'autant mieux qu'ils l'ont appris jeunes. On peut en dire autant d'une troisième langue, que l'élève peut choisir dans une liste des langues les plus parlées.

Là encore il y a maldonne. Le multiculturalisme est une aberration, au même titre que le bilinguisme institutionnel et constitutionnel, mais être multilingue pour quelqu'un qui appartient à un petit peuple comme le nôtre s'avère utile, voire nécessaire, dans le monde de demain.

Fait aussi partie du gâchis linguistique la vague de glorification du joual qui a déferlé pendant un certain temps chez beaucoup d'intellectuels québécois. Quel dégât cela a causé! La pire des choses qui pouvaient nous arriver se produisit: l'apologie du ghetto linguistique. La tentation du patois est d'ailleurs d'autant plus vive que la disparition de l'histoire comme matière obligatoire à l'école a coupé les élèves des points de référence à la civilisation occidentale à laquelle ils appartiennent. («Monsieur, qu'est-ce que ça veut dire, avant Jésus-Christ?»)

On l'aura compris, pour moi, contrairement à bien d'autres, la langue et la culture ne sont pas les éléments principaux qui ont inspiré mon désir d'indépendance pour le Québec. J'en comprends cependant toute l'importance. Je sais que, sans la langue et la culture, les chances de parvenir à la souveraineté seraient plus faibles. Je sais que ce sont les francophones qui vont faire la souveraineté!

Cela étant dit, pour moi, la langue, c'est le rocher de Sisyphe, et l'épanouissement de la culture québécoise est conditionné par sa capacité de se tailler une place en dehors des frontières du Québec. Il est sans doute très rassurant pour les Québécois de savoir que 47 de leurs 50 émissions françaises de télévision les plus populaires sont produites au Québec, et très bouleversant pour les Canadiens anglais de savoir que 47 de leurs 50 émissions les plus populaires sont produites aux États-Unis. Mais c'est dans le monde entier que la culture québécoise va manifester sa vitalité intrinsèque. Rien ne doit être ménagé en ce sens.

Pas plus que l'on ne doit ménager les efforts pour avancer rapidement sur l'autoroute de l'information. Voilà un nouveau langage où le Québécois se sent à l'aise, où, sur le plan technologique, il participe pleinement à la mouvance des choses et donne libre cours à sa créativité. Sans doute, ce nouveau langage ne semble pas encore nécessaire aux gens qui ont dépassé la quarantaine. Il n'empêche qu'il est intéressant, commode, utile, très utile même, intellectuellement et culturellement valorisant. Les jeunes, eux, vont vivre dans un monde où ce nouveau langage sera nécessaire, où sa maîtrise conditionnera pour une part le succès. En fait, pour les enfants d'aujourd'hui, l'accès à l'autoroute de l'information fait partie de l'égalité des chances.

On le voit, je suis un souverainiste assez peu conformiste et, initialement, tout au moins, assez peu émotionnel. Ce n'est que petit à petit que j'ai appris à aimer le Québec pour ce qu'il est. Au fond, j'ai choisi un gouvernement avant de choisir un pays.

Cela déteint sur toute mon activité politique et sur tous les discours que j'ai eu à prononcer pendant ma carrière politique. La politique doit servir à accomplir quelque chose, à réaliser un projet. Autrement, c'est une perte de temps. On a mieux à faire dans la vie.

Revenons à la conférence de Banff. Une fois passé le scandale que mon discours provoque, le calme revient. Je ne peux prolonger mon intervention dans le monde de la politique. Je préside à cette époque une commission d'étude sur les institutions financières, je continue, au bureau du premier ministre, à m'occuper de la politique salariale dans le secteur public, j'assiste, dans le conflit opposant le fédéral et le provincial, à la fin des charges de cavalerie et au commencement de la guerre des tranchées.

En septembre 1969, je remets au gouvernement du Québec le rapport de la Commission d'étude sur les institutions financières et, le mois suivant, j'entre au Parti québécois. Quelques semaines plus tard, je suis élu président du comité exécutif national du parti. J'ai plongé! Le Parti québécois est tout jeune. On se cherche, on brasse des idées, on refait le monde. Mais d'abord et avant tout, on cherche un scénario qui permette d'accéder à la souveraineté.

Le scénario a débuté avec la publication du livre *Option Québec* de René Lévesque en 1968. C'est l'acte de naissance du Mouvement souveraineté-association (MSA) que René Lévesque crée après sa sortie fracassante du Parti libéral. C'est un point de départ, *Option Québec*, mais c'est aussi un point d'aboutissement.

C'est le point de départ du premier mouvement souverainiste québécois capable de prendre le pouvoir et, donc, de réaliser la souveraineté du Québec. Et c'est le point d'aboutissement de la Révolution tranquille. Tous les Québécois qui ont collaboré à une révolution complète du système d'éducation, qui ont créé ce qui deviendra une série d'instruments de décisions économiques de premier ordre, qui ont complètement transformé le système de santé et de services sociaux, qui ont mis en place la diplomatie québécoise à l'étranger, et qui ont accompli tout cela en gagnant à peu près toutes les batailles contre le gouvernement fédéral, en lui faisant rendre gorge d'une partie de ce qu'il avait enlevé au Québec à l'occasion de la Seconde Guerre mondiale, ces Québécois, dis-je, sont assez fiers des résultats obtenus, comprennent qu'ils peuvent faire encore de grandes choses, à condition que le carcan politique et constitutionnel se relâche. Tout fédéralistes qu'ils soient, ils sont aussi latins, cartésiens, raisonneurs. Ils ne se contentent pas d'agir par à-coups.

Le Québec, comme la Révolution tranquille l'a bien montré, n'est pas une province comme les autres. Il lui faut un statut particulier, c'est-à-dire des pouvoirs de nature juridique, de nature constitutionnelle même, qui lui soient propres. Des deux peuples fondateurs, celui qui s'était endormi s'est enfin réveillé: il réclame la reconnaissance de son statut politique. C'est insuffisant, diront certains, regroupés autour du ministre de l'Éducation de l'époque, Paul Gérin-Lajoie, l'un des deux grands artisans de la réforme de l'éducation (l'autre étant Arthur Tremblay); ce qu'il faut vraiment, ce n'est pas un statut particulier pour le Québec, ce sont deux États associés, l'un étant constitué du Québec, l'autre, du reste du Canada.

Tandis que les libéraux cherchent encore des formes d'autonomie à l'intérieur du cadre fédéral, de nouvelles formations politiques commencent à aborder de front la question de l'indépendance du Québec. Aux élections de 1966, cette question sera le fondement même des programmes du Rassemblement pour l'indépendance nationale (RIN) de Pierre Bourgault et du Ralliement national (RN) de Gilles Grégoire. Ils ne remporteront pas beaucoup de votes, mais l'idée est maintenant lancée et le slogan de Pierre Bourgault, «On est capable», qui exprime alors un vœu plus qu'une constatation, ne sera jamais plus oublié.

L'élection de 1966 porte au pouvoir l'Union nationale qui, sous la direction de Daniel Johnson, le père, propose une idée géniale parce qu'elle correspond tellement bien à ce que tant de gens souhaiteraient: «Égalité ou indépendance».

Au bout de quelques mois, on se rendra bien compte que ce ne sera ni l'une ni l'autre. On verra, un peu plus loin, à quelle pression le gouvernement Johnson fut soumis. On ne peut lui tenir rigueur de ne pas avoir atteint son but. Il n'avait pas les moyens de son objectif. L'idée, cependant, selon laquelle «on obtient ce qu'il faut du fédéral ou on sort» va demeurer jusqu'à nos jours la bonne façon d'attendre Godot. Ou, pour parler comme Marius: «Retenez-moi ou je fais un malheur.»

En tout cas, le départ constitutionnel du nouveau gouvernement est foudroyant. Daniel Johnson, à peine installé dans son fauteuil de premier ministre, passe la commande aux conseillers qu'il a gardés de l'époque de Lesage de justifier la demande du Québec à Ottawa de récupérer la totalité des trois grands impôts dits directs: l'impôt sur le revenu, l'impôt sur les profits des sociétés et l'impôt sur les successions.

L'exercice de justification, merveilleusement réussi sur le plan stylistique, n'est pas convaincant. Il faudrait que des champs entiers de dépenses, jusque-là à la charge du gouvernement fédéral, passent sous la compétence du Québec: ce n'est pas seulement un statut particulier, mais un statut très particulier. C'est en fait un statut inimaginable.

Les trois colombes — Jean Marchand, Gérard Pelletier et Pierre Trudeau — viennent de se percher à Ottawa pour sauver le Canada du nationalisme québécois.

À la première conférence fédérale-provinciale des premiers ministres, Pierre Trudeau, alors ministre de la Justice, clarifie une fois pour toutes la question du statut particulier: il ne peut y avoir au parlement d'Ottawa des députés élus au Québec qui votent des lois et des impôts applicables à tous les Canadiens, sauf aux Québécois. Quant à maintenir dans le même Parlement deux catégories de députés, les uns, selon leur origine, n'ayant droit de vote que pour certaines lois ou certains impôts, les autres votant toutes les lois et tous les impôts, ce serait une perversion du système parlementaire.

En somme, on est dans le système ou on est en dehors du système. Ou encore, on est canadien ou on est québécois. C'est la logique même.

Daniel Johnson cherchera pendant un moment une consolation dans les relations interprovinciales. Les libéraux du Québec, quant à eux, ne sauront plus à quel saint se vouer, du moins jusqu'à ce que Robert Bourassa trouve enfin la pierre philosophale: le Québec serait reconnu comme société distincte par le Canada, mais cette reconnaissance n'aurait pas de conséquences juridiques.

René Lévesque, qui a été le ministre le plus populaire du cabinet de Jean Lesage, va tirer à peu près la même leçon que Pierre Trudeau des velléités autonomistes québécoises. Mais sa conclusion sera à l'inverse. Alors que Trudeau veut que le Québec demeure une province ayant le même statut que les autres, Lévesque conclut que les particularités qui rendent le Québec si différent du reste du Canada ne peuvent plus être respectées, même par le statut d'État associé. L'aboutissement normal serait la souveraineté.

La définition du concept de souveraineté qui sera donnée dans *Option Québec* mène tout droit à celle, plus explicite, que le Parti québécois fera graduellement accepter. Le peuple québécois doit avoir le droit de voter les lois qui s'appliquent à lui. Il doit avoir le droit de voter les impôts que les contribuables auront à payer. Et les traités qui lient le Québec aux autres pays doivent être approuvés par son gouvernement ou son Parlement.

Il est curieux que, depuis un quart de siècle que cette définition existe, il ait fallu tant de temps pour qu'elle soit comprise. Pas seulement dans les milieux où l'on ne s'intéresse pas particulièrement à la politique, mais par des gens qui devraient, comme on le dit joliment en anglais, savoir mieux.

Une partie de l'explication réside dans la résonance des mots. La souveraineté, c'est l'indépendance, et l'indépendance, c'est la séparation d'avec le Canada.

Subjectivement, c'est une autre histoire. Le mot «souveraineté» fait moins peur que le mot «indépendance», et le mot «séparation» fait trembler. En même temps que l'on rêve d'être un jour responsable de soi-même, on veut maintenir un lien, un rapport privilégié avec le Canada. En ce sens, psychologiquement, il y a trente ans, il fallait une «souveraineté-association» de la même manière que de nos jours on cherche une «souveraineté-partenariat».

Et il ne faut surtout pas croire que cette recherche de la deuxième face de Janus ne touche qu'un public fragile et par définition craintif. Bien au contraire! Beaucoup de dirigeants connaissent des accès d'inquiétude, un manque d'assurance que le public perçoit périodiquement. Il ne se trompe pas.

La propagande joue un rôle important dans la persistance de ce climat d'anxiété. Elle découle de la mainmise sur les médias d'un petit nombre de personnes et du gouvernement fédéral. Quand la plupart de ces «décideurs» ont le même point de vue sur une question politique fondamentale, la propagande envahit tout. Et on ne peut rien y faire. C'est comme la pluie ou la grêle, on attend que ça se calme.

Il n'est pas nécessaire de remonter bien loin dans le temps pour trouver des exemples de désinformation. En voici un tout récent: la séparation de la Slovaquie de la République tchèque en 1992. Elle a posé un sérieux problème aux fédéralistes canadiens.

Voilà un pays qui devient indépendant sur un simple vote de son Parlement, avec l'accord des Tchèques qui sont excédés. Le partage de l'actif et des dettes se fait rapidement. Il n'y a pas de violence. «Enfin chez nous», disent les Slovaques. «Bon débarras», disent les Tchèques.

Quelques mois avant notre référendum de 1995, la Slovaquie devient tout à coup l'objet d'une curiosité vorace de la part des plus grands noms des médias canadiens et québécois. Le *Globe and Mail* publie en page éditoriale quelques mises en garde bien senties. Radio-Canada envoie, pour l'émission *Le Point,* un de ses animateurs faire une enquête sur place. Pendant quelque temps, les commentateurs de nos médias manifesteront à l'égard de la Slovaquie une belle unanimité. N'est-ce pas que l'économie slovaque est plus petite que l'économie tchèque, donc plus fragile, que le chômage est plus élevé en Slovaquie, que l'union monétaire chère aux Slovaques s'est effondrée, que le marché tchèque va se fermer aux produits slovaques[2]? Tout ça pour dire aux Québécois: Méfiez-vous, regardez vers quel gouffre on veut vous entraîner.

Par la suite, la Slovaquie disparaît de nos médias comme par enchantement. Sa vie utile pour la cause fédéraliste est terminée. Quelques mois plus tard, je reçois une longue analyse effectuée par le service de recherche du Morgan Guaranty Trust, publiée à Londres et intitulée *Slovakia: Is Rapid Growth Sustainable?*, c'est-à-dire: «La Slovaquie: la croissance rapide peut-elle être maintenue?» Un des sous-titres se lit comme suit: *Slovak Economy Continues to Impress* («La performance économique slovaque continue d'impressionner»).

---

2. Les Slovaques ont annoncé qu'ils garderaient comme monnaie nationale la couronne tchèque, mais pour six mois seulement. La spéculation s'en est donné à cœur joie et une monnaie slovaque a dû être créée en catastrophe.

Je comprends que l'on soit impressionné! En 1995, le taux de croissance de la Slovaquie, en termes réels, a été de 7 %, un des plus élevés, sinon le plus élevé de tous les pays d'Europe. Déjà en 1994, le taux de croissance avait été de 6 %. Les exportations et la consommation intérieure sont très vigoureuses et la Slovaquie vend plus de produits à la République tchèque qu'elle ne lui en achète.

En somme, tout ce qu'on nous a laissé entendre est faux. Mais cela, après tout, n'a pas d'importance... Ce qui compte, essentiellement, c'est que le NON l'emporte au référendum de 1995...

L'histoire des trente dernières années est jalonnée d'opérations de propagande du même genre. J'en donnerai plus loin deux autres exemples, anciens ceux-là, qui ont trait aux fuites de capitaux, bon vieux thème de propagande absolument inusable.

Heureusement, tout n'est pas qu'affaire de psychologie et de propagande. Les faits sont là: les risques doivent être calculés. Un politicien responsable ne peut se contenter de brasser des images et des slogans. C'est dans ce contexte-là que s'est manifesté le génie intuitif de René Lévesque et qu'est apparu le concept de «souveraineté-association».

En 1967, la souveraineté-association n'était pas seulement utile pour rassurer les Québécois frileux. Elle répondait à une lecture réaliste de la situation. En fait, elle correspondait à une nécessité absolue. Et même si, plus tard, en 1980, elle deviendra un véritable piège, rétrospectivement, je ne vois pas comment nous aurions pu l'éviter.

C'est à la démonstration de cette nécessité que les prochaines pages sont consacrées. On comprendra mieux l'émergence et le sens du nouveau concept de «partenariat». Est-ce la même chose? Les contraintes, les obstacles à la souveraineté seraient-ils aujourd'hui ce qu'ils étaient hier?

Au-delà des mots, des procès d'intention, des dénonciations dogmatiques et des symboles rassurants ou emballants, il faut regarder les faits, les faits têtus.

En 1967, un Québec qui veut devenir indépendant peut avoir à surmonter des obstacles redoutables. Le plus important de ces obstacles est de nature commerciale.

En effet, les droits de douane sont encore très élevés dans le monde occidental. Bien sûr, les réunions successives du GATT ont contribué, depuis 1947, à abaisser les barrières douanières. Mais les tarifs restent élevés. De plus, les quotas et les embargos sont des choses courantes. Cela est vrai autant du Canada que des États-Unis. Pour le Québec, le marché canadien est bien plus important que le marché américain, qui n'est vraiment très ouvert que pour les matières premières. Le traité de libre-échange relatif à l'automobile vient alors à peine d'être signé.

Si un Canada hostile avait décidé de traiter les produits d'un Québec souverain comme il traite ceux des pays étrangers, nous aurions été coincés entre les murailles tarifaires et les quotas de nos deux principaux marchés. On allait au casse-pipe.

Trente ans plus tard, on ne se rend plus compte du degré de sauvagerie qui régnait encore dans les rapports commerciaux. Que l'on en juge par cet épisode qui est contemporain de l'apparition de l'idée de la souveraineté-association.

En 1961, à la suite des recommandations de la commission d'enquête Borden, le gouvernement fédéral décide de réserver le marché de l'Ontario au pétrole de l'Alberta pour y encourager l'expansion de la production. Montréal est à cette époque le plus grand centre de raffinage au Canada et une industrie pétrochimique considérable s'y est développée. Pendant plusieurs années, le partage du marché se fera à l'amiable entre les grandes compagnies et les gouvernements. Les raffineries prendront de l'expansion en Ontario, fermeront au Québec, l'industrie pétrochimique filera vers Sarnia et Edmonton, en dépit des protestations des Québécois qui n'y peuvent rien.

Quand, cependant, des compagnies indépendantes refuseront la discipline du cartel et se mettront à vendre des produits pétroliers de Montréal à l'Ontario, l'Office national

de l'énergie ordonnera l'arrêt de ces transferts, la ligne
Borden (le long de la rivière des Outaouais) deviendra
étanche et la police patrouillera les routes pour empêcher
les wagons-citernes de circuler! À l'intérieur d'un même
pays!

Face à un tel geste, peut-on reprocher à ceux qui cher-
chaient à faire du Québec un pays souverain d'avoir tellement
voulu d'un contrat d'association économique avec le Canada?
Peut-on leur reprocher d'avoir accordé une telle importance
au trait d'union placé entre les mots «souveraineté» et «association», tant et si bien que l'on a fini par croire que, sans
association, aucune souveraineté n'est possible?

Le manque d'assurance des souverainistes à la fin des
années soixante est d'autant plus compréhensible que les
institutions économiques et financières dont le Québec s'est
doté, et qui doivent éventuellement lui fournir des leviers et
une protection efficaces, n'ont pas été vraiment éprouvées.

La relative facilité avec laquelle avaient été renversés
tous les obstacles dressés contre la nationalisation des compagnies privées d'électricité en 1962 ne doit pas faire illusion. À quel point la construction était fragile, on le vit
bien, peu après l'arrivée au pouvoir de Daniel Johnson. La
Caisse de dépôt et placement du Québec venait tout juste
d'être créée et on n'avait pas encore appris à s'en servir.

Pour bien marquer le danger du flirt du premier ministre Johnson avec l'indépendance, une fuite de capitaux est
organisée en 1967. De la présidence de la Bourse de Montréal aux conseillers des grandes banques, en passant par les
analystes financiers des quotidiens et des autres médias, tous
affirment que les capitaux fuient le Québec. Daniel Johnson
est à ce moment en convalescence à Hawaii. Il y reçoit la
visite de Marcel Faribault, alors président du Trust général
du Canada, de Marc Carrière et de Paul Desmarais qui vient
d'acheter *La Presse*. Les trois visiteurs assurent que la fuite
des capitaux cessera si le premier ministre signe la déclaration qu'ils lui ont apportée et par laquelle il s'engage à
renoncer à l'indépendance, à ses pompes et à ses œuvres.

Daniel Johnson appelle Paul Dozois, son ministre des Finances, qui ne peut que lui confirmer que tout le monde lui souligne l'extrême gravité de la situation. Daniel Johnson signe. La déclaration est publiée en première page de *La Presse*. La prétendue crise se termine quelque temps après.

Du bureau du premier ministre où je travaille, je demande à la Caisse de dépôt de me faire un relevé quotidien des transactions et des prix sur le marché des obligations du Québec. Les titres les plus exposés en période de fuite des capitaux sont les obligations émises par le gouvernement du Québec et par Hydro-Québec. C'est de ces obligations-là que l'investisseur nerveux veut se débarrasser: ce sont celles qui comportent le plus de risques.

Les résultats de mon enquête sont éloquents: pendant toute cette prétendue crise, le marché est en fait fort calme, aucun mouvement de panique n'a touché les titres québécois. On s'est fait rouler. Il n'a même pas été nécessaire de déplacer des capitaux. La seule peur diffusée par les médias a suffi.

Combien étions-nous à être au courant? Une dizaine, pas plus. Pour l'ensemble du Québec, un premier ministre avait été élu, dont le mandat était de réaliser l'égalité ou l'indépendance. Or il faisait peur aux investisseurs, il mettait selon eux les emplois en péril. Mais heureusement, les «grands hommes d'affaires» veillaient au grain. Le premier ministre s'est excusé et s'est engagé à bien administrer le Québec dorénavant.

Et ça continue comme cela depuis lors. Paul Desmarais a encore essayé de nous faire le coup en 1995, avec l'aide d'autres grands hommes d'affaires, dont Laurent Beaudoin et Michel Bélanger. Toutefois, il n'est plus aussi facile de faire peur. Après trente années, les arguments sont usés. Il faut les modifier, les adapter.

Il a fallu du temps et la prise du pouvoir, en 1976, par le Parti québécois pour que l'on apprenne comment se protéger contre ce genre de pression. Il fallait aussi que le Parti québécois règle la question de la monnaie. Autrement, la crise appréhendée relativement à une monnaie québécoise empoisonnerait constamment le climat politique et économique.

Tout naturellement, pour moi, un pays indépendant doit avoir sa banque centrale, sa monnaie et sa politique monétaire. En fait, plus le danger est grand sur le plan commercial, plus les risques de pressions financières sont élevés, plus il est important de disposer d'une bonne marge d'autonomie monétaire.

Pour René Lévesque, le maintien de la monnaie canadienne était une condition fondamentale de la réalisation du projet souverainiste par les Québécois. Le raisonnement était politique. C'est René Lévesque qui avait raison.

Ce que cette question de la monnaie a pu nous faire de tort! La première campagne électorale que mena le Parti québécois, en 1970, fut l'occasion pour ses adversaires de lancer «la piastre à Lévesque», dont on prédisait d'ailleurs l'effondrement à 65 cents, ce qui, en pensant à ce qui est arrivé depuis au dollar canadien, peut faire sourire.

Cette élection de 1970 fut aussi, rappelons-le, l'occasion d'un autre coup monté par les fédéralistes. Quelques jours avant le scrutin, à l'aube, plusieurs camions blindés de la Brinks s'arrêtent devant le Royal Trust, à Montréal, et une nuée de gardes transportent de la porte principale aux camions des dizaines de grands sacs. Les camions partent ensuite pour Toronto. Des journalistes et des photographes de presse — qu'on a sortis du lit pour l'occasion — se trouvent sur les lieux.

Le coup fut superbe. Pour bien des gens, les dollars fuyaient le Québec. Une monnaie québécoise s'effondrerait donc forcément. Avec quelle monnaie allait-on pouvoir payer son hypothèque? Les votes nous glissaient entre les doigts. Le Parti québécois remporta malgré tout 23 % des voix et sept sièges.

À l'élection de 1973, la question de la monnaie n'était toujours pas réglée au Parti québécois. En dépit des campagnes de peur, le PQ obtint 31 % des voix, mais prit six sièges seulement.

À partir de là, la prudence devint de rigueur. Le trait d'union entre souveraineté et association sera alors coulé dans le béton et l'association sera élargie bien au-delà de ce qui a trait aux courants commerciaux. Évidemment, le dollar canadien en sera un des éléments essentiels.

Le Parti québécois prendra le pouvoir, on le sait, en 1976, avec seulement 41 % des voix et sans s'y attendre vraiment. Enfin, ça y est! Il y a là comme une minute de vérité. Les souverainistes, pour la première fois, n'ont plus à s'excuser d'exister ni à se défendre de nuire à l'emploi et au développement. Ce qu'ils peuvent faire, on va le voir.

Pour les fédéralistes aussi, le moment est crucial. S'ils veulent mettre le nouveau gouvernement à genoux, c'est maintenant qu'ils doivent le faire. Toutes les fausses fuites de capitaux étaient des expériences, des ballons d'essai en vue de ce qui vient d'arriver.

Sauf que les leviers économiques et financiers dont le Québec s'est doté dans les années soixante sont maintenant rodés. On les attend de pied ferme, les fédéralistes.

La presse anglophone du Québec et du Canada répand partout en Amérique du Nord que le nouveau gouvernement québécois, c'est le «Cuba du Nord». Et Cuba, c'est la peste[3]. À la fois socialiste et séparatiste, le Québec constitue une menace pour les capitalistes, les vrais démocrates et les anglophones. Ça fait beaucoup de monde!

La Caisse de dépôt et placement dispose de plusieurs centaines de millions de dollars en liquidités à court terme. Durant les jours qui suivent l'élection de 1976, des dizaines de millions de dollars en obligations du Québec et d'Hydro-Québec sont lancées sur le marché. La Caisse laisse un peu tomber les cours, histoire de faire perdre de l'argent à ceux qui vendent, puis elle achète. En fait, deux jours après l'élection, il est clair que la Caisse n'est pas «traversable».

---

3. Ce n'est que plus tard que Fidel Castro deviendra un champion de l'unité canadienne!

Mais les marchés financiers de Montréal, de Toronto et de New York se ferment alors aux nouvelles émissions d'obligations du gouvernement du Québec. Ce qui est surprenant de la part de New York, car la concurrence y est normalement très vive. C'est d'ailleurs grâce à cette concurrence que nous avons pu assurer le financement de la nationalisation des compagnies d'électricité. Mais l'évocation constante du socialisme et de Cuba a malheureusement fait son œuvre. À titre de ministre des Finances, j'arriverai à réaliser quelques placements privés en 1977, mais dans l'ensemble, le boycott tient.

La Caisse de dépôt achète sans doute de grosses quantités de titres d'État, mais c'est insuffisant. Je vais donc emprunter loin de l'épicentre du séisme... avec la plus grande facilité. Il faut dire que l'abondance des pétrodollars à cette époque favorise l'opération.

Je vais donc emprunter tout ce qu'il nous faut en Suisse, en Grande-Bretagne, en Allemagne, au Japon et en Belgique. Les milieux financiers canadiens et américains commencent alors à se rendre compte que le seul effet de leur boycott a été de leur faire perdre de lucratives commissions.

C'est ainsi que nous redevenons des gens honorables. Les marchés s'ouvrent à nouveau grâce à l'action de nos nouveaux syndicats financiers au Canada, dirigés par Lévesque Beaubien. C'est la première fois dans l'histoire du Québec qu'une maison francophone dirige le placement et la mise en marché des obligations du gouvernement du Québec. Nous ne cachons rien: chaque prospectus d'émission indique clairement que l'objectif politique principal du gouvernement est de réaliser la souveraineté du Québec.

Et que dire de l'économie maintenant? L'incertitude, les querelles fédérales-provinciales, la social-démocratie, tout cela n'a-t-il pas influé profondément sur l'économie? Tout cela n'a-t-il pas à coup sûr fait fuir les capitaux étrangers?

Qu'on en juge! Les plus volatils des capitaux sont ceux qui sont investis dans l'industrie manufacturière. Pas ceux qui sont investis dans les richesses naturelles. Il n'est pas question, par exemple, qu'Alcan renonce, pour produire son aluminium brut, à l'électricité qu'elle tire de ses propres barrages à un coût réel équivalant au sixième du prix auquel Hydro-Québec vend sa propre électricité à l'industrie. Mais la fabrication des casseroles ou des poutrelles d'aluminium peut se faire n'importe où.

Pendant trois années consécutives, soit en 1977, 1978 et 1979, les investissements manufacturiers ont augmenté au Québec plus rapidement qu'en Ontario. Vive l'incertitude politique!

Quelques opérations réussies, comme le programme OSE, la nationalisation de l'assurance automobile et le zonage agricole, viennent démontrer que non seulement le nouveau gouvernement a résisté aux premiers assauts fédéralistes, mais qu'il sait y faire.

La prudence reste cependant terriblement de mise. Le Parti québécois s'est engagé à son congrès de 1974 à tenir un référendum avant d'entreprendre quoi que ce soit au chapitre de la souveraineté. J'ai personnellement mené le combat contre l'idée même d'un référendum. Pour moi, le Québec était entré dans la Confédération par un vote de ses députés; pourquoi ne pourrait-il pas en sortir de la même façon? Mais, le principe de la tenue d'un référendum ayant été adopté par le congrès du Parti québécois, en bon soldat, j'ai accepté la nouvelle donne.

Bien des années plus tard, en voyant avec quelle facilité la Slovaquie se sépare paisiblement de la République tchèque avec un simple vote de son Parlement, j'aurai comme un coup au cœur. Mais il est trop tard maintenant. Renoncer volontairement à l'engagement pris de ne se séparer du Canada qu'après un référendum gagné serait trahir le mandat que le peuple québécois a confié à ses dirigeants. À moins que l'on ne nous y force, évidemment. Si, à Ottawa, on tient à rendre un référendum québécois illégal... «Ceux que Jupiter veut perdre, il les rend fous», disait-on autrefois.

Quoi qu'il en soit, plus le temps passe, plus la problématique référendaire se complexifie. En 1976, le Parti québécois a promis de former un bon gouvernement et de chercher, plus tard, par voie de référendum seulement, à obtenir un mandat quant à la souveraineté.

Sans doute le gouvernement formé est-il très bon. On en convient volontiers, mais les années se succèdent et il ne se produit pas grand-chose sur la question du référendum ni, conséquemment, sur la question de la souveraineté. Les résultats des sondages ne sont guère excitants; ce qui est normal dans la mesure où il est impossible de voir une idée progresser dans l'opinion publique si l'on n'en parle pas; c'est la règle en démocratie. Et surtout, on ne peut demander aux électeurs d'avoir de l'assurance quant à l'avenir si l'on n'en a pas soi-même comme député ou ministre de ce bon gouvernement.

Or, plus le temps passe, plus les périls du trait d'union se manifestent. Au moyen de mémoires, d'études, de consultations, on précise, on polit le contenu et les perspectives de l'association, en se disant qu'un jour tout cela va servir. Mais ce qui a été élaboré pour rassurer les Québécois, c'est avec Ottawa et le Canada anglais qu'il va falloir le négocier.

Et s'ils refusaient de négocier? Pas après le référendum... mais avant? Qu'est-ce que l'on aurait alors à dire à ceux que l'on doit rassurer? Et pendant que d'aucuns voient déjà s'établir à Hull le siège de la future banque centrale commune, ou de la commune Cour suprême, il faut bien se poser la question: Pourquoi les Canadiens accepteraient-ils de rassurer la clientèle de leurs adversaires?

Dans cette logique, nous devons donc démontrer que nous ne sommes pas leurs adversaires, qu'au fond, il est dans l'intérêt des deux «États associés» de trouver des terrains d'entente, que l'on vivra mieux si nous formons deux pays distincts que si nous agissons, selon les mots de René Lévesque, comme «deux scorpions dans une bouteille». En somme, c'est tout autant pour le bien des Canadiens. En somme aussi, on les aime. J'exagère, bien sûr, en pensant à d'autres événements qui se produiront quinze ans plus tard.

Le question référendaire de 1980 sera finalement longue, douce et compliquée: la plus rassurante possible pour les francophones et la moins choquante possible pour les anglophones. Un deuxième référendum est prévu pour soulager les uns et les autres.

Voici le libellé de la question:

> Le Gouvernement du Québec a fait connaître sa proposition d'en arriver, avec le reste du Canada, à une nouvelle entente fondée sur le principe de l'égalité des peuples;
>
> cette entente permettrait au Québec d'acquérir le pouvoir exclusif de faire ses lois, de percevoir ses impôts et d'établir ses relations extérieures, ce qui est la souveraineté — et, en même temps, de maintenir avec le Canada une association économique comportant l'utilisation de la même monnaie;
>
> aucun changement de statut politique résultant de ces négociations ne sera réalisé sans l'accord de la population lors d'un autre référendum;
>
> en conséquence, accordez-vous au Gouvernement du Québec le mandat de négocier l'entente proposée entre le Québec et le Canada?

Il s'agit, on le voit bien, d'une demande de mandat de négocier. La population, cependant, ne s'y trompera pas: ceux qui répondront OUI sont favorables à la souveraineté; ceux qui voteront NON sont contre.

La riposte des fédéralistes s'articulera autour de trois thèmes. D'abord, la réponse à la demande de négociation: NON merci! Plusieurs premiers ministres des autres provinces vont joindre leur voix à celle d'Ottawa: NON merci!

En deuxième lieu, nous aurons droit aux arguments fédéralistes classiques: les pensions de vieillesse ne seront plus payées, l'incertitude va continuer de régner, le chômage va s'intensifier, sans compter que le prix de l'essence va grimper. Notons que la politique nationale de l'énergie est en vigueur: elle coûtera 50 ou 60 milliards de dollars aux provinces de l'Ouest qui doivent fournir à l'Ontario du pétrole à un prix inférieur au cours international. Le Québec, qui s'approvisionne sur les marchés internationaux, reçoit des subventions fédérales pour maintenir ses prix au niveau ontarien. C'est complètement absurde, ce programme est intenable et il ne durera pas. Mais il est arrivé au bon moment. Le premier ministre actuel, Jean Chrétien, alors ministre dans le gouvernement Trudeau, bat la campagne sur le thème: «Si vous vous séparez, le prix du gaz va monter.» On ne fait pas dans la dentelle!

Et puis, comme troisième thème, Pierre Trudeau s'engage solennellement, à l'occasion d'une grande assemblée au centre Paul-Sauvé, à modifier la Constitution, si majoritairement les Québécois votent NON. Tout le monde comprend que ce serait dans le sens d'élargir les pouvoirs conférés au Québec. On verra un an plus tard que c'est tout le contraire qu'il avait en tête. Il enlèvera des pouvoirs au Québec. Nous avons été roulés une fois de plus.

Les résultats du référendum de 1980, 40 % pour le OUI, 60 % pour le NON, montrent que les francophones sont divisés en deux groupes d'importance égale. Ce résultat a de quoi faire peur. La question qui se voulait douce, pour simplement obtenir un mandat de négocier, revient comme un boomerang. Ce que les Québécois ont refusé à leur gouvernement, ce n'est pas de faire la souveraineté; après tout, ils pourraient se reprendre plus tard en invoquant que les esprits n'étaient pas suffisamment préparés, que l'adversaire a été déloyal, et que sais-je encore. Non, ce que les Québécois ont refusé à leur gouvernement, c'est le mandat lui permettant d'aller voir ce qu'il en est.

Une sorte d'effondrement psychologique chez les souverainistes va suivre 1980, effondrement que la nouvelle victoire électorale du Parti québécois en 1981 ne réussira

pas vraiment à corriger. La réforme constitutionnelle unilatérale par Ottawa, la trahison commise contre le Québec
par les provinces avec lesquelles il s'était temporairement
allié (on n'oubliera jamais la «nuit des longs couteaux») et
la récession qui commence entraînent un profond découragement.

Et pourtant, le Québec ne se débrouille pas si mal. Il
sortira de la récession plus rapidement que toutes les autres
provinces. La garde montante des gens d'affaires d'ici fait
des merveilles.

Mais à quoi bon déployer tant d'efforts quand le rêve
est brisé? En 1984, avec l'avènement du «beau risque» que
le premier ministre du Québec accepte de prendre avec le
gouvernement conservateur de Brian Mulroney, on comprend qu'une page a été tournée. Le texte que publiera René
Lévesque le 20 novembre de cette année-là marque pour
moi la fin d'une époque. Je démissionne à la fois comme
ministre des Finances et comme député. Plusieurs autres
députés et ministres du Parti québécois partent, dont
Camille Laurin, le père de la loi 101.

En 1988, je reviendrai aux affaires en me portant candidat à la présidence du Parti québécois. Pendant les quatre
années de ma retraite, j'ai souvent réfléchi à ces quinze
années (1969-1984) durant lesquelles la pensée et l'action
souverainistes se sont développées. Avec un peu de recul, j'en
suis venu à la conclusion que l'on n'irait pas plus loin dans le
sens de notre objectif en utilisant les mêmes formules, les
mêmes moyens, le même cheminement.

En outre, le contexte économique a beaucoup évolué
au cours du dernier quart de siècle. Des appréhensions, justi-
fiées, on l'a vu, dans les années soixante, ne le sont plus de
nos jours. Il y a des risques dans tout, la vie est comme cela,
mais ils ne sont plus les mêmes, et on se protège autrement
contre ces nouveaux risques.

Rien dans ce que je vais maintenant présenter ne doit,
même implicitement, être vu comme une critique de tel ou
tel aspect de la pensée ou de l'évolution politique de René

Lévesque. J'ai essayé de montrer ce que je pense qu'elles ont été. D'accord ou non avec lui, d'événement en événement, j'ai été solidaire. Et quand je n'ai plus été solidaire, je suis parti. Renier René Lévesque serait me renier moi-même.

La première leçon que j'ai tirée du référendum de 1980, c'est que, si on veut réaliser la souveraineté, il faut le dire, sans détour. Dieu sait combien, dans le cheminement qui va de l'échec de l'accord du lac Meech au référendum de 1995, les propositions ont été nombreuses pour tenter de faire du Québec un pays souverain sans que ce soit tout à fait la vraie chose, en cherchant divers moyens de rassurer les indécis, en prétendant s'inspirer de l'Union européenne sans toutefois passer par la souveraineté des États, ou encore en offrant des choix multiples dans une même question référendaire.

Je ne crois pas à la confusion comme instrument politique pour faire avancer les choses. Et je ne crois plus ceux pour qui le moment n'est jamais le bon.

J'ai rompu avec ces hésitations répétées, ces constructions constitutionnelles biscornues, ces tactiques dilatoires, en m'appuyant sur deux formules simples. Premièrement, le Parti québécois est souverainiste avant, pendant et après les élections; la souveraineté est sa principale raison d'être. Deuxièmement, un référendum devra être tenu pour obtenir le mandat de réaliser la souveraineté du Québec; après avoir pris le pouvoir, on tiendra rapidement ce référendum.

Tout ce qui va s'ensuivre repose sur ces deux idées-là. Elles me guideront dans tous les débats constitutionnels qui commencent avec la négociation de l'accord du lac Meech.

Sans reprendre ici toute la litanie des grand-messes constitutionnelles qui se sont déroulées année après année, il est vrai que je ne me suis pas laissé distraire de mon objectif et que j'ai habitué mon parti à la même rigueur. On m'a déjà accusé d'être le vrai responsable de l'échec de l'accord du lac Meech. Il y a du vrai dans cette affirmation. Aussi futiles qu'aient pu être les dispositions de cet accord, j'étais profondément convaincu, peut-être parce que je les fréquente depuis fort longtemps, que les Canadiens anglais n'accepteraient pas l'accord proposé par leurs dirigeants. Ils jugeraient que c'était encore trop généreux pour le Québec. Alors j'ai passé des mois à implorer, à l'Assemblée nationale et en dehors de l'Assemblée nationale, «mon» premier ministre Robert Bourassa de ne pas reculer, même d'un pouce, par rapport aux cinq conditions qu'il avait posées.

La commission Bélanger-Campeau fut, paradoxalement, un moment de grand péril. Jamais l'option souverainiste n'avait été aussi forte dans l'opinion publique. Mais il subsistait encore un espoir tenace selon lequel il fallait donner une dernière chance au système fédéral. Donnerait-on une dernière chance au Canada avant de proposer un référendum sur la souveraineté? Et qui jugerait de la qualité de cette dernière chance?

Sans reprendre dans les menus détails les tractations entre les membres de la commission Bélanger-Campeau, disons simplement que mon entêtement n'est pas venu à bout de l'espoir que continuait de susciter l'idée d'une dernière chance. Mais au moins, la recommandation fut faite de tenir un référendum sur la souveraineté et de le tenir au plus tard en octobre 1992.

Les représentants du gouvernement signèrent le rapport Bélanger-Campeau. Le gouvernement présenta un projet de loi (la loi 150) qui reprenait mot pour mot les recommandations de la commission Bélanger-Campeau, mais en les faisant précéder de considérants qui soulevaient des doutes sérieux quant à l'intention véritable de tenir le référendum prévu par la loi. Après que les deux commissions parlementaires créées par la loi 150 eurent siégé pendant des mois (l'une traitant des conséquences de l'accession à la souveraineté, l'autre se penchant sur les balises d'une offre fédérale acceptable), le gouvernement annonça qu'il n'y aurait pas de référendum. Les Québécois s'étaient encore fait rouler.

À Ottawa, pendant ce temps, on cherche toujours une solution. De commissions d'enquête en spectacles télévisés, on arrive finalement à un accord entre le premier ministre canadien, les premiers ministres des provinces et les chefs autochtones sur un projet de vaste réforme constitutionnelle, projet qui sera soumis à l'approbation des électeurs dans le cadre d'un référendum pancanadien. Ce sera le référendum de 1992 sur l'entente de Charlottetown. Pas celui que je souhaitais. Qu'importe. L'occasion est belle de descendre ce canard de la dernière, dernière chance du fédéralisme canadien.

Les Québécois votèrent majoritairement contre le projet; les Canadiens des provinces anglaises se prononcèrent eux aussi majoritairement contre, de même que les autochtones. Le cirque constitutionnel se terminait donc par un vote des trois électorats contre tous les dirigeants du Canada. Du jamais vu!

À partir de là, mon programme devint clair. En 1992, on a gagné le référendum de Charlottetown. En 1993, la majorité de la députation du Québec à Ottawa est composée de souverainistes. En 1994, le Parti québécois reprend le pouvoir au Québec. Et en 1995, le référendum sur la souveraineté aura lieu.

Comment allait-on accéder à cette souveraineté? Sur quelles bases? Il est clair que, depuis plusieurs années, je ne parlais à peu près plus que de souveraineté. Le trait d'union s'était estompé. On pouvait, j'en étais persuadé, réaliser la souveraineté même si les Canadiens étaient pendant un temps intraitables. Je voulais que plus jamais nous ne soyons placés devant un «NON merci!» Par ailleurs, j'étais convaincu que la vaste majorité des anglophones et des allophones du Canada et du Québec seraient de toute façon contre toute forme de souveraineté tant et aussi longtemps que les Québécois ne se seraient pas prononcés démocratiquement en faveur de celle-ci.

J'ai fait hurler la presse et les bonnes âmes en soutenant durant un conseil national du Parti québécois qu'il nous fallait obtenir une partie suffisante du vote francophone de sorte que le vote anglophone et allophone ne nous soit pas nécessaire. Rien de ce qui s'est déroulé par la suite n'a remis mon affirmation en question, bien au contraire. Je demeure convaincu que le seul critère important quant à l'orientation du vote sur la souveraineté, c'est la langue. Ce n'est ni la race ni la couleur; c'est la langue. Je connais beaucoup de souverainistes d'origine haïtienne alors que je n'en connais aucun chez les Jamaïcains...

Quand on veut évaluer les chances pour le Parti québécois de remporter une circonscription, le premier élément retenu est le pourcentage de francophones. Après tout, les francophones comptent pour 83 % de la population du Québec. Il y a là toute la place nécessaire pour obtenir une décision majoritaire.

Et les autres Québécois, les anglophones, les allophones? On les déteste? Non, on attend tout simplement que la souveraineté soit chose faite et ensuite, la nature humaine étant ce qu'elle est, on découvrira enfin des Québécois là où aujourd'hui on ne trouve que des Canadiens, avec quelques exceptions proprement héroïques.

Cela dit, envisager de réaliser la souveraineté en indiquant bien aux Canadiens que nous sommes prêts à négocier, mais que s'ils refusent de discuter, nous procéderons quand même, est-ce faisable sans exposer la société québécoise à des risques indus?

Il ne faut pas donner une réponse émotive à cette question. C'est comme quand on joue aux cartes. Avant d'annoncer, on regarde son jeu. Le jeu qu'avait en main René Lévesque à la fin des années soixante l'amenait nécessairement à la souveraineté-association. Le jeu que moi j'avais en main au début des années quatre-vingt-dix m'amenait à vouloir réaliser la souveraineté avec l'accord du Canada de préférence, mais sans son accord au besoin. Cela, il faut l'expliquer.

Je vais le faire en montrant quatre cartes: les courants commerciaux, la monnaie et les courants financiers, la citoyenneté et la reconnaissance internationale. La démonstration sera forcément schématique dans le cadre de la présente introduction, mais plusieurs de mes discours portent sur ces questions ou y font référence.

Le monde économique et commercial a beaucoup changé en un quart de siècle. Les barrières douanières ont été, grâce au GATT, très substantiellement abaissées. L'utilisation des quotas est précisément réglementée. L'intégration commerciale des pays de l'Europe de l'Ouest est à toutes fins utiles terminée. Les barrières tarifaires américaines ont suivi le mouvement général. Mais voilà qu'à partir de 1987, le Congrès américain est devenu très protectionniste et que ses membres ont multiplié les projets de lois en vue de réduire ou de bloquer les importations qui font du tort à tel ou tel lobby associé à l'un ou l'autre des membres de la Chambre des représentants ou du Sénat.

Pour le Canada, premier partenaire commercial des États-Unis, la menace est terrible. Qu'un quart seulement des mesures protectionnistes proposées soit adopté et voilà le Canada plongé dans une profonde récession. La Maison-Blanche, beaucoup moins protectionniste que le Congrès, voit le danger et, prenant l'offensive, propose un traité de libre-échange complet avec le Canada. Le premier ministre Mulroney n'a pas le choix. Il doit accepter, car, autrement, le Congrès aurait les mains libres et pourrait agir à sa guise.

Le libre-échange comporte pour les diverses régions du Canada des avantages et des inconvénients différents. Prenons le cas de l'Ontario où les investissements américains sont considérables: un grand nombre de filiales s'y sont installées uniquement à cause des droits de douane canadiens, ou, dans le domaine de l'automobile, à cause des clauses du Pacte de l'automobile qui protège la construction de véhicules au Canada. Le libre-échange peut donc vouloir dire de sérieux bouleversements pour l'Ontario. David Peterson, alors premier ministre de cette province, refuse d'appuyer le gouvernement fédéral et menace d'aller devant les tribunaux pour l'empêcher de conclure ce traité de libre-échange avec les Américains. J'ai à cette époque eu l'occasion, à Toronto, de causer tout un émoi en affirmant que, si j'étais ontarien, je serais d'accord avec lui.

Mais je ne suis pas ontarien. Au Québec, une part bien plus importante de l'activité économique est entre les mains d'entrepreneurs locaux. Pour eux, pouvoir vendre, sans entrave, leurs produits aux États-Unis est un véritable cadeau du ciel. Mais comme les syndicats québécois ont tendance à emboîter le pas aux syndicats ontariens dans leur opposition au libre-échange, le Parti québécois hésite à en appuyer le principe.

Avec l'aide hautement efficace de Bernard Landry, je réussis à faire effectuer un virage à 180 degrés au Parti québécois dont je viens de prendre la présidence. D'abord parce que nous pensons que le libre-échange favorise le Québec, et aussi en raison des répercussions politiques immenses que la signature de ce traité va entraîner. Le Québec, d'un seul coup, se mettrait ainsi à l'abri de toutes les représailles commerciales ou économiques que le Canada pourrait envisager à la suite d'une déclaration de souveraineté. C'était, en somme, faire appel aux Américains pour nous protéger contre les Canadiens. Le libre-échange sonnerait aussi le glas des menaces dont on nous abreuvait depuis si longtemps: «On n'achètera plus vos vêtements; on ne vous vendra plus notre bœuf.»

Les Américains n'ont jamais aimé le rôle que le Québec leur a fait jouer face à leurs amis canadiens, mais ils ont bien été forcés de reconnaître qu'au Québec le traité de libre-échange recevait l'appui des deux partis politiques (autant des députés libéraux que des députés péquistes) et que ce fut grâce à cet appui non partisan (mais non dénué d'arrière-pensée) que Brian Mulroney put signer le traité.

Par l'ajout du Mexique, ce traité deviendra l'ALENA, toujours avec l'appui à peu près unanime du Québec (exception faite des réserves compréhensibles exprimées par les syndicats quant aux conditions de travail et à la protection de l'environnement).

Finalement, en 1994, à Miami, les dirigeants des trois Amériques souscriront au principe d'une zone de libre-échange s'étendant du pôle Nord à la Terre de Feu. «Sans le Québec», diront quelques rigolos.

Dans leur embarras, et au fur et à mesure que l'on se rapprochait du référendum québécois de 1995, les Américains soulignaient que la reconnaissance d'une place spécifique dans l'ALENA ne serait pas automatique, qu'il faudrait discuter de certaines choses. Bien sûr, mais le Québec est déjà inclus dans l'ALENA. Et le commerce total entre le Québec et les États-Unis est égal au commerce total entre les États-Unis, d'une part, et le Brésil, l'Argentine et le Chili *réunis*, d'autre part. Cela n'est pas marginal. Cela se sait.

Dans ces conditions, le débat sur les représailles éventuelles que pourrait exercer contre nous un Canada de mauvaise humeur s'est petit à petit apaisé. «Mais les quotas de lait seront perdus», ont continué de clamer quelques attardés. Jusqu'à ce qu'ils se rendent compte que les dernières négociations du GATT avaient miné les quotas!

Comme on dit en anglais: *The proof of the pudding is in the eating*. Les ventes du Québec au Canada plafonnent depuis sept ans alors qu'elles augmentent très rapidement sur le marché américain, maintenant bien plus important pour nous que le marché canadien.

La question de la monnaie reflète aussi l'intégration des marchés. De nos jours, les mouvements, de part et d'autre des frontières, d'argent à court terme, c'est-à-dire l'argent placé pour quelques jours ou quelques semaines seulement, équivalent à certains moments à 30 ou 40 fois la valeur des transactions commerciales portant sur des produits ou services. Aussi bien dire que des intérêts hostiles peuvent jeter une nouvelle monnaie par terre en quelques jours.

Donc, vive le dollar canadien! On n'aura alors au Québec aucune influence sur la politique monétaire? C'est vrai, mais on n'en a jamais eu. Est-ce une décision prise pour l'éternité? «Éternité» est un bien grand mot. «L'avenir dure longtemps», disait le général de Gaulle.

Comment réagira le Canada quand le Québec souverain va lui annoncer sa décision de garder le dollar canadien comme monnaie légale? Ce serait un euphémisme que de dire qu'il ne sera pas content. Mais il ne pourra rien y faire. Les Québécois sont propriétaires de plus de 100 milliards de dollars canadiens. Ce n'est pas une dette cela, c'est un actif. Il n'y a aucun moyen de leur enlever ces milliards. Si les Québécois veulent les garder, ils les gardent.

Les Canadiens peuvent-ils, cependant, limiter ou même arrêter l'arrivée de nouveaux dollars canadiens au Québec, ces dollars étant nécessaires pour parer à la hausse de l'activité économique?

Des techniciens anglophones, les seuls crédibles en l'occurrence, se sont penchés sur cette question et ont finalement conclu que pour empêcher les Québécois de se servir du dollar canadien pour répondre à leurs besoins de tous les jours, il faudrait astreindre les Canadiens à des contrôles des changes insupportables. Un de ces contrôles, par exemple, parmi les moins draconiens, consisterait à leur interdire de se servir de leurs cartes de crédit à l'étranger.

La conclusion de tout cela a été bien exprimée par le titre d'un éditorial paru dans *La Presse*: «C'est la fin du débat monétaire». Le message est clair aussi pour les fédéralistes du reste du Canada: les menaces exagérées quant aux conséquences économiques de la souveraineté du Québec sont susceptibles d'affecter le cours de leur propre monnaie.

Ainsi, on a bien pu annoncer l'apocalypse en cas d'un rejet de l'entente de Charlottetown. Personne n'y a cru. Tout a été calme.

D'ailleurs, la Banque du Canada n'est pas dépourvue de moyens pour agir sur le marché des changes. Et le gouvernement du Québec n'est pas dépourvu de moyens non plus pour agir sur les marchés monétaires et financiers en dollars canadiens. À la veille du référendum de 1995, on se souviendra longtemps que le ministre des Finances, Jean Campeau, avait réuni près de 17 milliards de liquidités pour pouvoir parer à toute éventualité.

La question de la citoyenneté est apparue également comme un des aspects de l'intégration des marchés. Jusqu'ici, nous avions parlé de libre-échange des produits, des services et des capitaux. Que faire en ce qui a trait à la mobilité des personnes? Non pas s'il s'agit de touristes, car à ce chapitre, cela va de soi, mais s'il s'agit plutôt de travailleurs.

Les échanges de personnel cadre des entreprises sont fréquents entre Montréal et Toronto. Une quinzaine de milliers de personnes de la région de Hull travaillent dans le secteur privé à Ottawa et dans ses environs. Des cas semblables ont été réglés par voie de négociations entre le Canada et les États-Unis, par exemple à l'égard de la main-d'œuvre frontalière qui se déplace chaque jour entre Windsor, du côté canadien, et Detroit, du côté américain.

En vertu de mon hypothèse, après que le Québec aura pris la décision de devenir un pays souverain, les Canadiens, pendant un certain temps, seront furieux. J'imagine mal que des négociations puissent aboutir rapidement sur une question aussi délicate.

La double citoyenneté permettrait d'arranger les choses. Cette affirmation appelle bien sûr quelques explications. Au moment où le Québec deviendra souverain, tout citoyen canadien résidant au Québec obtiendra automatiquement sa citoyenneté québécoise. Certains Québécois, je pense ici aux anglophones, aux allophones et aux francophones fédéralistes les plus convaincus, vont vouloir garder leur citoyenneté canadienne. Il sera alors très difficile pour le gouvernement du Canada, qui autorise au moyen d'une loi la double citoyenneté avec tous les autres pays du monde, de ne pas accorder à ces gens la citoyenneté canadienne.

D'ailleurs, si Ottawa refusait la citoyenneté canadienne à ceux qui veulent la garder, à qui la refuserait-il? À ses alliés, à ses amis, aux troupes fédéralistes!

Il y aurait, bien sûr, des contraintes administratives. Le citoyen québécois désirant conserver la citoyenneté canadienne devrait sans doute en faire explicitement la demande.

Et pourquoi pas? Le gouvernement du Québec, lui, n'y verrait certainement pas d'objection. Mais ce n'est pas à lui de prendre la décision.

En somme, les cartes que l'on a en main pour préparer le référendum de 1995 permettent d'éviter d'avoir à demander l'autorisation de se proclamer souverain à qui que ce soit d'autre qu'au peuple québécois. Et on possède désormais les moyens de réaliser la souveraineté.

On sent cependant, sur le plan politique, même chez les souverainistes les plus convaincus, une sorte de nostalgie à l'égard du Canada. Au moment de se séparer, on aimerait bien pouvoir garder des liens avec les voisins, les amis. Les Commissions régionales sur l'avenir du Québec refléteront d'ailleurs très bien cette réalité. On cherche une façon de démontrer sa bonne foi, l'ouverture à des négociations.

Les préoccupations ne concernent pas les négociations sur le partage de la dette et des actifs qui, elles, sont inévitables. Dans ce cas-là, il n'y a rien à craindre: le Canada anglais voudra sûrement négocier, car c'est lui qui va recevoir de l'argent. Pour la première fois, les Québécois seront payeurs (à même les impôts qu'ils vont récupérer). Il faut s'habituer à cette idée. C'est une force pour le Québec, et non pas une faiblesse.

Ce qui préoccupe beaucoup de Québécois, c'est autre chose, c'est un éventuel accord économique. Cette préoccupation se traduit sous la forme concrète d'une offre de partenariat. J'ai été initialement très réticent à accepter un tel concept. À notre époque, à part la Corée du Nord et quelques autres contrées, je ne vois pas très bien qui n'est pas en partenariat avec un ou plusieurs autres pays, sous une forme ou sous une autre. Tout est tellement intégré. Et des structures de gestion de cette intégration, le monde en est plein.

On ne peut être contre le partenariat, pas plus qu'on ne peut être contre la vertu ou contre la maternité! Cette réalité n'implique pas que l'on doive parler de «souverainetévertu» ou de «souveraineté-maternité». Pourquoi alors la «souveraineté-partenariat»?

Le danger est alors grand que nous retombions dans le piège de 1980, d'autant plus que certains ou bien l'ont oublié et ne se souviennent que de la «belle époque», ou bien ne l'ont pas vu et croient encore que si on aime suffisamment les Canadiens, ils nous donneront leur bénédiction.

L'entente du 12 juin 1995 a été signée par Mario Dumont pour l'Action démocratique du Québec, par Lucien Bouchard pour le Bloc québécois et par moi-même pour le Parti québécois. Cette entente tripartite décrit une proposition de partenariat. J'en ai examiné mot par mot quatre versions successives. Celle qui a été signée nous permet d'éviter les pièges. À condition que l'on se souvienne de son contenu. Ce qui pourrait arriver de pire, c'est qu'elle soit transformée en icône... L'objectif est la souveraineté, pas le partenariat.

Cela étant, j'ai alors la profonde conviction que personne au Canada ne voudra discuter de partenariat tant et aussi longtemps qu'une majorité de Québécois n'auront pas voté OUI à un référendum spécifiquement destiné à réaliser la souveraineté du Québec. Tout de suite après, les Canadiens voudront entamer des négociations avec nous, dans un premier temps sur des questions incontournables comme le partage de la dette et des actifs, la voie maritime du Saint-Laurent et la liberté de circulation entre l'Ontario et le Nouveau-Brunswick. L'entente finale entre les deux pays s'appellera «partenariat» si les deux pays le souhaitent, et son contenu sera peut-être passablement différent de ce qui a été proposé dans le document du 12 juin 1995. Mais il sera peut-être analogue, qui sait?

Tout n'a pas été traité, tant s'en faut, dans cette introduction. La question des droits des anglophones ainsi que celle de l'autonomie gouvernementale des autochtones, par exemple, ont donné lieu à la rédaction de plusieurs discours, dont on trouvera plus loin des extraits.

Il me reste à aborder une question essentiellement politique, celle de la reconnaissance internationale du Québec. Le problème m'a longtemps préoccupé. J'en ai beaucoup discuté, à Washington et à Paris notamment, et cela à plusieurs reprises. J'en suis arrivé à la conclusion que le Canada fera l'impossible, après un référendum gagné par le camp du OUI et une déclaration d'indépendance adoptée à l'Assemblée nationale, pour empêcher la reconnaissance du Québec à l'étranger, en commençant par les États-Unis. Et les États-Unis obtempéreront aux désirs du gouvernement canadien. Quand on voit combien de temps ont mis les États-Unis pour reconnaître la Lituanie afin de ne pas déplaire à Boris Eltsine, on peut imaginer ce qu'ils accepteront de faire ou de ne pas faire pour ne pas peiner leurs cousins canadiens.

La seule chose qui pourrait faire bouger les États-Unis, ce serait que la France annonce qu'elle va reconnaître le Québec. Et cela aiderait qu'elle soit entourée dans cette démarche par d'autres pays membres de la francophonie. Mon voyage officiel en France, en janvier 1995, a pavé la voie à cette reconnaissance.

Une semaine avant le jour du référendum de 1995, l'opération destinée à faire aboutir la reconnaissance du Québec par la France avait été engagée. Deux jours après le référendum, si le résultat avait été OUI, l'Assemblée nationale du Québec aurait été convoquée. Et les réserves financières requises étaient en place...

La question référendaire était ainsi formulée:

Acceptez-vous que le Québec devienne souverain, après avoir offert formellement au Canada un nouveau partenariat économique et politique, dans le cadre du projet de loi sur l'avenir du Québec et de l'entente signée le 12 juin 1995?

Les résultats furent les suivants: OUI, 49,4 %, NON, 50,6 %.

Quelque 61 % des francophones ont voté OUI. Un déplacement de 26 000 voix (sur 5 millions) aurait placé les OUI et les NON à égalité. J'ai annoncé ma démission le lendemain du référendum.

On a failli réussir. C'est pour cela qu'il ne faut pas que les leçons se perdent. Il faut se souvenir de quelle façon, avec quels arguments, grâce à quelles stratégies, on a pu convaincre cette majorité de francophones, et passer aussi près du but.

Les pages qui suivent mettent, bien sûr, l'accent sur mon propre cheminement, mais elles ne devraient pas être inutiles, je l'espère, pour ceux qui préparent la prochaine étape de notre marche vers la souveraineté.

La conclusion de l'ouvrage est tout entière tournée vers cette prochaine étape... avec mes meilleurs vœux de succès.

Trois étapes dans ma réflexion

Avant de présenter les discours proprement dits, voici trois textes qui s'étalent sur trente-cinq ans et qui marquent, d'une part, les points de départ de mes réflexions souverainistes et, d'autre part, ma façon de voir la souveraineté dans le monde d'aujourd'hui.

Le premier de ces textes est un article que j'ai écrit dans *Le Devoir* en novembre 1961. André Laurendeau, alors rédacteur en chef de ce journal, m'avait demandé, à moi qui étais aux antipodes de ce genre de préoccupations, si la souveraineté du Québec était envisageable sur le plan économique. La conclusion est tout entière dans le titre: «L'idée du séparatisme n'est pas forcément absurde, dans l'ordre économique, mais les obstacles seraient nombreux et redoutables». J'aborde la question en technicien, à partir de modèles différents qui sont assez répandus à l'époque. Certains modèles sont envisageables, d'autres pas du tout.

Le deuxième texte est constitué de larges extraits de la conférence de Banff dont j'ai parlé dans l'introduction générale, extraits que René Lévesque a reproduits en 1968 dans *Option Québec*. Dans ce cas-là aussi la conclusion tient dans une phrase: «Le Québec deviendra peut-être même indépendant.» Dans ce texte vieux de trente ans, il y a des phrases qui soulignent bien tout ce temps que nous avons perdu en querelles byzantines. Par exemple: «La sagesse serait de reconnaître franchement que nous sommes en présence de deux sociétés différentes.»

Le troisième texte date de 1992. Je suis à ce moment chef de l'opposition officielle. Cette vie contemplative me laisse des loisirs. J'écris alors plusieurs textes qui sont destinés aux journaux. Ils ne seront jamais publiés, la campagne référendaire sur l'entente de Charlottetown ayant été déclenchée entre-temps.

Le texte retenu, je l'ai intitulé, pour les besoins de ce livre, «La souveraineté, une idée moderne». Il s'agit d'une protestation d'intellectuel. Depuis que l'idée de la souveraineté est apparue au Québec, la plupart des commentateurs politiques ont mis en valeur deux thèmes: premièrement, vouloir la souveraineté, c'est vouloir aller dans le sens contraire de l'histoire et, deuxièmement, le nationalisme aboutit toujours ou presque à la violence. On a si souvent entendu répéter cela que, pour une bonne partie de l'opinion publique, ça ne se discute même plus. Et pourtant, au cours du dernier quart de siècle, ces deux conclusions ne tiennent pas. En tout cas, pas d'une façon générale.

Les chantres du fédéralisme, Pierre Trudeau, Gérard Pelletier, Robert Bourassa et combien d'autres, vont se servir du peu d'intérêt que l'on manifeste ici pour les questions internationales (à part les tueries télévisées) pour affirmer n'importe quoi. Quand le secrétaire général de l'Organisation des Nations unies (ONU), Boutros Boutros-Ghali, viendra à Montréal prononcer une conférence sur le nationalisme et les nationalités, les médias réagiront avec l'arme la plus redoutable dont ils disposent: le silence le plus complet. Seul *Le Devoir* en parlera et en citera de larges extraits, plusieurs jours plus tard.

Ce troisième texte, c'est, au fond, l'expression du ras-le-bol de quelqu'un qui suit, plus que bien d'autres, et depuis longtemps, la politique internationale et qui veut protester contre l'intoxication que l'on fait subir à ses compatriotes.

L'idée du séparatisme n'est pas forcément absurde, dans l'ordre économique, mais les obstacles seraient nombreux et redoutables

Le Devoir, *le 24 novembre 1961.*

Les répercussions économiques d'une sécession éventuelle du Québec relèvent de l'analyse technique. Cette analyse n'a à tenir compte de la politique que dans la mesure où elle rendrait impossible pour des raisons psychologiques, ou même purement émotionnelles, certaines solutions et certaines orientations.

L'auteur de ce texte n'aurait pas *a priori* rejeté une demande qui lui aurait été faite, par exemple, par la République centrafricaine, d'examiner les possibilités d'expansion économique de ce nouveau territoire. Il n'a pas à refuser *a priori* de traiter des perspectives économiques d'une province qui se séparerait de la Confédération. C'est le point de vue du technicien. Il est sec; il appelle malgré tout des équivoques. On prêtera à l'auteur des intentions, ou des idées, qu'il n'a sans doute pas. Le risque est inévitable.

Il faut, enfin, se rendre compte que le problème proposé est d'une extraordinaire complexité. On ne peut ici que poser quelques jalons, amorcer certaines réflexions.

Il a été toujours considéré comme l'évidence même que la province de Québec pouvait se payer le luxe de toutes les bizarreries politiques; elles n'avaient pas d'importance puisque l'économie de la province était indissolublement liée à

celle du reste du pays. Les liaisons commerciales, industrielles et financières atteignaient un tel degré de cohésion que
le séparatisme économique était impensable.

Ce principe est présenté de deux façons: pour certains,
la province de Québec, en tant qu'unité politique indépen-
dante, n'est pas viable. Pour d'autres, plus soucieux de nuances, elle est peut-être viable, mais au coût d'une réduction
du niveau de vie telle que l'opinion populaire refusera toujours d'y faire face.

Ces deux positions n'ont jamais été analysées avec
soin. En fait, elles semblent impressionner les séparatistes
eux-mêmes qui sont à l'égard de l'économie d'une exem-
plaire discrétion ou alors conjurent les mauvais esprits avec
des affirmations fumeuses, techniquement rocambolesques.

Imaginons une province de Québec dont toutes les
activités économiques sont orientées en fonction du marché
canadien et qui trouvent, donc, dans les autres provinces
une fraction très appréciable de leurs débouchés. Montréal,
grand centre financier et commercial, draine l'épargne, les
produits de l'ensemble du pays, sert de zone de transit pour
un arrière-pays qui s'étendrait jusqu'à l'ouest.

Deuxième étape du raisonnement: la province de Québec se sépare du reste du pays. Du coup, les marchés des
neuf autres provinces se ferment, ou tout au moins se con-
tractent sérieusement, la production de l'industrie québécoise tombe, le chômage s'étend. Ce qui est plus grave
encore, les entreprises ne disposant plus que d'un marché de
cinq millions d'habitants, au lieu de dix-huit comme auparavant, sont forcées de produire à des coûts de production
beaucoup plus élevés. Les capitaux étrangers quittent la province. Le niveau de vie des générations à venir en est
sérieusement compromis. Montréal perd son rôle de métropole. Son port n'est plus que l'ombre de lui-même.

À moins que... en se séparant, la province de Québec
n'établisse une union douanière avec les autres provinces. Les
produits continuent donc de circuler librement d'un bout à
l'autre de ce qui fut le Canada. Les coûts de production se

maintiennent. Si le Québec en devenant indépendant ne devient pas délirant, les capitaux étrangers restent. [...]

Évidemment certains changements se feraient. [...] Mais enfin, le nouvel État disposerait d'une certaine liberté de manœuvre au niveau de la politique économique pour orienter le développement dans les nouvelles voies. [...]

Notons cependant que, dans le cadre d'une union douanière, l'autonomie de la politique économique ne peut être totale sous peine de voir l'union se rompre. Il ne peut s'agir que d'une autonomie analogue à celle de la Belgique ou de la Hollande à l'intérieur du Benelux. Ce n'est déjà pas si mal.

Notre modèle est cependant loin d'être conforme à la réalité. C'est ainsi, par exemple, que l'exploitation de la plupart des ressources naturelles doit fort peu au marché canadien dans son ensemble. L'extraction du minerai de fer, de l'amiante ou du cuivre est à peu près totalement orientée vers l'exportation.

Il en va de même pour l'aluminium et le papier. Il est techniquement indifférent pour ces industries que le Québec soit indépendant ou ne le soit pas. On est toujours la Mauritanie de quelqu'un.

Dans le sens inverse, l'agriculture québécoise n'a pas à ménager ses marchés à l'extérieur. Dans le cas d'un grand nombre de produits, elle est de toute façon incapable d'approvisionner la population de la province. Ce qui étonnera peut-être davantage les doctrinaires que les ménagères.

Enfin, dans le cas de l'industrie légère, un marché de cinq millions d'habitants est souvent largement suffisant pour lui assurer des coûts de production minimums (compte tenu évidemment du niveau des salaires et de l'outillage).

C'est donc surtout au niveau de l'industrie lourde qu'une union douanière semblerait utile, ou alors au niveau de ces biens de consommation où le capital fixe nécessaire est considérable. [...]

Il n'en reste pas moins que la formule de l'union douanière, ou de la zone de libre-échange, si elle présente des

possibilités économiques considérables, peut être politiquement inacceptable pour l'une ou l'autre des parties.

Si effectivement le reste du Canada tenait à son autonomie commerciale, si la province de Québec se trouvait
isolée, il faudrait chercher une autre formule.

Dans un tel cas, l'État serait placé devant un choix
fondamental. Ou bien retrancher partiellement l'économie
du reste du monde et développer d'urgence une activité
industrielle diversifiée. On rétablirait sans doute ainsi le
plein emploi, mais il est à peu près certain que le niveau de
vie serait pour longtemps déprimé en raison de la faible
taille du marché. Le degré de réduction du niveau de vie est
indéterminable même très grossièrement sans une étude très
poussée.

Ou bien l'État oriente sa politique commerciale dans le
sens de la complémentarité de l'économie au Québec et de
celle d'un ou de plusieurs centres industriels étrangers. C'est
ici que se présente l'option d'un rattachement au marché
commun européen par exemple, ou à l'espace commercial
américain.

De toute façon, choisir la voie de la complémentarité,
c'est s'engager dans l'exploitation accélérée des ressources
naturelles, favorisée par une politique de libéralisation des
échanges de capitaux et de marchandises, ce qui n'empêche
d'ailleurs pas la protection de certains secteurs socialement
insacrifiables. Il est vrai qu'une telle orientation s'accom-
mode mal d'une population rapidement croissante. Les ressources naturelles utilisent peu de main-d'œuvre.

Dans une telle optique de libéralisation sélective, la
ville de Montréal pourrait éventuellement acquérir un rôle
considérable en raison de sa localisation géographique.

Si l'opération réussit, il est possible que la réduction du
niveau de vie soit faible et que par la suite la progression
reprenne à un rythme assez rapide. Le problème sera cependant d'éviter que les grandes activités économiques ne
soient plus encore que maintenant entièrement dominées
par des capitaux étrangers. Le drainage de l'épargne natio-

nale et sa canalisation vers des activités productives deviendraient un objectif de toute première importance.

Dans le cas de l'une ou de l'autre formule, l'État devrait normalement favoriser au maximum l'intégration industrielle de façon à réduire le nombre des concurrents et à permettre ainsi d'abaisser le plus possible les coûts de production. Ceci implique, en même temps, une surveillance intensifiée du secteur industriel pour rompre les tentatives d'exploitation du consommateur.

Il nous reste à envisager le cas où l'indépendance politique provoque une cascade de nationalisations. Encore faut-il s'entendre sur cette question. Toutes les voies dont nous venons d'esquisser — bien brièvement — les caractéristiques exigent une forte dose de planification et de planification particulièrement intelligente. L'élite économique est trop peu développée chez les Canadiens français pour qu'il en soit autrement. Néanmoins les plus profitables de ces voies (en terme de revenus) ne permettront pas d'atteindre facilement ou rapidement ce que les démagogues appellent l'«indépendance économique».

Il est donc tout à fait possible que les séparatistes se sentent forcés de choisir entre la satisfaction de contrôler directement les rouages essentiels de l'économie ou l'efficacité d'un régime économique dépendant jusqu'à un certain point de l'étranger.

Qu'alors les séparatistes nationalisent à tort et à travers les «grosses» entreprises parce qu'elles ont le double vice d'être grosses et étrangères, et le relèvement de l'économie de la province de Québec ferait plaisir à voir... pour un pathologiste. La dislocation de l'appareil de production deviendrait inévitable et la voie dont nous avons parlé plus haut sera la seule qui puisse être suivie, pendant plusieurs années tout au moins.

Les Canadiens français ont atteint un niveau de vie suffisamment élevé pour être incapables d'accepter l'aventure, devenue classique dans les pays sous-développés, de la nationalisation à outrance. On ne peut vraiment sacrifier une génération que si la précédente l'était sans le savoir.

Les quelques lignes qui précèdent ne sont, avons-nous dit, que l'expression de certaines réflexions préliminaires. Une étude sérieuse prendrait un temps considérable. Aussi bref qu'il soit, cependant, ce texte, aux yeux mêmes de son auteur — qui en est le premier surpris — semble révéler que l'hypothèse du «détachement» de la province de Québec n'est pas «nécessairement» une absurdité dans l'ordre de l'économique.

Québec-Canada: en plein cul-de-sac

*Traduction d'une conférence
prononcée à Banff, le 17 octobre 1967,
reproduite dans* Option Québec, *de René Lévesque.*

[...] La décentralisation administrative permet, même facilite une saine politique économique. De même la décentralisation politique première formule, en vertu de laquelle les autorités locales ou régionales se contentent d'adapter à leurs besoins particuliers les initiatives du pouvoir central. Mais dès que l'autorité centrale n'a plus le contrôle des priorités et n'est plus en mesure de ménager des services communs, sinon identiques, toute politique économique risque de sombrer dans l'inefficacité.

Telle conclusion n'est pas neuve.

Les sociétés industrielles de l'Occident se sont édifiées au cours des XIXᵉ et XXᵉ siècles sur la base d'une centralisation toujours plus poussée tant sur le plan politique que sur le plan administratif. Ces dernières années il a fallu décentraliser l'administration, en général parce que les directions centrales avaient tellement grandi qu'elles n'étaient plus maniables. En outre, le concept de politique globale inspiré par Keynes avait mené à des abus, laissant subsister notamment de grossières disparités de croissance et de revenu entre les diverses régions, et il semblait nécessaire de procéder à une certaine décentralisation politique afin de les corriger, encore que l'expérience n'ait pas été probante.

Peu de pays ont cependant consenti à pousser bien loin dans cette direction, sauf lorsque des circonstances historiques et politiques les y ont forcés...

Comment le Canada s'insère-t-il dans cette réalité?

L'Acte de l'Amérique du Nord britannique a investi les provinces des pleins pouvoirs de déterminer leurs priorités dans d'importantes sphères d'activité, des pleins pouvoirs de prélever certains impôts et, le plus étonnant, du pouvoir d'emprunter à volonté au pays comme à l'étranger.

D'une telle structure politique ne pouvait résulter que l'absurde en matière économique. Aussi y eut-il de temps à autre une bonne dose d'absurde dans notre politique économique. Mais comme chacun sait, quand arriva le moment de mettre en œuvre les principes économiques et sociaux de l'époque keynésienne, la guerre survint à point nommé pour favoriser l'opération. Ayant peu de revenus, les provinces ne purent exercer qu'une modeste influence sur notre orientation économique cependant que le gouvernement central disposait de l'argent nécessaire pour instituer les mesures que commandaient les circonstances et, au besoin, modifier la Constitution. Si bien que le résultat final ne fut pas aussi déplorable qu'on aurait pu le craindre.

À toutes fins utiles, le Canada est parvenu aussi rapidement et aussi efficacement que s'il avait été un État unitaire à se parer des atours d'une politique économique et sociale conforme à la mode du temps.

Au fur et à mesure que s'accentuaient les pressions sur les provinces en vue de combler les besoins en matière d'éducation, de voirie, de transport et de rénovation urbaine, s'effectua un transfert de revenus du gouvernement fédéral aux provinces qui prit trois formes distinctes: d'abord, transfert au titre des programmes conjoints; puis, remise inconditionnelle de champs de taxation précédemment occupés par le pouvoir central; enfin, péréquation.

Les programmes conjoints sont un bon exemple de la confusion qui régnait dans la planification et l'élaboration de la politique gouvernementale.

L'idée des programmes conjoints était excellente puisqu'elle permettait au gouvernement central d'établir les priorités et de s'assurer que les provinces s'y conformaient en subordonnant les subventions à leur adhésion. Bien sûr, elle a entraîné un certain gaspillage et quelques excès. Quand Ottawa en fut rendu à approuver séparément chaque achat de livres dans les écoles techniques ou quand l'éclairage des couloirs d'hôpitaux devint cause de friction entre les deux ordres de gouvernement, il est évident que la centralisation avait dépassé les bornes du ridicule.

Néanmoins, la philosophie derrière les programmes conjoints demeurait juste. Grâce à cet instrument, l'autorité centrale pouvait veiller à ce que les priorités aux quatre coins du pays soient en harmonie avec les impératifs sociaux.

Il aurait été relativement aisé d'en décentraliser l'administration, d'abandonner une certaine marge de décision aux provinces comme on l'a d'ailleurs fait en diverses occasions. Il aurait été facile aussi d'imprimer aux programmes conjoints des vertus de péréquation...

Si cela était arrivé, nous en serions probablement à discuter aujourd'hui de la mesure dans laquelle les provinces devraient être libres d'ajuster les normes de construction aux conditions locales ou de déplacer l'affectation des fonds d'un poste de dépense à un autre. Des voix se feraient entendre en faveur des subventions en bloc. Et sans doute s'opposerait-on à la revérification par l'«auditeur» général des comptes déjà vérifiés par les «auditeurs» des provinces. En outre, le gouvernement fédéral devrait se rendre à la demande des premiers ministres des provinces de les consulter avant de traduire nos priorités en objectifs immédiats.

Bref, nous parlerions de décentralisation et de collaboration dans le contexte, pourrait-on dire, d'un pays normal dans lequel la politique économique et sociale émane d'un

consensus et s'exprime comme tel. Les provinces disposeraient de revenus qu'elles pourraient employer à la réalisation de leurs objectifs particuliers. Mais la dimension de
leurs revenus et la nature des dépenses auxquelles ils
seraient affectés seraient telles que les objectifs de la nation
ne seraient pas compromis.

Nous avons été bien près d'en arriver là. Pourtant, lorsque nous parlons aujourd'hui de décentralisation, ce que nous
avons à l'esprit n'a pas grand-chose en commun avec l'espèce
d'idéal que j'ai tracé plus haut. Comment avons-nous erré et
comment en sommes-nous arrivés à la situation actuelle?

L'évolution des dernières années: une décentralisation anarchique plutôt que rationnelle

Le transfert de revenus qui s'est opéré en faveur des
provinces était dans une grande mesure inconditionnel.
Grâce à lui, certains gouvernements provinciaux se sont
trouvés en position de réaliser leurs propres projets et, ces
dernières années, d'améliorer considérablement leur personnel administratif et politique. Bref, ils sont redevenus de
vrais gouvernements.

On ne saurait prétendre, sans exagérer, qu'il en fut
ainsi de toutes les provinces, mais certainement de quelques-
unes. Pensons seulement au changement remarquable survenu dans le gouvernement de l'Ontario entre le jour où il a
accepté de collaborer étroitement avec le gouvernement
fédéral à l'établissement d'un formidable réseau de maisons
d'enseignement technique et professionnel et sa déclaration
d'il y a moins de deux ans dans laquelle il affirmait sans
ambages que le développement régional en deçà de ses frontières relevait au premier chef de son autorité.

Parallèlement, le gouvernement fédéral s'est montré de
plus en plus hésitant à étendre les programmes conjoints.
L'une des provinces s'est retirée de plusieurs d'entre eux et le
gouvernement fédéral a offert à son tour de se retirer de cer-

tains programmes importants en matière de sécurité sociale. Il a ensuite proposé d'instituer l'assurance-maladie sous une forme mitigée de programme conjoint.

La dernière étape est survenue il y a un an quand le système d'abattement qui gouvernait depuis des années le partage des impôts directs entre les deux ordres de gouvernement a été aboli. Cette mesure revêtait, d'une manière symbolique, une grande signification. Jusque-là, le gouvernement fédéral avait en quelque sorte limité l'accès des provinces aux sources d'impôts directs. Sans son approbation, les provinces ne risquaient pas d'être tentées d'élever leurs impôts. Bien entendu, les provinces pouvaient toucher des revenus supplémentaires en remaniant leurs grilles d'impôts indirects de sorte que le contrôle exercé par le gouvernement fédéral n'était que partiel. Mais tout partiel qu'il était, il est aujourd'hui disparu.

Désormais, chaque gouvernement peut taxer comme il l'entend.

Pour ce qui touche la dette publique, les provinces n'ont jamais été soumises au contrôle du gouvernement fédéral mais elles devaient au moins se plier à une sorte de discipline de marché. Il existait une limite au-delà de laquelle elles ne pouvaient plus emprunter. Cette limite a été repoussée par la mise en œuvre du régime de retraite en vertu duquel le gouvernement fédéral remet aux provinces le produit des contributions sans influer sur l'usage qu'elles peuvent en faire. Ces prêts n'ont évidemment pas réduit la somme d'emprunts des provinces, qui a, au contraire, continué d'augmenter. Encore une fois, le virement des fonds du régime de retraite en faveur des provinces n'est à toutes fins utiles soumis à aucune condition.

Bien entendu, on peut, si l'on veut, appeler décentralisation l'effondrement du pouvoir central.

L'anarchie résultant de ce bouleversement a amené une augmentation incontrôlée de dépenses publiques et exercé des pressions sur l'économie dont l'assurance-maladie peut être la première victime. Les dépenses incontrôlées et désordonnées de tous les gouvernements ont épuisé les réserves disponibles et davantage.

Qu'arrivera-t-il aux priorités? Des hommes politiques de tous les paliers gouvernementaux ont maintes fois posé la question. Elle est toujours sans réponse. Personne ne le sait vraiment. En fait, qu'est-ce maintenant qu'une priorité? Est-ce un objectif arrêté par une conférence fédérale-provinciale? Alors quels ont été les objectifs ainsi arrêtés ces derniers temps? L'assurance-maladie en est un, mais il apparaît maintenant que ce qui semblait avoir été le fruit d'une entente ne l'est plus.

Je sais que tous ne sont pas aussi pessimistes que moi. Ce qui est arrivé, disent-ils, n'a pas sérieusement infirmé le pouvoir stabilisateur du gouvernement fédéral. Celui-ci reste en mesure de poursuivre une politique d'expansion au-delà de ce que font les provinces.

Ils n'ont que partiellement raison. Car il ne peut exister de saine politique économique quand une partie du secteur public fonctionne sans tenir compte de l'autre et il n'est certes pas de gouvernement efficace qui n'est pas en mesure de contrôler la somme des impôts, des dépenses et de la dette publiques.

L'économie, dit Lawrence Klein, est affaire de bon sens et la théorie économique n'est que bon sens légèrement compliqué. Quelque savantes que soient nos discussions et nos exégèses, nous ne saurions encore bien longtemps nous moquer du bon sens.

Nous en sommes maintenant au point de vouloir traduire dans la Constitution le mouvement de décentralisation de notre politique économique et sociale que, selon moi, nous avons déjà poussé beaucoup trop loin. Si nous devions fixer dans la Constitution la situation actuelle, je doute fort que nous puissions jamais procéder au Canada à une planification rationnelle. Nul pays ne devrait être autorisé à fragmenter son pouvoir de décision comme nous l'avons fait et pis encore, comme proposent de le faire de plus en plus tant de fabricants de constitutions.

Le cas unique du Québec

Les difficultés viennent du Québec et de nulle part ailleurs. Nous parlons en termes généraux et même abstraits de pouvoirs économiques et sociaux, des mérites d'une société décentralisée, de techniques nouvelles d'administration publique quand nous savons fort bien qu'il n'y aurait pas l'ombre d'une difficulté sous ce rapport si le Québec n'existait pas ou encore s'il consentait à rentrer dans le rang.

Chaque pas qui a été accompli dans le sens de transferts inconditionnels de revenus en faveur des provinces l'a été pour apaiser le Québec. Depuis que Duplessis a décrété la double taxation en 1954 et forcé le gouvernement fédéral de l'époque à lui céder une partie du champ des impôts sur le revenu, chaque nouvelle crise a conduit à de nouveaux transferts.

Quand chaque année le gouvernement fédéral offrait de céder sous conditions une nouvelle tranche des impôts, le Québec parvenait inévitablement à relâcher ces conditions, à ménager une période de transition au bout de laquelle les conditions seraient supprimées, à obtenir des compensations fiscales et le reste. Quand le Québec s'est retiré en bloc de 29 programmes conjoints, les modalités du retrait apparurent d'abord si confuses que le premier ministre du Canada et celui du Québec en vinrent à se contredire publiquement l'un l'autre en toute bonne foi.

Sur le régime de retraite, on en est venu à une entente mais le régime québécois et le régime fédéral sont tout à fait distincts et les programmes d'investissement qui découlent de leurs opérations n'ont rien de commun.

À la fin de 1965, le premier ministre Jean Lesage a brusquement déclaré que le Québec n'accepterait plus de subventions conditionnelles. Qu'on l'ait cru ou non importe peu. Le fait est que les subventions fédérales à l'enseignement secondaire ont été redéfinies de telle manière que les gouvernements des provinces peuvent les affecter à la voirie ou aux travaux publics s'ils le désirent. Ce sont en réalité des subventions inconditionnelles.

La politique des gouvernements du Québec ne s'est à peu près pas démentie depuis bon nombre d'années: de plus en plus d'argent ou de pouvoirs fiscaux sans condition. Nos gouvernements ne demandaient pas de décentralisation de la politique, ils voulaient déterminer leur propre politique.

Le Québec a profité de chaque imperfection, de chaque vice, de chaque travers des programmes conjoints pour dénigrer la formule. Chaque fois qu'une somme d'argent a été avancée pour dépenses d'équipement par le truchement de programmes conjoints, Québec a réussi tôt ou tard à mettre la main dessus. Parlait-on de nouveaux programmes? Québec répondait infailliblement non quand il ne trouvait pas moyen d'empêcher qu'ils soient proposés officiellement.

Son attitude a eu un effet étonnant sur celle des autres provinces. Quelques-uns ont pensé qu'elles pouvaient assumer une bien plus grande part de l'administration que celle qui leur était dévolue par certains programmes. Leurs gouvernements ont voulu qu'on les traite comme tels et Ottawa a peut-être trop mis de temps à le reconnaître. D'autres gouvernements se sont plaints de ce que le gouvernement fédéral déterminait trop souvent les priorités sans les consulter.

Pour une raison ou pour une autre, le Québec a trouvé un appui inattendu en plusieurs occasions et, en temps de crise, cet appui s'est révélé inestimable.

Le gouvernement fédéral a bel et bien tenté, comme je l'ai noté plus haut, de se retirer d'un certain nombre de programmes de sécurité sociale. Les provinces n'ont pas mordu. Leurs hommes politiques et leurs fonctionnaires n'ont pas très bien compris quel pouvait être l'objet de la proposition fédérale sinon de les aligner de manière subtile avec le Québec.

[...]

Le nœud de la question, c'est que les provinces dans l'ensemble ne sont pas du tout prêtes à bouleverser profondément la fédération dont elles font partie. Elles ont toutes de temps à autre des frictions avec les autorités fédérales [...]. Elles peuvent être de temps à autre aux prises avec des difficultés financières et, si le gouvernement fédéral manque à son rôle de direction, certaines d'entre elles mais non pas toutes peuvent fonctionner seules.

Mais dans l'ensemble, il n'est pas de raisons sérieuses pour lesquelles 9 des 10 provinces n'admettraient pas volontiers, même avec soulagement dans certains cas, une autorité centrale forte, limitant la décentralisation au plan administratif et au plan politique à la première des trois formules que j'ai énumérées ci-dessus.

Il existe bien des différences historiques et politiques entre les provinces, de même qu'un attachement émotif qui n'est pas près de se dissiper à des valeurs locales ou régionales. Mais ces provinces ne partagent pas non plus qu'une citoyenneté commune à l'intérieur d'une même nation. Les divergences profondes eu égard aux valeurs sociales ne sont pas très nombreuses et celles qui existent se trouvent mieux reflétées par les partis politiques que par les administrations locales ou régionales.

Il ne s'ensuit pas qu'une refonte constitutionnelle serait un exercice futile pour les provinces de langue anglaise. Il y aurait fort à faire pour augmenter la serviabilité de la Constitution. Le texte actuel est, dans bien des cas, désespérément caduc. Il faudrait distinguer entre éducation, formation et culture pour couper court à un tas de débats. Tout ce qui se rapporte à l'incorporation des sociétés, au contrôle des institutions financières et au pouvoir de légiférer sur les valeurs devrait être remanié de façon que les deux ordres de gouvernement puissent enfin savoir clairement qui a charge de quoi. De même, il faudrait supprimer cette distinction absurde entre les impôts directs et indirects, distinction qui pouvait avoir un sens pour des avocats un tantinet exposés aux écrits de Stuart Mill mais qui n'en a certes plus aujourd'hui.

Il est intéressant d'observer que de tels changements n'impliquent pas forcément une décentralisation plus poussée. Ils tendent à clarifier la situation actuelle, non pas à augmenter les pouvoirs des provinces. Leur objet, principalement, est de corriger des lacunes et des chevauchements qui gênent depuis fort longtemps.

Pour rendre le système plus efficace, on pourrait même envisager des échanges de pouvoirs et de sphères de compétences entre le fédéral et les provinces. Les interventions périodiques du gouvernement fédéral au niveau local n'ont pas toujours eu d'heureux résultats. La coïncidence de mesures ou même de bureaux des autorités fédérales et provinciales dans les municipalités a souvent été une source de gaspillage et, dans un sens, de chantage, les municipalités cherchant à profiter de la rivalité des deux ordres de gouvernement. C'est l'une des excentricités de notre fédération, d'autre part, que d'avoir donné au gouvernement fédéral mission de veiller à la balance des paiements, à la politique monétaire et, de façon générale, à la stabilisation de l'économie tout en abandonnant aux provinces le pouvoir illimité d'emprunter au pays et à l'étranger.

Il serait certes défendable que les provinces n'aient pas à rivaliser avec Ottawa pour la reconnaissance des municipalités tout comme le gouvernement fédéral devrait pouvoir contrôler les emprunts des provinces, surtout à l'étranger, lorsque la situation économique du pays le requiert.

Enfin, nous pourrions peut-être prévoir dans la Constitution des mécanismes de consultation. Quant à moi, je ne suis pas persuadé que de définir ces mécanismes ou d'imbriquer des clauses impératives dans la Constitution soit le meilleur moyen d'améliorer la consultation entre les deux ordres de gouvernement. Mais si de telles dispositions peuvent dissiper les inquiétudes de part et d'autre, pourquoi pas?

Quoi qu'il en soit, notre système politique et économique fonctionnerait sans doute plus à l'aise si nous modernisions la Constitution. Et de modifier l'Acte de l'Amérique du Nord britannique dans le sens que j'ai indiqué plus haut n'est pas une tâche aussi délicate qu'on le pense souvent. [...]

What does Quebec want?

Personne ne le sait de façon certaine. La situation évolue constamment. Les Canadiens français, qui pendant longtemps n'avaient presque pas eu d'influence à Ottawa, ont commencé à se tourner vers Québec à la fin des années cinquante et au début des années soixante. Ils n'y ont d'abord pas trouvé grand-chose. Depuis toujours, le gouvernement était inefficace et corrompu. Mais il était là et on pouvait s'en servir. Lentement, on l'a ressuscité. Potentiellement, il exprimait des valeurs sociales qui n'avaient jamais été vraiment reconnues à Ottawa. Une société ne peut guère vivre longtemps sans gouvernement, et les Canadiens français ou bien n'en avaient pas, ou bien avaient honte du leur. Ils ont retroussé leurs manches et se sont étonnés eux-mêmes des premiers résultats.

Ils doutaient de leur compétence technique, mais ils n'ont pas eu à rougir de leur premier affrontement sur ce terrain avec le reste du Canada.

La nationalisation de l'électricité, la Société générale de financement, la Caisse de dépôt et placement, Soquem, la Société de crédit industriel, la réforme scolaire, le Régime des rentes, les nouvelles allocations familiales, Sidbec, la multiplication des pouvoirs de taxation, la politique salariale dans le secteur public devinrent autant d'exemples d'une passionnante découverte. Les Canadiens français du Québec ont découvert qu'ils pouvaient se fixer des objectifs concrets et les atteindre en tout ou en partie ou même échouer comme tout autre peuple.

Prétendre que toutes ces mesures sont pour favoriser l'élite ou la bourgeoisie n'est que baliverne. L'explosion de l'enseignement secondaire, le doublement du salaire minimum en l'espace de trois ans, l'institution dans le secteur public d'une forme de négociation collective qui reste unique en Amérique du Nord ne sont pas vraiment des mesures bourgeoises.

On ne pourra mettre un frein à l'affirmation du Québec

Le fait est que la Révolution tranquille, comme on l'a appelée, a plongé des racines profondes dans toute la société canadienne-française et constitue désormais un mouvement irréversible. Elle peut être tempérée, mais je ne vois pas comment on pourrait l'arrêter. Personne, en tout cas, ne sait où ni quand elle s'arrêtera. La découverte que des valeurs existantes peuvent se refléter dans les décisions politiques amène les gens à transformer leurs idées vagues en valeurs réelles. Pour les gouvernements, l'expérimentation devient tout à coup possible et, parfois, politiquement rentable.

Bref, ce qui s'est passé au Québec ces dernières années, c'est l'émergence du processus gouvernemental dans une société passablement homogène et qui n'a pas forcément les mêmes objectifs que le reste du pays. Qu'on me permette de préciser davantage en citant au moins un exemple. Récemment, le Canada a considérablement amélioré son régime de sécurité de la vieillesse. Or dans le Québec, de plus en plus de gens comprennent désormais que la combinaison d'un taux de natalité rapidement décroissant et de notre inaptitude à intégrer les immigrants présente un grave danger pour la communauté francophone en Amérique du Nord. Le remaniement des allocations familiales, l'augmentation des services à l'intention des mères de famille qui vont au travail et la mise en œuvre d'une nouvelle politique d'immigration deviennent donc des objectifs plus pressants que dans le reste du pays, au détriment sans doute des pensions de vieillesse qui, de toute manière, n'ont jamais intéressé le Québec autant que le reste du pays puisque les vieillards sont proportionnellement moins nombreux ici que dans le reste du Canada.

Je sais que certains députés fédéraux du Québec ont une tendance à minimiser ces différences. Les hommes politiques provinciaux, d'autre part, ont tendance à les exagérer à des fins de négociation.

Sans doute n'est-ce pas facile de savoir ce que veut le Québec. Ce que je pense, quant à moi, c'est que le Québec voudra toujours davantage et que la vapeur n'est pas près d'être renversée. J'estime aussi que l'incapacité du gouvernement fédéral, pendant si longtemps, de représenter les Canadiens français tout autant que les Canadiens anglais est en partie responsable du vide qui s'est créé. Je n'ignore pas qu'Ottawa s'efforce aujourd'hui de corriger la situation. Mais il est peut-être trop tard. Quand une société cherche pendant aussi longtemps le moyen de se réaliser et le trouve finalement au-dedans d'elle-même, il m'apparaît bien peu probable qu'on puisse la détourner de son but.

La pire erreur: vouloir faire du Québec une province comme les autres

Bien sûr, on peut discréditer tel ou tel gouvernement dans le Québec, lui mettre les bois dans les roues, saper son autorité. On peut même le forcer à abdiquer. Mais le processus historique reste inévitable.

Comment donc réconcilier les impératifs de la politique économique avec une telle donnée? La réponse, évidemment, est qu'il est impossible de le faire et que nous ne devons même pas y penser.

Traiter de la même manière avec toutes les provinces en matière financière, économique et sociale m'apparaît être la pire des aberrations. Pour la plus grande partie du Canada, cela implique un degré de décentralisation qui ne peut être que ruineux et, à la longue, dangereux. Quant au Québec, tout ce qu'on pourra lui offrir tombera forcément, tôt ou tard, en deçà de ce qu'il réclame, quelle que soit la générosité des propositions.

La sagesse serait de reconnaître franchement que nous sommes en présence de deux sociétés différentes, que la politique économique qui convient à l'une ne convient pas forcément à l'autre parce que leurs valeurs ne sont pas les mêmes et qu'il est vain de sacrifier l'avenir de la plus grande société dans l'espoir d'accommoder la plus petite puisque de toute manière elle ne se contentera pas du compromis.

La question de savoir si le Québec aura ou n'aura pas de statut particulier est byzantine. Québec a déjà un statut particulier embrassant tout un éventail d'activités. Il aura tôt ou tard un statut encore plus particulier. Il deviendra peut-être même indépendant. Ce à quoi nous devrions nous employer dorénavant, c'est à trouver les moyens de coordonner les mesures qui émaneront de ces deux sociétés de façon que pas trop de difficultés sociales et économiques ne surgissent tandis que se poursuit l'éveil du Québec.

La souveraineté, une idée moderne

Texte inédit, 1992.

[...] Il y a depuis maintenant vingt ans deux tendances politiques à peu près cohérentes qui s'affrontent au Québec: d'une part, celle de la souveraineté et, d'autre part, celle de Canadiens d'un océan à l'autre assujettis à la même Charte des droits et libertés, dont les gouvernements provinciaux, c'est-à-dire leur expression politique régionale, sont placés dans une situation d'égalité. La première thèse a été celle de René Lévesque, la seconde a été celle de Pierre Trudeau. Chacune a sa cohérence et, au fond, chacune correspond à la perception que l'on a d'un pays, le Québec ou le Canada.

Dans ce sens, les vieux démons de la fin des années soixante sont toujours avec nous. Il est normal que des politiciens, un peu effrayés d'avoir à choisir des voies claires, cherchent entre les deux seules voies claires qui se sont dégagées depuis vingt ans des réconciliations contre nature qui, finalement, sont toujours un peu les mêmes et qui, périodiquement, ne débouchent sur rien parce qu'elles ne peuvent pas déboucher sur quoi que ce soit et nous ramènent au *statu quo*. Parce que, en fin de compte, la seule façon de se sortir de l'incohérence des projets, c'est de revenir au *statu quo*.

Ce cheminement, si souvent tortueux, a été profondément influencé par l'évolution des relations internationales, bien plus qu'on ne le souligne habituellement. On comprend que des observateurs ou des analystes soient à ce point préoccupés de la situation québécoise qu'ils ont tendance à raisonner l'évolution du Québec comme si elle se faisait en vase clos. Ici encore il y a comme une sorte de divorce entre l'opinion publique et un bon nombre de notables de l'intelligentsia. La télévision, en particulier, a tout transformé. Il n'y a plus grand-chose qui se produit dans le monde sans que par l'image, sans doute plus que par le raisonnement, nous en soyons influencés.

Lorsque se développe l'idée de la souveraineté ou de l'indépendance du Québec, c'est-à-dire dans les années soixante, le monde entier est secoué par un processus foudroyant de décolonisation. Les Nations unies, qui à l'origine comptaient une quarantaine de membres, en regrouperont plus de 100 à la fin des années soixante. Des empires vont disparaître en quelques années. Une foule d'États indépendants apparaîtront, fondés essentiellement sur le concept de l'État-nation. S'imaginer, rétrospectivement, que les Québécois n'ont rien vu de tout cela et n'ont pas cherché à cette époque à s'aligner sur un processus perçu comme mondial serait travestir l'histoire. Bien sûr, on comprend que tous ces pays africains ou asiatiques qui se dégagent des Empires anglais et français, espagnol et portugais, sont dans un état de sous-développement qui n'a rien à voir avec la situation du Québec. Bien sûr, on comprend que dans leur cheminement vers l'indépendance ces pays n'ont rien à perdre alors que le Québec, lui, a quelque chose à perdre. Bien sûr, on comprend également qu'aussi vite qu'elle se soit réalisée, la décolonisation a entraîné, dans un certain nombre de pays, des guerres extrêmement dures: que l'on pense, par exemple, à la guerre d'Indochine et à celle d'Algérie. Bien sûr, il y a eu des drames internes, terribles, comme la guerre civile au Nigeria qui aboutira à une sorte de génocide des Biafrais, drames qui n'ont pas manqué de marquer, par la violence de leurs images, l'esprit des gens qui, ici, sont constamment en alerte face aux dangers de l'indépendance. Et lorsque les événements d'octobre 1970 se déclencheront au Québec, il sera à peu près inévitable que l'on cherche à établir des parallèles entre la décolonisation marquée par la violence et le cheminement de l'idée de souveraineté au Québec qui, on le constate de la façon la plus immédiate, mène à la violence. Ce sera l'époque où les adversaires de la souveraineté diffuseront partout la formule PQ-FLQ qui, comme on le sait maintenant, a bien failli détruire le Parti québécois.

Et cependant, la force de l'idée de libération est telle qu'elle colore, bien plus qu'aujourd'hui, l'appétit de souveraineté ou d'indépendance qui se fait jour au Québec. On peut comprendre, et souvent on va comprendre, que justement parce que le Québec n'est pas un pays sous-développé, justement parce qu'il a à sa disposition de plus en plus d'instruments de développement qui lui sont propres, justement parce qu'il connaît une vie démocratique articulée depuis fort longtemps, il serait, à certains égards, plus simple, plus facile, moins coûteux pour lui de se «libérer». Au Québec, dans certains milieux, la décolonisation suscitera comme un remords de ne pas l'avoir réalisée avant. Il faut se rappeler qu'au cours de ces années-là, c'est-à-dire la fin des années soixante et le début des années soixante-dix, le discours souverainiste fut très dur à l'égard du Canada anglais, du maintien des francophones dans une sorte de seconde zone, de l'exploitation même des Québécois francophones par les anglophones. La haute main des intérêts financiers ou industriels extérieurs à la communauté francophone sur à peu près toutes les décisions économiques importantes, les différences considérables de revenus entre francophones et anglophones, même dans les emplois équivalents, l'incapacité dans une ville comme Montréal de maintenir le français et l'anglais au moins sur un pied d'égalité, tout cela est la conséquence de l'exploitation, de la colonisation, et le discours souverainiste va forcément refléter la préoccupation profonde de se sortir d'un système perçu comme propre à maintenir les Québécois francophones dans une situation d'infériorité. On est encore très loin de l'atmosphère qui peut régner aujourd'hui. La Charte de la langue française (loi 101) n'a pas encore vu le jour. Concrètement, 80 % des emplois de gestion à Montréal sont occupés par des anglophones, qui représentent 20 % de la population. Quelques expériences, comme la nationalisation des compagnies d'électricité, ont fait comprendre très rapidement que le thème de l'incompétence des francophones est un vestige du passé.

Dans ce sens, lorsque René Lévesque dit et répète si souvent que le Québécois n'est pas «né pour un petit pain», il touche une corde sensible, il va en un certain sens au fond des choses. C'est en définitive de cette façon que le Québécois est associé à l'esprit de la décolonisation, à la lutte quasi universelle contre l'impérialisme, au rejet du pouvoir financier extérieur sur les décisions de la communauté. C'est dans ce sens-là aussi que le Québec appartient bien à la mouvance de son époque.

C'est dans cette mouvance aussi que la loi 101 doit être comprise, ainsi que la multiplication des instruments de développement collectif dont les Québécois sont tellement fiers à cette époque, avant de l'être de leur classe d'entrepreneurs privés. La promotion économique et sociale des Québécois est intimement associée à la création de ses sociétés d'État. Il ne s'agit pas seulement de la mise en place d'instruments de nature économique ou financière, qui se révéleront puissants par la suite; c'est surtout le début de la fin du colonialisme de l'emploi. On peut enfin espérer avoir accès, sans héroïsme exceptionnel ni compromissions avec ses valeurs de vie profondes, aux postes les plus élevés dans la mesure où on en a le talent. C'est à bien des égards une sorte de révolution dans les esprits.

Au cours des années soixante-dix, l'atmosphère et l'argumentation vont changer. Il deviendra courant sinon à la mode de considérer que le mouvement souverainiste québécois va à l'encontre du sens de l'histoire, que l'idée même de la souveraineté est dépassée, qu'en fait, alors que le Parti québécois se perçoit et est perçu comme un parti nouveau, l'idée qu'il véhicule n'a plus guère d'avenir dans le monde

d'aujourd'hui. Une telle perception se fonde sur un phénomène qui a saisi l'esprit de beaucoup d'intellectuels canadiens et qui est celui de l'intégration européenne. Sans
doute, on fera souvent état de formes d'intégration qui se
manifestent peu à peu en Amérique latine par exemple, ou
même, en insistant assez peu, en Afrique, mais c'est fondamentalement l'Europe qui va orienter ce qui graduellement
correspond à une nouvelle vision du monde occidental.

Ceux qui suivent de près ce qui se passe en Europe de
l'Ouest depuis la Seconde Guerre mondiale ont pu constater
que le processus de l'intégration de l'Europe a donné des
résultats bien plus profonds et bien plus spectaculaires que
les signataires du traité de Rome en 1957 pouvaient même
l'imaginer. Seulement, cette intégration est d'abord et avant
tout d'ordre commercial, économique, dans le sens large. La
tentative qui est amorcée en 1957 vise à créer un grand
espace en Europe de l'Ouest qui assurerait, petit à petit, la
libre circulation des biens, des services, des personnes et des
capitaux. Cette tentative s'inscrit dans une Europe de
l'Ouest que la Seconde Guerre mondiale a laissée à ce point
morcelée que des économies nationales ne peuvent vraiment se développer que si sont abaissées les barrières mons-
trueuses à la circulation héritées non pas de la guerre elle-
même mais de ses séquelles dans les premières années qui
l'ont suivie. À partir de l'établissement du plan Marshall, en
1947, des tentatives de libéralisation sont faites et connaissent des succès limités jusqu'à ce que, finalement, avec
le traité de Rome, on définisse ce qui est fondamentalement
une feuille de route pour, peu à peu, éliminer les obstacles.
En même temps, l'idée apparaît d'une protection commune
de l'Europe à l'égard des pays tiers sous forme d'un tarif
douanier commun. Autrement dit, ce qui est visé en 1957,
ce n'est pas seulement l'aménagement d'une zone de libre-
échange, comme on le dirait aujourd'hui en pensant au
traité qui lie le Canada aux États-Unis et qui possiblement
s'étendra au Mexique, c'est une union douanière devenant
progressivement un marché commun. Il va falloir trente ans

pour que soient atteints certains des objectifs fondamentaux alors que d'autres ne le seront pas.

C'est ainsi que la libre circulation des produits, l'opération en un certain sens la plus facile, va se faire sans trop de heurts, sauf, comme toujours, pour ce qui a trait aux produits agricoles. La libre circulation des capitaux va s'étendre graduellement à la suite de la levée de la plupart des systèmes de contrôle des changes, en 1958, mais quelques pays, la France par exemple, garderont des contrôles sur certaines formes de transferts de capitaux jusqu'au milieu des années quatre-vingt. Quant à la libre circulation des services, l'opération a avancé mais, vers 1990, est loin d'être terminée. En ce qui concerne celle des personnes, elle est à peine amorcée mais devrait progresser après le 1er janvier 1993. [...]

En outre, à travers ce long cheminement, l'Europe de l'Ouest a conçu des formes d'arbitrage entre des intérêts économiques discordants à l'égard desquelles les Américains du Nord sont encore des enfants.

Par exemple, les questions concernant le contrôle de la concurrence, les règles de fusion des grandes entreprises et les moyens d'empêcher l'apparition de monopoles sont soumises à un tribunal européen dont les décisions sont efficaces sinon toujours indiscutables. À cet égard, nous commençons seulement en Amérique du Nord à voir que dans la zone de libre-échange qui s'y établit il faudra instaurer des règles de concurrence communes et bien mieux définies que tout ce qui a été envisagé jusqu'à maintenant.

Est-ce que cela veut dire que l'intégration politique de l'Europe a avancé de la même façon? Est-ce que cela veut dire que nous assistons à la disparition de la souveraineté des nations? Bien sûr, pour des raisons politiques, au Canada, on appelle de tous ses vœux une intégration politique de l'Europe de l'Ouest qui semble être un excellent moyen de faire comprendre aux Québécois qu'il n'y a pas d'avenir dans leur souveraineté. À l'échelle mondiale, l'exercice peut sembler un peu risible, mais la question n'est pas là; il s'agit de savoir si l'argument, à l'égard des

Québécois, est efficace. On n'en finit plus, au Canada et au Québec, de décortiquer chacune des déclarations, chacune des résolutions qui apparaissent en Europe à cet effet.

Il n'y a pas de doute que beaucoup d'Européens voient dans une Europe fédérale le chemin de l'avenir. Les motivations sont évidemment fort différentes.

Depuis la réunification de l'Allemagne, bien des milieux français, et certainement les pouvoirs publics, voient dans une intégration politique de l'Europe le moyen d'empêcher l'Allemagne de revenir à sa vieille stratégie du *Drang nach Osten*, c'est-à-dire la poussée vers l'est. On reviendra sur cette question parce qu'elle est aujourd'hui fondamentale et aussi, à bien des égards, porteuse de l'avenir européen tout autant que l'approfondissement des rapports économiques en Europe de l'Ouest. Il n'en reste pas moins que la France voit dans l'intégration politique de l'Europe de l'Ouest une façon d'attacher l'Allemagne en ce sens que, sur le plan des politiques extérieures, voire militaires, sur le plan de la détermination d'une zone d'influence en Europe centrale et de l'Est, c'est l'Europe de l'Ouest qui agirait et non pas l'Allemagne.

L'Allemagne, elle, pour la première fois depuis 1945, a défini une politique extérieure qui lui est propre. Pour la première fois, l'Allemagne de l'Ouest cherche à être autre chose qu'une vaste usine et un grand exportateur. Tout n'est pas toujours visible dans cette affirmation politique mais, de temps à autre, par exemple à l'occasion de l'intervention dans le conflit yougoslave et la reconnaissance de la Slovénie et de la Croatie, on voit le «muscle politique» de l'Allemagne s'affirmer. Les Allemands semblent comprendre, ou tout au moins les pouvoirs politiques allemands, que la *Drang nach Osten* provoquera d'autant moins de vagues que l'Allemagne continuera de se conduire en bon Européen de l'Ouest.

Quant aux petits pays de l'Europe, ils se partagent entre ceux qui, comme le Danemark, pensent avoir tiré tous les avantages économiques de l'appartenance à un grand espace et ne veulent pas aller plus loin, et d'autres, comme la Hollande, qui cherchent à concilier les points de vue de plus en plus divergents des Français et des Allemands. La Grande-Bretagne, elle, hésite.

Ces ambiguïtés fondamentales expliquent les interprétations de toutes sortes qui ont suivi la signature du traité de Maastricht. Autant ce traité est clair quand il s'agit, par exemple, de définir les conditions d'apparition d'une monnaie commune, parce qu'on se situe toujours dans le cadre d'espace économique, autant, dès qu'on aborde les questions de politiques extérieures ou de défense, les textes sont à ce point ambigus qu'ils donnent lieu à diverses interprétations.

Il est tentant, ici, au Canada, de mettre en valeur comme signe de l'intégration politique européenne l'apparition du Parlement européen. On ne peut cependant pousser trop loin l'argument, en ce sens que le Parlement européen est trop souvent perçu, à juste titre, comme une structure sans pouvoirs véritables et surtout sans argent.

L'essentiel des pouvoirs réels en Europe repose encore entre les mains de conseils de ministres c'est-à-dire que, dans son fonctionnement, l'Europe reste farouchement attachée à ce que dans le débat constitutionnel canadien on appellerait des structures confédérales et non pas fédérales.

En tout état de cause, la situation n'est pas à ce point claire, à tout le moins elle ne l'était pas jusqu'à récemment, pour que les tenants de la souveraineté ou bien encore les tenants du fédéralisme puissent tirer de l'évolution récente de l'Europe des conclusions bien précises dans un sens ou dans l'autre.

Les événements qui ont eu lieu en Europe de l'Est ont tout changé. Ce qui s'y passe depuis quelques années est une affirmation farouche, le mot n'est pas trop fort, de la nationalité et de la souveraineté des peuples.

L'Empire russe a éclaté, et il a éclaté par l'affirmation de la souveraineté des peuples, d'une souveraineté réelle et concrète dans ses effets sur l'esprit des gens. Cela commence, on le sait, par les grèves de Gdańsk en 1980, par la fondation de Solidarité et par la mise en vigueur de la loi martiale par le gouvernement polonais. Ces événements vont devenir par la suite symboliques dans toute l'Europe de l'Est. Ce que Solidarité veut changer, c'est un système politique et économique tout entier dirigé vers l'intégration des pays satellites dans le système soviétique. C'est une réaction fondamentalement nationale de Polonais à l'égard de Russes. Et c'est la raison pour laquelle Solidarité ne sera pas un mouvement syndical de gauche, selon le sens qu'on prête à cette expression en Occident, mais un syndicat national, polonais, regroupant, finalement, la majeure partie de la population, quels que soient son travail ou son niveau de revenu. Il s'agit de l'amorce d'un désengagement de la Pologne par rapport au système. On sait que le même réflexe se manifestera dans tous les pays dits satellites. Les Hongrois voudront être hongrois et définir leurs politiques comme Hongrois. Les Tchèques vont réagir de la même façon. Les Bulgares aussi et finalement les Roumains. Les Allemands de l'Est ne se sortent pas du système autrement qu'en tant qu'Allemands et s'ils accepteront l'intégration avec l'Allemagne de l'Ouest comme une condition du relèvement de leur niveau de vie, il reste aussi que la réunification de l'Allemagne fait réapparaître la nation allemande. À cet égard rien n'est plus symbolique et réel d'ailleurs que la décision presque immédiate de l'Allemagne de l'Ouest de déplacer sa capitale de Bonn à l'ancienne capitale de toute l'Allemagne, soit Berlin.

Et puis, on passera au démantèlement de l'Empire russe proprement dit, fondé rigoureusement sur une définition des nationalités. Ce ne sont pas les pays baltes qui sont sortis de l'URSS, c'est la Lituanie, la Lettonie et l'Estonie. Chacune séparément, chacune en fonction de ses intérêts propres et de sa configuration particulière. L'Ukraine depuis des siècles cherche à rétablir son existence comme Ukraine et la Transcaucasie a éclaté le long des fractures de sa configuration de nationalités.

La Yougoslavie ensuite a sauté. Et là encore, ce qui s'est réglé facilement, par exemple la Slovénie, s'est fait sur la base d'un territoire correspondant à peu près aux limites occupées par le peuple slovène. Lorsque, au contraire, comme dans le cas de la Croatie, deux peuples se sont retrouvés sur le même territoire, les tensions ont été très fortes, aboutissant finalement parfois à une guerre civile[1]. Mais il est remarquable de voir qu'en l'espace de quelques années les nations sont réapparues dans des États, brandissant le rétablissement de leur souveraineté comme la condition absolue de leur avenir.

Bien sûr, au Canada et au Québec, devant ce phénomène, chacun, comme d'habitude, a tout de suite cherché une interprétation en fonction de ses intérêts. «Regardez, disaient les souverainistes, nous ne ramons pas dans le sens contraire de l'histoire, les souverainetés s'affirment partout.» «Attention, disaient les fédéralistes, on se bat en certains endroits.»

Tout cela est indiscutablement vrai. Seulement, la question n'est pas là. En fait, il est remarquable, et presque inimaginable, que de tels bouleversements n'aient entraîné jusqu'à maintenant que si peu de conflits. Pensons que, réaffirmant leur souveraineté ou la découvrant, 31 pays changent de système politique en l'espace de cinq ans. Et un empire, le dernier dans le monde, le plus étendu, le plus peuplé, éclate, avec somme toute beaucoup moins de conflits que ce que nous avons vu il y a vingt ans au moment de l'éclatement de l'Empire français ou de l'Empire britannique.

---

1. Ce texte a été écrit avant que la guerre s'étende à la Bosnie, ce qui ne change rien à la démonstration, bien au contraire.

La marche vers
le référendum de 1995

Le Parti québécois est porté au pouvoir le 12 septembre 1994. Deux grandes idées s'étaient dégagées de sa campagne électorale. Premièrement, il y aurait dans l'année suivant l'élection un référendum pour réaliser la souveraineté du Québec. Deuxièmement, il fallait régler une foule de problèmes qu'un gouvernement vieilli, usé, avait négligés ou simplement renvoyés aux calendes grecques.

Il fallait «bouger», selon le slogan de la campagne, tout en faisant en sorte qu'après deux ans au pouvoir on cesserait d'emprunter pour les opérations courantes, c'est-à-dire pour payer l'épicerie.

J'étais certain que mon gouvernement pourrait préparer le référendum, faire démarrer un certain nombre de projets d'ordre économique et social tout en entreprenant sérieusement d'assainir des finances publiques délabrées. Effectivement, tout cela a été fait. Le présent chapitre ne porte cependant que sur la préparation du référendum. Dans le chapitre suivant, on verra à quel point cette préparation n'a gêné ni la croissance de l'économie ni l'épuration des finances publiques.

Dans l'année qui a précédé l'élection, un comité formé de membres de mon cabinet et de l'ancien cabinet de René Lévesque, présidé par Louis Bernard, prépare un projet de loi qui correspond en tous points à la nouvelle stratégie: dire ce que l'on veut et indiquer comment on va l'obtenir. L'article 1 du projet de loi se lit comme suit: «Le Québec est un pays souverain.»

Le nature même de ce projet de loi demande qu'il ne soit pas l'expression des vœux et aspirations du seul Parti québécois.

Après tout, nous n'avons alors été élus qu'avec 45 % des suffrages exprimés et nous n'avons rien à gagner à présenter l'accession à la souveraineté comme une démarche partisane.

Au Conseil national du Parti québécois du 5 novembre 1994, je propose que l'on explore les voies d'une coalition souverainiste[1]. Le 6 décembre 1994, je dépose à l'Assemblée nationale un avant-projet de loi (plutôt qu'un projet) et je m'adresse à la population, par le truchement de la télévision, pour dire que nous allons maintenant entrer dans une phase de discussions générales, que tout peut être discuté, sauf bien sûr l'idée de faire de l'avant-projet de loi un texte orienté vers l'unité canadienne et que la page laissée en blanc sous le titre «Préambule» sera remplie après que nous aurons reçu toutes les suggestions que les citoyens et citoyennes voudront bien exprimer.

Le mois de décembre 1994 se passe à expédier l'avant-projet de loi par la poste dans tous les foyers du Québec et à mettre sur pied les commissions régionales.

Des commissions régionales itinérantes sont formées pour entendre tous ceux qui souhaitent témoigner devant elles et discuter de l'une ou de l'autre des dispositions ou de l'ensemble de l'avant-projet de loi. Tous les partis politiques qui ont des députés à l'Assemblée nationale ou des députés québécois à la Chambre des communes sont invités à nommer des représentants au sein de ces commissions qui, toutefois, ne comptent pas de députés ou de ministres en fonction. Le Parti libéral du Québec et le Parti libéral du Canada, dirigés respectivement par Daniel Johnson fils et Jean Chrétien, décident de bouder les commissions. Le Bloc québécois, sous la direction de Lucien Bouchard, s'associe dès le début à la démarche. Pour sa part l'Action démocratique du Québec, entraînée par son chef et seul député à l'Assemblée nationale, Mario Dumont, accepte de participer à l'exercice.

---

1. Le Conseil national réunit deux délégués par circonscription (le président ou la présidente et un autre membre) ainsi que les députés et des membres des comités centraux.

Un effort est fait afin d'aller chercher des gens qui, ayant joué un rôle dans les partis politiques, ont maintenant pris un certain recul. Marcel Masse, ancien ministre de Daniel Johnson père et ministre de la Défense nationale de Brian Mulroney, sera le président de la commission de Montréal. Jean-Paul L'Allier, maire de Québec et ancien ministre de la Culture et des Communications de Robert Bourassa, présidera la commission de Québec. De plus, des élus locaux et régionaux, et des personnes qui, souvent dans l'ombre, sont engagées dans leurs milieux de vie ou de travail, parmi lesquelles plusieurs femmes et des jeunes, seront nommés après de longues consultations.

En janvier 1995, on expédie dans tous les foyers du Québec le guide de participation aux Commissions sur l'avenir du Québec. Le 3 février, les Commissions sont officiellement lancées et commencent à siéger.

Il y aura 18 commissions: 16 régionales, plus une commission des aînés et une commission des jeunes. Une fois que les commissions régionales auront déposé leur rapport, une commission nationale fera une synthèse de ces rapports et présentera ses conclusions. Les présidents et présidentes des commissions constituent la Commission nationale sur l'avenir du Québec et élisent leur président. Monique Vézina, ancienne ministre et présidente de la Commission des aînés, sera élue présidente par ses pairs.

Au total, 53 000 personnes assisteront aux séances publiques des commissions. La télévision communautaire à Montréal retransmet les débats. L'audience atteint jusqu'à 400 000 téléspectateurs. L'exercice est admirable tant par l'intensité de la participation du public que par les idées qui en émergent[2].

---

2. Même si les savants commentateurs politiques des médias n'ont eu d'oreilles que pour les interventions farfelues. Dans une foule de 53 000 participants, il est évident que tous les propos ne sont pas d'égale portée.

On peut répartir les préoccupations en trois groupes:

— oui au principe de la souveraineté, mais il faudrait en savoir bien davantage sur la façon de la réaliser; la régionalisation dans un Québec souverain est l'objet de beaucoup d'attention;

— il faut, en tout état de cause, un «projet de société» pour le Québec, même si tous les beaux esprits s'en moquent;

— il faut trouver des arrangements avec le Canada, en tout cas garder l'esprit ouvert à ce propos.

Ces trois grandes idées ne sont pas invariablement reprises dans les commissions mais elles sont dominantes. Les rapports sont déposés entre le 13 et le 21 mars 1995. À partir de là, les événements se précipitent. Le 22 mars, j'inaugure les travaux de la Commission nationale sur l'avenir du Québec. Le 5 avril, j'annonce dans un discours à Lévis que le référendum se tiendra à l'automne. Les 8 et 9 avril a lieu à Montréal le congrès du Bloc québécois. Lucien Bouchard insiste sur la nécessité d'une ouverture à l'égard du Canada.

Le 19 avril, la Commission nationale sur l'avenir du Québec remet son rapport. À cette occasion, je prononce un discours où pour la première fois j'essaie de clarifier le concept d'association avec le Canada: l'association incontournable, l'association souhaitable et l'association envisageable. Pour négocier, il faut être deux. On se prépare donc à dire à l'autre jusqu'où on est prêt à aller, à condition, bien sûr, qu'il le veuille.

Par la suite, les négociations commencent entre les trois partis politiques (le Parti québécois, le Bloc québécois et l'Action démocratique du Québec), négociations qui mèneront à l'entente tripartite du 12 juin 1995 sur le partenariat.

Le 18 mai, au congrès du Syndicat canadien des communications, de l'énergie et du papier (affilié à la FTQ), j'évoque la perspective d'un partenariat avec le Canada. Au

Conseil national du Parti québécois, le 27 mai, l'appellation «partenariat économique et politique» est retenue et les institutions politiques «envisageables» sont précisées.

Le 12 juin, l'entente tripartite est signée. Les études commandées à divers chercheurs sous la direction de l'Institut national de recherche scientifique (INRS) visant à clarifier certains aspects de la souveraineté (documents communément appelés «études Le Hir») commencent à sortir[3]. Le 6 septembre, le projet de préambule préparé par Gilles Vigneault, Marie Laberge, Fernand Dumont et Jean-François Lisée est dévoilé au Grand Théâtre de Québec. Le 21 septembre, enfin, est publié *Le cœur à l'ouvrage*, qui n'est pas un projet de société, ce serait bien ambitieux, mais une réflexion qui ouvre des perspectives intéressantes sur l'avenir.

Quelques jours auparavant, soit le 7 septembre, l'Assemblée nationale a été convoquée. Le projet de loi sur la souveraineté a été présenté avec le libellé de la question référendaire. Mon discours à l'Assemblée nationale à cette occasion est reproduit presque intégralement de la page 115 à la page 130. Il a un contenu historique que je dédie à tous ceux qui en ont assez de se faire rouler.

Le débat sur la question est lancé. Il durera jusqu'au 20 septembre. Le 1er octobre 1995, je fais émettre les brefs pour la tenue du référendum.

Il reste une chose à faire avant d'entreprendre la campagne référendaire. C'est sans doute très bien d'offrir au Canada un partenariat et de se donner jusqu'à un an après le référendum pour que les négociations aboutissent. Encore

---

3. On a dit beaucoup de mal de ces études. Certaines sont cependant de premier plan. Ainsi, les études de Claude Lamonde sur les finances publiques d'un Québec souverain et sur le partage des actifs et des dettes sont ce qui s'est fait de mieux dans le domaine. L'avis juridique du bureau d'avocats de Washington, Rogers and Wells, le premier étant un ancien secrétaire d'État américain, aurait eu une influence capitale sur le déroulement des négociations entre le Québec et les États-Unis après un vote favorable à la souveraineté.

faut-il que la volonté du gouvernement du Québec de les entamer et de les mener à bien ne laisse aucun doute.

Aussi, conformément au projet de loi déposé à l'Assemblée nationale le 7 septembre, je nomme dès le 6 octobre les premiers membres du Comité d'orientation et de surveillance des négociations. Le lendemain, je désigne Lucien Bouchard comme négociateur en chef du Québec. La nomination de l'homme politique le plus populaire du Québec assure la crédibilité de l'opération.

Entre l'élection et le référendum, le cheminement a été rigoureux. La préparation, impeccable. On n'a pas souvent porté aussi loin le respect du citoyen.

Dans les pages qui suivent sont reproduits des extraits de presque tous les discours qui ont ponctué la préparation du référendum de 1995 et qui situent celui-ci dans notre tradition démocratique.

Une longue tradition démocratique

À l'occasion de la commémoration de la proclamation
de l'Acte constitutionnel de 1791,
Assemblée nationale, le 17 décembre 1991.

Le 17 décembre 1792, [...] s'ouvrait la première session du premier parlement de Québec, créé par l'Acte constitutionnel de 1791.

Les Québécois sont restés attachés [...] au système parlementaire. Dans cette fidélité se révèlent la permanence et la profondeur de leur adhésion aux valeurs de la démocratie. En même temps que l'âge de notre Parlement, c'est l'âge de notre démocratie, notre longue tradition démocratique que nous pouvons avec fierté célébrer aujourd'hui.

Je rappellerai à cet égard un épisode révélateur. En 1807, les électeurs de Trois-Rivières, presque tous de langue française, choisissaient un député juif, Ezéchiel Hart, dans une élection partielle. Expulsé de l'Assemblée en vertu des lois de l'Empire de l'époque, Hart est élu *de nouveau* à Trois-Rivières à l'élection de 1808: il sera cette fois expulsé sur décision de Londres. Après cet épisode, le parlement de Québec sera le premier parlement de l'Empire britannique à reconnaître l'émancipation politique aux Juifs en 1832. Plus près de nous, en 1976, notre Assemblée nationale a compté l'un des premiers députés noirs au Canada.

C'est cette même Assemblée qui a adopté, en avance sur le Canada, une Charte des droits et libertés de la personne, comportant plus de protections individuelles que la charte fédérale actuelle. Et c'est aussi cette Assemblée qui a adopté, en mars 1985, avant tout autre Parlement au Canada, une résolution reconnaissant officiellement les communautés autochtones comme nations distinctes.

Certains continuent de nous dire que le peuple du Québec a besoin du fédéralisme pour assurer chez lui le maintien des valeurs démocratiques. Sur ce point, faut-il encore le démontrer, nous sommes loin d'être en retard dans le concert des nations. Et c'est encore dans le respect des exigences de la démocratie que le Québec chemine aujourd'hui vers la plénitude de la personnalité politique qu'il recherche patiemment.

L'un des plus vieux parlements verra bientôt, vous savez à quel point je l'espère, avec un nombre toujours croissant de Québécoises et de Québécois, la naissance d'un pays neuf, le pays du Québec.

Il faut d'abord être soi-même

Texte inédit, 1992.

Les adversaires de la souveraineté du Québec arguent depuis fort longtemps que la souveraineté est une notion complètement dépassée, qu'il s'agit d'un état devenu obsolète. Toute l'histoire récente indique le contraire. Comme le disait Boutros Boutros-Ghali, secrétaire général de l'ONU, à Montréal le 23 mai 1992, 50 États ont signé la Charte des Nations unies à San Francisco en 1945. Aujourd'hui, 175 États sont membres de l'ONU et, «au rythme où nous allons nous en serons bientôt à 200 et peut-être davantage». Si toutes les réalités obsolètes avaient une telle vivacité, c'est le concept d'obsolescence lui-même qui disparaîtrait.

Mais la souveraineté ne va-t-elle pas à l'encontre du mouvement actuel vers l'universalisme, la mondialisation, l'intégration croissante des économies et des sociétés? Écoutons de nouveau M. Boutros-Ghali:

> Un monde en ordre est un monde de nations indépendantes, ouvertes les unes aux autres dans le respect de leurs différences et de leurs similitudes. C'est ce que j'ai appelé la logique féconde des nationalités et de l'universalité. Elle suppose évidemment que les États ne soient pas les seuls acteurs de la scène internationale, mais qu'il y ait aussi comme acteurs des organisations régionales ou mondiales, spécialisées ou non gouvernementales, pour fournir des cadres de coopération et de sécurité collective.

Il ajoute:

> Ce que chacun peut apporter de meilleur au monde,
> c'est lui-même, a dit Paul Claudel. Pour entrer en rela-
> tion avec l'autre, il faut d'abord être soi-même. C'est
> pourquoi une saine mondialisation de la vie moderne
> suppose d'abord des identités solides.

Si on se donne la peine de regarder ce qui se passe
autour de nous dans le monde d'aujourd'hui, on doit se rendre à l'évidence que des peuples, des nations commencent
par affirmer leur souveraineté, par en asseoir les bases, puis
cherchent les formes d'intégration avec leurs voisins ou
dans un cadre mondial qui, alors, entraînent des délégations
de souveraineté plus ou moins importantes et plus ou moins
rapides.

Le contraire du repli sur soi

Conférence de presse, le 14 septembre 1994.

[...] Nous savons qu'un grand nombre de Québécois, et de façon bien plus déterminée qu'en 1980, ont d'ores et déjà fait le choix de la souveraineté. Nous constatons aussi qu'un autre large segment de la population souhaite obtenir une très vaste autonomie pour le Québec, allant jusqu'à faire en sorte que le Québec vote toutes les lois qui s'appliquent sur son territoire, perçoive tous les impôts que versent les contribuables, signe tous les traités qui nous concernent. Mais le vieil espoir d'obtenir plus d'autonomie pour le Québec au sein du Canada est éteint. Hier encore, le premier ministre canadien disait clairement qu'il n'était pas question de faire des offres de réforme constitutionnelle au Québec et il reflétait en cela un très vaste consensus canadien, consensus qui s'est exprimé au moment de Meech comme au moment de Charlottetown. Ce même refus «d'accommoder le Québec», comme on dit au Canada anglais, fait en sorte que, depuis maintenant douze ans, le Canada est doté d'une constitution qu'ont refusé de reconnaître tous les gouvernements québécois. C'est un peu comme si un contrat avait été modifié sans l'accord d'une des parties.

Notre tâche, donc, est de convaincre ces Québécois qui ont le goût et la volonté de prendre en main leur destinée qu'il n'y a qu'une façon d'être plus autonome, c'est d'être souverain. Bref, notre tâche est de faire en sorte que ces Québécois tirent les conclusions de leurs convictions. [...]

Je sais qu'aujourd'hui un certain nombre de représentants de la presse étrangère sont à l'écoute, sans parler du corps diplomatique. J'aimerais donc réitérer brièvement, et à leur intention, certains des principes qui sont au cœur de notre projet souverainiste.

La souveraineté telle que nous la concevons est le contraire du repli sur soi. Les Québécois ont formé, en Amérique du Nord, l'électorat le plus favorable au libre-échange, d'abord avec les États-Unis, puis avec le Mexique. Les adultes québécois forment le groupe le plus bilingue d'Amérique du Nord et nous avons l'intention d'intensifier encore nos efforts en ce sens. Ouverts sur le monde, en prise directe sur deux civilisations, les Québécois importent et exportent avec succès des produits industriels et culturels.

La souveraineté du Québec, c'est le prolongement de cette volonté d'ouverture, de participation au concert des nations, aux échanges des idées, des cultures et des produits. Nous voulons devenir pleinement citoyens du monde, sans intermédiaire et sans compromis boiteux, sans animosité et sans agressivité.

Formant nous-mêmes une minorité au sein d'un pays, le Canada, qui ne reconnaît pas officiellement notre existence en tant que nation, en tant que peuple ou même en tant que société distincte, nous sommes extrêmement sensibles aux problèmes de nos propres minorités au Québec et nous avons l'intention d'être irréprochables à ce sujet.

C'est ainsi que les militants du Parti québécois ont inscrit dans leur programme politique ce qu'aujourd'hui, en tant que premier ministre désigné, je réaffirme: notre engagement à enchâsser dans la constitution d'un Québec souverain plus de droits pour la minorité anglophone du Québec, plus de droits que jamais la loi fondamentale du Canada n'en a proposé pour les francophones du Canada. [...]

Une démarche claire et responsable

*À l'occasion de l'ouverture de la 35e législature
de l'Assemblée nationale du Québec,
le 29 novembre 1994.*

[...] Je donnerai aujourd'hui une idée de l'esprit et des principes qui vont nous guider dans cette démarche vers le référendum de 1995.

Je dirai d'abord qu'elle se fera dans la clarté. Les Québécois veulent savoir de quoi il s'agit, au juste, lorsque nous parlons de souveraineté. Nous avons retenu le consensus dégagé par la commission Bélanger-Campeau. La souveraineté, c'est la capacité de voter toutes ses lois, de percevoir tous ses impôts, de signer tous ses traités. C'est aussi la volonté d'agir dans le maintien de l'association économique canadienne et dans la zone de libre-échange nord-américaine. [...]

Bref, sur ces points et sur bien d'autres encore, nous allons faire en sorte que tous les Québécois sachent de quoi on parle lorsqu'on utilise le terme souveraineté. [...]

Nous avons l'intention de proposer aux Québécois une façon inédite de leur donner la parole. Nous irons les trouver chez eux, pour qu'ils puissent exprimer à la fois leurs espoirs et leurs craintes, leurs ambitions et leurs hésitations. Ce sera un processus où ils pourront poser leurs questions et offrir leurs réponses. Qu'on mette tout sur la table. C'est dans le noir que l'inconnu nous apeure. À la lumière du jour, on y voit mieux. C'est dans le silence qu'on se sent petits et seuls. Lorsqu'on prend la parole, on s'entend et on se comprend.

Au Québec, on est maintenant sept millions, et on va se parler.

Il y a aujourd'hui au Québec un grand consensus: que le référendum se tienne l'an prochain, en 1995. Le chef de l'opposition le demande, le premier ministre canadien le demande. Ça tombe bien, car c'est notre intention.

Il y a un autre consensus: que la question soit claire. Elle le sera.

Pendant la campagne, on a dit aux Québécois que si mon équipe était élue, elle enclencherait le processus référendaire. C'était vrai. Comme prévu, nous enclenchons. [...]

[...] Comment proposons-nous de réaliser la souveraineté? En étant fidèles aux quatre principes qui guident toute notre action: la volonté, la clarté, la solidarité et la responsabilité.

L'hiver de la parole

À l'occasion de la séance d'ouverture de la Commission nationale élargie sur l'avenir du Québec, au Manoir Montmorency, le 22 mars 1995.

Il n'est pas souvent donné, dans la vie d'un premier ministre, d'assister à un événement comme celui-ci. Il n'est pas souvent donné d'entendre la voix d'un peuple, région par région, résumée ainsi par des gens qui ont consacré les six dernières semaines de leur existence à se mettre à l'écoute de leurs concitoyens. Il n'est pas souvent donné d'observer le civisme, l'altruisme dont chacun d'entre vous a fait preuve depuis le début de l'année, avec les 280 commissaires qui ont participé à cet exercice.

Les Commissions sur l'avenir du Québec resteront une étape charnière de notre histoire contemporaine. Il faudra des mois, sans doute des années, avant de comprendre complètement ce qui s'est produit pendant ces six semaines, et d'en décoder toutes les conséquences. Nous savons cependant déjà que vous avez animé le plus grand brassage d'idées de notre histoire. La commission de Laval a inventé une expression pour décrire ce qui s'est produit: «l'hiver de la parole». Plus de 53 000 Québécois ont répondu à votre appel pendant le mois le plus froid de l'année. [...]

J'ai été frappé surtout par les milliers de contributions individuelles. Ces salariés et artisans, fermiers, retraités et étudiants qui ont préparé, sur la table de leurs cuisines, des mémoires de cinq ou six pages et qui ont attendu votre venue dans leur patelin. Ils sont allés à votre micro, devant la caméra de la télévision communautaire, et vous ont livré le fruit de leur expérience et de leurs convictions. Il fallait du cran et du sérieux. Il fallait de la volonté, surtout: la volonté de contribuer à l'avenir du Québec.

Ces milliers de Québécois sont venus, souvent, offrir des suggestions. Exprimer des questions, et des inquiétudes, aussi. Parfois, ils avaient annoté leur projet de loi, article par article, soulevant ici une interrogation, proposant là un amendement. D'autres ont rempli la page blanche, la déclaration de souveraineté, au grand complet. Avec ces commissions, les Québécois ont démontré, une fois de plus, la qualité de leur engagement démocratique. Ils ne se contentent pas d'être des électeurs, une fois tous les quatre ans. Ils veulent être des participants, des acteurs. Et un des grands messages que vos rapports régionaux nous lancent, c'est qu'ils en redemandent. Pour l'élaboration de la future constitution du Québec, en particulier, ils réclament d'être mis dans le coup du début à la fin, et c'est très bien comme ça. Car s'il est vrai que la souveraineté sera l'occasion pour les Québécois de se réinventer, il faut comprendre aussi que nos actions d'aujourd'hui préfigurent le pays que nous construisons. Pour mon gouvernement, pour tous les souverainistes qui y ont participé, les commissions régionales sont une façon de dire comment se portera, demain, la démocratie dans un Québec souverain. À voir ce que vous avez réalisé, on peut conclure qu'elle se portera fort bien.

Je dis les souverainistes, car ils ont été les initiateurs de cette démarche. Mais cet exercice de dialogue a aussi permis de démontrer aux fédéralistes de tous les horizons que notre volonté de dialogue était bien réelle. Individuellement et en groupe, des milliers de fédéralistes sont venus participer à vos travaux. Dans un cas, ils vous ont même chanté le Ô Canada. Des membres des communautés culturelles, très nombreux, à Montréal et à Québec, se sont fait entendre, d'une voix beaucoup moins monolithique qu'il y a quelques années. C'est un progrès qu'il me fait plaisir d'applaudir. Cela signifie que les ponts que nous avons construits depuis quelques années gagnent en solidité. À Montréal, en Estrie, en Outaouais et sur la Côte-Nord, en particulier, les populations anglophones ont répondu, sont venues vous rencontrer en très grand nombre. En général, on ne les compte pas parmi les plus ardents partisans de la souveraineté. Mais tout au moins, ils savent maintenant qu'entre Québécois, on peut discuter. Ils savent que nous avons, tous, la démocratie en partage, aujourd'hui comme demain. Cela vaut aussi pour les autochtones, individuels ou membres d'associations, qui sont venus discuter, malgré des consignes données par certains chefs. [...]

Fidèles à la parole entendue

*À l'occasion du dépôt du rapport de la
Commission nationale sur l'avenir du Québec,
Assemblée nationale, le 19 avril 1995.*

Trois mois et demi se sont écoulés depuis que nous donnions, ensemble, [...] le coup d'envoi aux travaux des Commissions sur l'avenir du Québec. Et on a peine à mesurer l'ampleur du travail réalisé dans l'intervalle.

Les centaines d'audiences, les milliers de mémoires, la participation de dizaines de milliers de citoyens témoignent de la richesse et de la qualité de notre vie démocratique. [...]

Au bout du compte, la démocratie, c'est ça: la volonté individuelle de participer à l'effort collectif; l'addition des espoirs et des efforts; la conviction que la prise de parole a un sens; que d'audiences en réunions, de rapport régional en rapport synthèse, l'apport de chacun, si modeste soit-il, a un impact sur l'avenir collectif.

Le jour où il ne sera plus possible, au Québec, de réunir des citoyens pour discuter de leur avenir, la démocratie sera gravement malade. Or, à voir ce que vous avez réalisé ces derniers mois, il faut conclure au contraire que la volonté de participer, de façonner l'avenir, est plus forte que jamais.

Encore faut-il que ce nouvel investissement des Québécois dans leur vie démocratique ne soit pas déçu. On se souvient tous de la dernière consultation populaire sur l'avenir du Québec: celle de Bélanger-Campeau. L'enthousiasme qu'elle avait suscité, le travail qu'elle avait engendré, et la conclusion à laquelle elle avait inexorablement abouti. Les commissaires, y compris les neuf signataires libéraux, y compris le premier ministre de l'époque, avaient conclu: «Deux voies seulement s'offrent au Québec: d'une part, une nouvelle et ultime tentative de redéfinir son statut au sein du régime fédéral et, d'autre part, l'accession à la souveraineté.» Cette tentative ultime, vous le savez, ce fut l'entente de Charlottetown, mise en échec *et* par une majorité de Québécois *et* par une majorité de Canadiens. Ayant en un sens prévu cette éventualité, le rapport Bélanger-Campeau ajoutait: «En cas d'échec d'une dernière tentative de renouvellement du fédéralisme, il ne reste plus qu'une seule voie, celle de la souveraineté.» [...]

Vous vous souvenez aussi que près d'un million de Québécois avaient signé une pétition réclamant du gouvernement libéral qu'il tienne parole, qu'il respecte cet engagement. Sans succès. Au contraire, il fut incapable de livrer une réforme en profondeur du fédéralisme et n'avait jamais eu l'intention de proposer la souveraineté aux Québécois.

C'est très grave, en démocratie, de conduire ainsi une si vaste consultation populaire dans un cul-de-sac. C'est très grave de démobiliser les citoyens, de les détourner de leurs institutions, de les inviter en fait à démissionner de la politique.

C'est pourquoi les 18 Commissions sur l'avenir du Québec constituaient un pari. Après l'expérience décevante de Bélanger-Campeau, les citoyens allaient-ils répondre «présent»? La question était ouverte. Surtout que ceux-là mêmes qui avaient détourné la consultation précédente lançaient un mouvement de boycott de ces nouvelles commissions qui témoignait d'une continuité certaine dans leur mépris de la parole populaire.

Aux audiences des 18 Commissions, cette année, les Québécois, y compris des milliers de fédéralistes, ont opposé un double refus aux agents de la démobilisation et du boycott. Les Québécois sont venus, plus nombreux que jamais dans leur histoire, à l'exercice de participation que nous leur proposions. [...] Ce que les Québécois sont venus nous dire, c'est qu'ils tenaient, eux, au lien de confiance entre le citoyen et le gouvernement, qu'ils ne seraient pas responsables, eux, de la rupture de ce lien. [...]

Ceux qui, ayant boudé puis boycotté les audiences, s'époumonaient à qualifier cette consultation d'«exercice de propagande» sont restés sur leur faim lorsque, le mois dernier, les commissions régionales ont déposé des recommandations très pluralistes, très diverses, très fidèles à la parole entendue. [...]

Le printemps de la souveraineté

À l'occasion du Conseil national du Parti québécois,
à Québec, le 27 mai 1995.

Je suis content de vous retrouver, tous, pour ce Conseil national qui nous met sur la dernière ligne droite vers le référendum sur la souveraineté. Ce n'est pas encore le sprint — il viendra à l'automne —, mais c'est déjà le temps de passer au galop.

Lorsqu'on s'est vus, en février, nous entamions «l'hiver de la parole»: les commissions régionales. Aujourd'hui, nous entamons ce que vous me permettrez d'appeler «le printemps de la souveraineté». Le printemps parce que, déjà, nous commençons à cueillir les fruits de notre action des derniers mois. Hier encore, un nouveau sondage indiquait qu'une majorité absolue de Québécois est favorable à notre projet. C'est le troisième sondage public d'affilée qui nous donne majoritaires. Ça va finir par se savoir! Nos sondages internes confirment ce renouveau de l'appui à la souveraineté.

Il n'est pas venu tout seul, ni sans raison. Il est venu parce que vous comme moi nous sommes mis à l'écoute des Québécois, cet hiver, à travers l'exercice des commissions, et que nous leur avons proposé de modifier, d'améliorer notre projet. Ils l'ont fait, de diverses manières. Et à mesure que nous intégrons leurs souhaits dans notre démarche, nous complétons la jonction fructueuse entre la volonté populaire et la promesse d'un Québec souverain.

Cette jonction entre nous et les Québécois, cette ardeur que nous avons à consulter et à convaincre, ça ne date pas d'hier. En fait, j'aimerais profiter de cette tribune, aujourd'hui, pour souligner deux anniversaires. D'abord, celui de l'élection, il y a vingt-cinq ans et un mois, du premier contingent de députés du Parti québécois à l'Assemblée nationale.

L'élection d'avril 1970 fut de ces combats qui donnent à la fois l'ivresse des commencements et la détresse des dégrisements. Ce n'était pas évident, être indépendantiste, il y a un quart de siècle. Il y avait la propagande haineuse, bien sûr, le coup de la Brinks, pour faire peur au monde, des tripotages électoraux tels que, le jour du scrutin, dans la seule circonscription du candidat Jacques-Yvan Morin, 38 individus ont été arrêtés «pour substitution de personnes».

Parlant des militants péquistes de l'époque, René Lévesque disait «voilà des gens qui, par dizaines de milliers, ont entrepris une campagne électorale dans la joie et la dignité, et se sont fait accueillir par la bassesse et la calomnie».

Pourtant, le quart des Québécois ont alors fait confiance au Parti québécois. Et cette confiance si massive, au premier essai électoral du PQ, marquait le début d'une nouvelle phase de notre histoire, celle de l'alliance entre le parti et les Québécois.

Cette alliance fut alors incarnée par les sept premiers députés, une équipe formidable qui allait marquer la décennie: les Camille Laurin, Robert Burns, Claude Charron, Guy Joron, Lucien Lessard et les regrettés Marcel Léger et Charles Tremblay.

Il y avait cependant tout un décalage entre obtenir le quart des votes, et seulement 6 % des sièges. C'est avec une énergie décuplée que le jeune parti allait se battre pour une vaste réforme électorale. Il promettait un nettoyage des caisses électorales, et il allait le faire. Il promettait un redécoupage de la carte électorale, et il allait le faire. Quelques jours après l'élection, le chef du parti disait même: «Il faut établir au plus tôt des listes électorales permanentes»...

Monsieur Lévesque, comptez sur nous, on va le faire!

Il y a quinze ans ce mois-ci, le référendum de 1980 marquait une autre étape de notre alliance. Bien sûr, nous aurions aimé l'emporter. [...] Mais lorsqu'on y pense avec le recul, il faut bien admettre que le seul fait de poser la question, pour la première fois dans l'histoire de notre peuple, c'était déjà une sorte de victoire.

Et lorsqu'il nous a dit: «À la prochaine fois», le soir du 20 mai 1980, René Lévesque ne savait pas quand viendrait cette prochaine fois. Nous y sommes, à la prochaine fois, elle aura lieu en 1995, cet automne. [...]

Comment se présentent les choses à quelques mois du référendum?

Nous du Parti québécois, nos amis du Bloc québécois et plusieurs autres, offrons aux Québécois une formule constructive, une porte sur l'avenir. Nous consultons les gens, nous adaptons notre projet à leurs vœux et à leurs espoirs, comme nous l'avons promis.

Ça fait maintenant plus de quinze ans — vingt-cinq si on remonte à la conférence de Victoria — que tout le monde se dit NON au Canada. Le Québec a dit NON à la Constitution de 1982, le Canada a dit NON à Meech, le Québec et le Canada ont dit NON à Charlottetown... Nous, on pense maintenant qu'il faut se donner les moyens de dire OUI, pour une fois. D'aller de l'avant plutôt que de claquer des portes.

Nous, fidèles à notre conviction et à notre mandat souverainiste, on travaille pour ça: un OUI. [...] Fondamentalement, comme le disait René Lévesque il y a vingt-cinq ans: «À condition de le mériter, l'avenir travaille pour nous.» Et c'est ce que montre le réveil du sentiment souverainiste perceptible depuis quelques semaines. Alors nous allons continuer à le mériter. [...] J'aimerais vous faire, en quelque sorte, un rapport d'étape. Nous avons soumis l'avant-projet de loi aux commissions régionales pour que les Québécois puissent indiquer ce qu'ils voulaient voir dans le préambule — la déclaration de souveraineté — et proposer des modifications aux articles de l'avant-projet.

Sur la base de la synthèse de la Commission nationale, un préambule est en voie de rédaction. L'avant-projet de loi, devenu projet de loi, sera déposé à l'Assemblée nationale à la rentrée d'automne, avec bon nombre de modifications, conformes aux recommandations de la Commission nationale. [...]

Les commissions ont demandé que l'information soit disponible facilement. Le rapport de la Commission nationale, qui est un excellent outil pédagogique, est disponible gratuitement dans tous les points de vente de Communications Québec. La commission de Laval nous a demandé de produire pour le public le *Guide de référence* qui était distribué à tous les commissaires et qui résumait notamment les études de Bélanger-Campeau. Ce document est maintenant en vente chez l'éditeur officiel.

Il y a des réponses plus courtes, plus accessibles. Les usagers du métro de Montréal y ont eu accès, depuis quelques jours, grâce à la campagne d'affiches du Conseil de la souveraineté. Les lecteurs des hebdos du Québec y auront aussi accès. Il s'agit de s'adresser aux citoyens directement, simplement, clairement.

D'autres façons de donner des réponses sont en préparation. Il y aura bientôt un système où les Québécois pourront appeler un numéro sans frais et obtenir une réponse à une question précise sur l'accès à la souveraineté.

Les commissions nous ont aussi beaucoup parlé du projet de société. Les Québécois nous ont dit que la souveraineté devait être un outil de changement pour le mieux. Ce projet de société, nous allons l'illustrer dans l'action gouvernementale d'ici au référendum, notamment dans des actions qui concernent l'emploi, les jeunes et les femmes. Comme nous l'avons déjà fait en soutenant, comme aucun autre gouvernement, l'action communautaire et bénévole. Les gestes [...] parlent toujours plus que les mots.

Nous allons aussi esquisser d'une autre façon ce projet de société, dans un document actuellement en gestation. Nous voulons montrer aux Québécois comment les choses seront différentes lorsqu'ils auront tous les leviers de commande à leur disposition. Je compte bien que vous aurez ce document en main pour la campagne référendaire.

La Commission nationale nous a demandé de dire, dans le projet de loi, quelles institutions communes de gestion de l'espace économique nous comptions offrir au reste du Canada. Nous allons le faire. Un tribunal de règlement des différends? Certainement. Un Conseil réunissant des ministres du Québec et du Canada pour prendre des décisions communes? Oui. C'était déjà dans notre manifeste il y a deux ans. Un forum où des députés de l'Assemblée nationale et de la Chambre des communes pourraient échanger sur les sujets qui touchent les deux pays et faire des recommandations? Ça nous semblerait à propos. Ces éléments pourraient constituer la proposition de partenariat qu'un Québec souverain ferait au Canada. De bonne foi.

Et la question référendaire fera référence à ces deux éléments: la souveraineté comme un aboutissement certain, le partenariat comme une véritable main tendue. Comme vous le voyez, notre action de ce printemps de la souveraineté et des deux saisons qui nous mèneront au référendum est toute fondée sur la parole des Québécois, leurs espoirs et leurs recommandations. [...]

La flamme d'un peuple fier

À l'occasion du banquet de la Société Saint-Jean-Baptiste de Montréal, le 13 juin 1995.

[...] La tradition de ce banquet est assez unique. J'imagine assez bien les orateurs qui s'y sont succédé. De Ludger Duvernay à Olivar Asselin ou Nicole Boudreau. D'abord ils ont demandé, à une époque lointaine, plus de reconnaissance pour ce qu'on appelait alors les «Canadiens». Quelques décennies plus tard, ils réclamaient des droits linguistiques et culturels pour les «Canadiens français». Depuis trente, trente-cinq ans, ils ont finalement réclamé le droit des Québécoises et des Québécois d'être enfin considérés comme un peuple à part entière, maître de sa destinée. [...]

Nos pères, nos mères, nos grands-pères ont été conviés à cette table, année après année, pour entendre dire qu'ils avaient des droits, pour entendre dire qu'ils avaient le devoir de protéger leur langue et leur culture. Au fond, ils ont su nous transmettre cette confiance qui nous manquait peut-être. Ils ont eu la ténacité, chacun à leur façon et dans leurs mots, de garder bien vive cette flamme d'un peuple fier et unique qui n'a pas renoncé à la lutte pour son identité.

Il s'est passé, au cours des derniers jours, quelque chose d'assez extraordinaire. [...] Le Parti québécois, le Bloc québécois et l'Action démocratique du Québec ont convenu d'un projet commun qui sera soumis au référendum de l'automne. Ce projet, croyons-nous, répond de manière moderne, décisive et ouverte à la longue quête des Québécoises et des Québécois pour la maîtrise de leur destin. [...]

L'espoir qui nous motive

À l'occasion d'un «rallye de formation» de militants,
Montréal, le 26 août 1995.

Nous sommes réunis, aujourd'hui, littéralement sur la ligne de départ. Vous le savez comme moi, nous entamons la campagne à égalité avec l'autre option. Ni en avant, ni en arrière. Le Québec nous dit: Allez-y, vous avez deux mois pour nous convaincre. Vous avez deux mois pour faire la différence. Vous avez deux mois pour donner au Québec un nouveau départ. Nous sommes ici aujourd'hui en quelque sorte pour mettre nos espadrilles et pour nous préparer au sprint le plus important et le plus emballant de nos vies. [...]

Le OUI va gagner parce que, nous, ce n'est pas la peur qui nous motive, c'est l'espoir. Ce n'est pas le passé qui nous intéresse, c'est l'avenir. Ce n'est pas la mésentente qui nous caractérise, c'est le rassemblement. [...]

Le projet d'une grande coalition

À l'occasion du dévoilement de la déclaration de souveraineté au Grand Théâtre de Québec, le 6 septembre 1995.

[...] Nous avons voulu que notre projet soit trempé dans le feu du débat public. Nous avons demandé aux Québécois de le critiquer, de l'amender, de l'améliorer, de se l'approprier. Nous avons promis de tenir compte de leurs vœux. [...]

Ceux qui ont participé à ce qu'on a appelé «l'hiver de la parole» nous ont transmis de grands messages. D'abord, ils ont voulu que le projet de souveraineté ne tourne pas le dos au passé du Québec. Qu'il s'inscrive plutôt dans la continuité et qu'il fasse une place de choix à nos rapports avec nos voisins canadiens. Que le Québec s'affirme, oui; qu'il mette fin aux chicanes inutiles, oui; mais en offrant aussi de conserver avec le Canada un bon voisinage et une coopération fructueuse, chaque fois que c'est dans notre intérêt mutuel.

Les Québécois nous ont aussi demandé de rassembler le plus grand nombre de forces possible derrière le projet de changement. Ils nous ont demandé de faire en sorte que le OUI soit l'affaire d'une grande coalition, et pas seulement l'affaire du gouvernement. [...]

La longue quête de l'égalité

À l'occasion du débat sur l'adoption de la question référendaire, Assemblée nationale, le 11 septembre 1995.

[...] Nous nous apprêtons [...] à remettre directement aux femmes et aux hommes du Québec le pouvoir de choisir leur avenir. Il s'agit, [...] j'en suis intimement convaincu, de l'expression la plus fondamentale de la démocratie, donc de la liberté; la liberté de décider, la liberté de voter.

Les Québécoises et les Québécois ne voteront pas, le 30 octobre, pour élire des représentants. Ils et elles ne voteront pas pour choisir un parti, un gouvernement ou un programme. Il s'agira, pour chacun, d'investir à long terme. De décider de l'avenir du Québec. De son avenir politique. De sa place dans le monde. C'est une occasion d'accéder à l'égalité avec les autres peuples, notamment avec notre voisin et partenaire naturel, le peuple canadien.

Il s'agira donc de voter par et pour nous-mêmes. C'est un vote pour nos enfants et ceux qui les suivront. C'est aussi, à bien des égards, un vote pour ceux qui nous ont précédés et qui ont tant fait pour que le Québec existe, se développe et soit respecté. [...]

Le débat que nous amorçons aujourd'hui, et qui cédera ensuite la place à la campagne référendaire, sera caractérisé par notre volonté de bien informer nos concitoyens. Ce débat sera aussi, sans aucun doute, par moments un peu rude. Mais à la fin, quelqu'un aura le dernier mot, et ce mot nous ralliera tous. Ce quelqu'un, c'est le peuple du Québec.

Ce mot, ce sera OUI ou NON. Si c'est NON, ce gouvernement, comme celui de 1980, respectera la décision populaire et ne mettra rien en œuvre pour modifier le statut du Québec comme province du Canada. [...]

Si c'est OUI, cette Assemblée nationale sera appelée à mettre en œuvre la volonté des Québécois de se donner un pays et d'offrir un nouveau partenariat au Canada, par l'adoption du projet de loi sur l'avenir du Québec. [...]

Cette décision du peuple du Québec se prendra à l'intérieur d'un des processus démocratiques les plus rigoureux au monde. Il faut le rappeler. La Loi sur les consultations populaires, qui reprend notamment les principes de financement et de limites de dépenses que nous connaissons bien en période électorale, nous assure que la décision sera celle des femmes et des hommes du Québec, non pas celle de groupes d'intérêt particuliers, de corporations. Notre loi nous assure que le débat ne sera pas perverti par la puissance des ressources financières. Chaque option, le OUI comme le NON, bénéficiera d'un budget identique.

Nous ne sommes cependant pas à l'abri d'interventions extérieures susceptibles d'entacher le caractère démocratique du débat. Dans un document de stratégie interne dont le gouvernement fédéral a reconnu l'authenticité, Ottawa annonce sa volonté bien déterminée de violer le processus démocratique québécois en inondant le Québec de publicités plus ou moins subliminales, même dans la période de campagne référendaire proprement dite, en octobre. Cette décision est un exemple de plus du refus du fédéral de respecter les institutions et les règles que les Québécois se sont données ensemble.

L'arrogance fédérale face au Québec croît avec l'usage. Contrairement à 1980, Ottawa ne fait même plus semblant d'y mettre les formes. Son intervention dans notre débat est massive, les budgets illimités, les scrupules inexistants. Le mutisme des représentants québécois du NON à cet égard est inquiétant. Il constitue une invitation au fédéral à bafouer encore, sur d'autres plans peut-être, les institutions québécoises.

Quoi qu'il en soit, l'Assemblée nationale a aujourd'hui devant elle un projet de loi sur l'avenir du Québec de même que le texte de la question sur laquelle les citoyens se prononceront.

Pour la suite de l'histoire

Ces deux textes constituent la suite logique de la marche des Québécois pour leur développement. En un sens, ils prennent le relais de plus de quatre cents ans d'histoire et, en particulier, de plus de trente ans de tentatives déterminées mais infructueuses de trouver une juste place pour le Québec au sein du Canada. Ils sont aussi l'aboutissement d'un parcours vieux de cinq ans, amorcé par le refus de l'accord du lac Meech et marqué par le NON au référendum sur l'accord de Charlottetown.

Toute l'histoire du Québec, avant même la bataille des Plaines d'Abraham, est une quête: celle de la reconnaissance de ce que nous sommes et de l'égalité avec les autres peuples. À l'heure de franchir l'étape qui nous mène enfin à cet objectif, vous ne m'en voudrez pas de la mettre brièvement en perspective, de l'insérer dans la chaîne des événements qui nous ont menés jusqu'ici.

Être nous-mêmes, faire nos propres choix... cette volonté était tellement présente pendant le régime français, que nos intendants et nos régisseurs nous trouvaient déjà bien rebelles. Tout de suite, nous avons acquis une personnalité propre. L'affrontement entre Montcalm et Wolfe n'a pas mis un terme à notre entêtement de francophones. Dès 1774, par l'Acte de Québec, Londres rétablit les lois civiles et la liberté de religion des Canadiens, c'est-à-dire des Québécois d'aujourd'hui. En 1791, l'Acte constitutionnel, qui instaure le Parlement dans lequel nous siégeons aujourd'hui, marque d'une autre pierre le chemin qui mène à notre autonomie.

C'était d'abord un Parlement qui, sans être doté de tous les pouvoirs démocratiques, loin de là, donnait une voix aux volontés des Québécois. Une voix que Louis-Joseph Papineau a fait entendre ici. Élu et réélu au début du siècle dernier par une vaste coalition de Québécois, francophones et anglophones, il tenta de créer ici un État moderne, autonome, respectueux des minorités et ouvert sur le monde, y compris sur le monde britannique. En réclamant le gouvernement responsable pour la colonie québécoise, il voulait ce qu'on appelle aujourd'hui la souveraineté. En réclamant son maintien dans l'Empire britannique, il proposait une forme d'association économique et politique, qu'on appelle aujourd'hui le partenariat.

Mais les forces du *statu quo* allaient l'en empêcher, opposant la force à la volonté démocratique des Québécois. Que de temps perdu, dans l'intervalle, que d'énergies gaspillées à cause du refus britannique de reconnaître les Québécois comme distincts, à cause du refus de les traiter d'égal à égal.

Pensant mater cette double volonté des Québécois, les autorités britanniques imposèrent l'Acte d'Union de 1840, en appliquant le rapport Durham dont les phrases les plus dures ne sont pas oubliées:

> Cette nationalité canadienne-française en est-elle une que nous devrions chercher à perpétuer pour le seul avantage de ce peuple, même si nous le pouvions? Je ne connais pas de distinctions nationales qui indiquent et entraînent une infériorité plus irrémédiable. La langue, les lois et le caractère du continent nord-américain sont anglais. Toute autre race que la race anglaise [...] y apparaît dans un état d'infériorité, c'est pour les tirer de cette infériorité que je veux donner aux Canadiens notre caractère anglais.

Lord Durham ne faisait pas dans la dentelle.

Bien que majoritaires au sein de la population, les Québécois sont mis en position minoritaire au sein de ces nouvelles institutions. On en profite également pour endetter les Québécois en leur «transférant», contre leur gré, la moitié de la dette alors accumulée par l'Ontario du temps, le Haut-Canada. Les économistes canadiens-anglais d'aujourd'hui qui veulent calculer notre part de la dette canadienne actuelle en fonction de critères historiques feraient bien de sortir leur règle à calcul. Cent quarante-cinq ans d'intérêts composés, ça nous ferait tout un compte à recevoir. Je vois que M. Campeau[1] prend des notes.

Reprenons le fil de notre histoire. La résistance des Québécois à l'Union forcée de 1840 fut terrible. Ni reconnus ni traités en égaux, les Québécois ont fait en sorte que chacune des recommandations de Lord Durham morde la poussière.

En 1867 arriva finalement l'Acte de l'Amérique du Nord britannique, la fédération canadienne actuelle. Le parti d'Antoine-Aimé Dorion, l'ancêtre des libéraux d'aujourd'hui, était opposé à cette fédération. Il ne croyait pas qu'elle permettrait la reconnaissance du peuple québécois, ni l'égalité. Dorion voulait que le Québec garde, je le cite, son «indépendance propre», et suggérait de «donner les plus grands pouvoirs aux gouvernements locaux (comme celui du Québec), et seulement une autorité déléguée au gouvernement général (du Canada)». Dorion et les libéraux de l'époque proposaient une formule qui aurait fait du Québec un État pour l'essentiel souverain, mais associé à ses voisins dans des institutions communes, légères et seulement déléguées. Une idée qui allait resurgir, encore et encore, au sein du Parti libéral. Une idée que nous appelons le partenariat.

Au moment de l'adoption de la Constitution de 1867, beaucoup de Québécois réclamèrent la tenue d'un référendum sur leur entrée dans la fédération, mais les autorités britanniques craignaient la défaite et refusèrent de s'en remettre à la volonté populaire. L'élection de l'automne 1867, qui mettait les Québécois devant le fait accompli, s'est d'ailleurs

---

1. Jean Campeau, ministre des Finances.

déroulée dans des conditions troubles, nettement antidémo-
cratiques, et les historiens s'interrogent encore aujourd'hui
pour savoir s'il y eut vraiment consentement des Québécois
pour l'entrée dans la fédération.

Reste que plusieurs de nos leaders de l'époque ont cru,
de bonne foi, que l'entrée du Québec dans la fédération
allait satisfaire nos deux objectifs historiques: la reconnaissance et l'égalité. Ils ont présenté cette union comme celle
de deux peuples fondateurs.

Le problème, c'est que cette vision du pays n'était pas
partagée par le leader de l'autre peuple fondateur. Le premier ministre canadien, John A. Macdonald, disait en 1865,
au moment des débats sur la fédération:

> Nous avons déféré à la législature générale toutes
> les grandes questions de législations. Nous lui avons
> conféré non seulement, en les spécifiant et
> détaillant, tous les pouvoirs inhérents à la souverai-
> neté et à la nationalité, mais nous avons expressé-
> ment déclaré que tous les sujets d'un intérêt géné-
> ral, non délégués aux législatures locales, seraient
> du ressort du gouvernement fédéré et les matières
> locales, des gouvernements locaux. Par ce moyen,
> nous avons donné de la force au gouvernement
> général.

On peut difficilement ne pas convenir que John
A. Macdonald décrivait assez justement ce qu'allait devenir
le Canada, et donc la disparition de la notion de deux peuples fondateurs.

Et si les ancêtres politiques des libéraux s'en doutaient
à l'époque, on ne pouvait, très franchement, en être certain.
Il a fallu des décennies pour que la logique de centralisation
se mette en branle et devienne irréversible.

En 1963, alors que René Lévesque, la plupart des députés ministériels actuels et moi avions encore espoir de réformer le fédéralisme, le chef de l'Union nationale, Daniel
Johnson père, posait le verdict qui suit:

Parce qu'il n'a pas été observé ni dans sa lettre ni dans son esprit, le pacte de 1867 est devenu désuet. Chacune des deux parties en cause a le droit de reprendre sa liberté et de négocier un nouveau contrat, si c'est encore possible. Le temps est venu pour les représentants mandatés des deux nations de se réunir et de chercher ensemble, librement, sur un pied de parfaite égalité, quelles sont les institutions politiques qui conviendraient le mieux aux réalités canadiennes de 1963.

On croirait entendre Louis-Joseph Papineau, on croirait entendre les libéraux de 1867, on croirait lire l'entente du 12 juin 1995. Mais en 1963, dans le contexte nouveau de la Révolution tranquille et de la modernisation en cours dans le reste du Canada, on pouvait encore penser que ces objectifs de reconnaissance et d'égalité pouvaient être atteints au sein de la fédération.

En 1964, le premier ministre canadien, Lester Pearson, déclara d'ailleurs ce qui suit. Je vous invite à prêter l'oreille, aucun leader politique canadien n'accepterait de prononcer ces paroles aujourd'hui. M. Pearson disait donc: «Bien que le Québec soit une province faisant partie de la Confédération nationale, il est plus qu'une province, en ce sens qu'il est la patrie d'un peuple: il constitue très nettement une nation dans une nation.»

Une nation dans une nation. Est-ce qu'enfin cette vérité allait être reconnue? Beaucoup l'ont pensé. Beaucoup ont dépensé une énergie colossale pour lui donner vie.

Et je tiens à saluer ici aujourd'hui les générations de parlementaires et de leaders québécois qui ont cru à la promesse de reconnaissance et d'égalité au sein de la fédération. Honoré Mercier et Henri Bourassa, Jean Lesage, Daniel Johnson, Jean-Jacques Bertrand, Jean-Luc Pépin [...] et tous les autres, y compris, oui, le René Lévesque du «beau risque». Je tiens à saluer leur espoir et leur combat. Je tiens à saluer leur entêtement et leur farouche détermination.

Grâce à eux, il ne sera pas dit que les Québécois ont renoncé facilement à faire du Canada un succès d'égalité et de reconnaissance. Il ne sera pas dit que les Québécois se sont découragés à la première difficulté; qu'ils ont baissé les bras à leur premier recul; qu'ils ont abandonné devant le premier obstacle.

Non, bien au contraire. Les fédéralistes québécois du dernier siècle, et en particulier des trente dernières années, ont été les plus inventifs, les plus flexibles, les plus constructifs, dans leur volonté de créer une fédération où les Québécois se sentiraient chez eux, se sentiraient reconnus, se sentiraient accueillis (pour reprendre une phrase célèbre) dans l'honneur et l'enthousiasme.

Il y a quinze ans, lors du référendum de 1980, le rêve des fédéralistes québécois était encore bien vivant. Dans son livre beige, le chef libéral d'alors, Claude Ryan, avait dessiné, avec les meilleures intelligences fédéralistes du Québec, comment le Canada devrait se réformer, enfin, en profondeur, pour répondre à la double promesse de reconnaissance et d'égalité. L'actuel leader de l'opposition[2], alors simple citoyen, avait fait une campagne de tous les instants pour convaincre ses compatriotes de voter NON. Il leur disait, et je le cite, qu'un vote pour le NON, «consiste à demander aux Canadiens des autres provinces de reconnaître à l'intérieur du Canada deux nations».

Mes collègues et moi pensions que c'était impossible. Nous pensions avec René Lévesque que cette reconnaissance et cette égalité ne pouvaient être obtenues que par le truchement de la souveraineté. Mais on ne peut que s'incliner devant l'espoir sincère que représentaient alors MM. Ryan et Johnson et beaucoup de leurs collègues ici présents.

Une promesse de Trudeau

L'histoire ne dira jamais quel fut l'impact de la promesse solennelle de Pierre Trudeau. Le 14 mai 1980, six

2. Il s'agit du chef du Parti libéral, Daniel Johnson.

jours avant le vote, le premier ministre du Canada disait aux Québécois:

> Je sais que je peux m'engager solennellement qu'après [une victoire du NON] nous prendrons des mesures immédiates pour renouveler la Constitution [...]. Et je déclare solennellement ceci à tous les Canadiens des autres provinces: nous, députés du Québec, mettons notre tête sur le billot parce que nous recommandons aux Québécois de voter NON et vous disons, à vous des autres provinces, que nous n'accepterons pas que vous interprétiez un vote pour le NON comme l'indication que tout va bien et que tout peut demeurer comme avant. Nous voulons des changements et nous sommes prêts à mettre nos sièges en jeu pour les obtenir.

Chacun de nous sait ce que veut dire pour un député «mettre son siège en jeu». Chaque Québécois comprenait bien ce que voulait dire «mettre sa tête sur le billot».

Le chef du camp du NON de 1980, M. Claude Ryan, était sur la scène, aux côtés de M. Trudeau et de M. Chrétien lors de ce fameux discours. Dans son récent livre, M. Ryan révèle que ce soir-là il avait personnellement cru, comme plusieurs autour de lui, que M. Trudeau «envisageait alors une opération qui serait conçue et conduite de concert avec ses alliés référendaires», dont le Parti libéral du Québec. Il allait être très déçu.

Ce ne sont évidemment pas les têtes des députés fédéraux qui se sont retrouvées sur le billot, ce sont les pouvoirs du Québec. Des pouvoirs en matière de langue et d'éducation qu'il avait toujours eus et que le rapatriement unilatéral de la Constitution canadienne lui retirait. Au surplus, on y introduisit une formule d'amendement qui allait faire en sorte que jamais le Québec ne pourrait trouver la place qu'il convoitait. Cette nouvelle Constitution était l'œuvre de Pierre Trudeau et de son ministre responsable, Jean Chrétien.

Par la suite, des journalistes ont demandé à M. Chrétien, lui qui était de toutes ces tractations avec son collègue Roy Romanow, pourquoi il n'avait pas défendu, en l'absence de M. Lévesque, certaines des revendications du Québec, les plus fondamentales parmi celles que contenait le livre beige.

M. Chrétien avait répété, en 1980, qu'il était le fidèle lieutenant du chef du camp du NON d'alors, exactement comme aujourd'hui il se dit le fidèle lieutenant du chef du camp du NON actuel. Alors la question se pose: que M. Chrétien n'ait pas voulu discuter avec le séparatiste René Lévesque, on le conçoit. Mais lorsque les pouvoirs du Québec ont été mis en cause, pourquoi n'a-t-il pas appelé Claude Ryan? Pourquoi n'a-t-il pas, lui-même, défendu les pouvoirs du Québec? À cette question M. Chrétien, le «p'tit gars de Shawinigan», a répondu: «Je n'étais pas là pour défendre le Québec. J'étais là pour défendre le Canada.»

C'est ainsi que les fédéralistes québécois comme Claude Ryan et [Daniel Johnson] ont été lâchés par leurs alliés référendaires de 1980. Profondément québécois, ils se sont levés, dans cette chambre, pour dénoncer le geste irréparable commis par les autres membres de la fédération, sous la direction de MM. Trudeau et Chrétien. [...]

La réalité demeure: depuis 1982, nous sommes gouvernés par une Constitution que l'Assemblée nationale a formellement rejetée et qui nous fut imposée dans un contexte indigne de toute démocratie. Encore une fois, il n'y eut pas de référendum sur cette Constitution. Les droits des Québécoises et des Québécois furent ignorés. Notre douce et bien partielle revanche, nos amis d'en face s'en souviendront, arriva en 1984 lorsque des milliers de militants du Parti québécois et des milliers de militants du Parti libéral du Québec travaillèrent côte à côte pour envoyer au chômage l'immense majorité des députés de Pierre Trudeau qui avaient approuvé le rapatriement unilatéral. C'était là une première esquisse de rassemblement entre Québécois, au-delà des partis.

Mais en un sens, le coup de force de 1982 était tellement gros, tellement injuste, tellement arrogant, que beaucoup de Québécois ont cru qu'il serait possible de réparer
cette incroyable décision.

Des gens comme Brian Mulroney, Lucien Bouchard,
Robert Bourassa, Marcel Masse, Monique Vézina et des
milliers d'autres ont cru qu'une autre tentative devait être
faite. Le résultat, l'accord du lac Meech, répondait bien partiellement aux deux objectifs historiques du Québec. Nulle
part il n'était question d'égalité entre les deux peuples, et la
reconnaissance était timide et symbolique: on y parlait de
société distincte, au lieu de peuple ou de nation.

Mais s'il est un mérite qu'on peut accorder à Meech,
c'est celui d'avoir démontré que jamais la Loi constitutionnelle de 1982 ne pourra être modifiée pour répondre aux
aspirations du Québec. Robert Bourassa décrivait lui-même
les cinq conditions de Meech comme «les cinq conditions
les plus minimales jamais présentées par un gouvernement
du Québec».

Elles demeuraient inacceptables au Canada. Deux provinces, traduisant le sentiment profond de la population
canadienne, reniaient leur signature initiale et faisaient
échouer l'accord en juin 1990, même après que, sous la présidence de Jean Charest, un comité fédéral eut recommandé
de diluer ce qui était perçu au Canada comme une conces-
sion trop généreuse envers les Québécois.

La mort de Meech a démontré que la Constitution de
1982 n'était pas un accident de parcours, n'était pas le résultat d'une obsession de Pierre Trudeau et de son ministre.
Meech a démontré au contraire que la vision d'un Canada
intolérant envers la différence québécoise, le refus de la
reconnaissance et de l'égalité étaient maintenant bien
ancrés dans l'opinion publique canadienne, qu'ils étaient
désormais des principes moteurs du nationalisme pancanadien.

Qu'on me comprenne bien. Beaucoup de Canadiens de
bonne volonté se sont battus pour que l'accord du lac

Meech devienne réalité: dans les provinces anglophones, des gens comme David Peterson, en Ontario, ou Grant Devine, en Saskatchewan. Mais l'électorat canadien leur a signifié leur congé, entre autres à cause de leur appui à Meech. Au sein du Parti libéral du Canada, le leader de l'opposition se souviendra que son ami Paul Martin était favorable à l'entente. Les militants libéraux canadiens lui ont préféré Jean Chrétien, dont la campagne au leadership fut propulsée par le rejet de Meech, le rejet de la différence du Québec. Et le soir de son élection, l'accolade qu'il donna devant les caméras à l'autre pourfendeur de Meech, Clyde Wells, restera pour longtemps l'image symbolique qui marque la fin du rêve fédéraliste québécois.

Je compatis aujourd'hui avec les parlementaires du camp du NON, qui sont forcés par les circonstances de se plier à la volonté de M. Jean Chrétien dans la définition de leurs discours et de leurs stratégies. La semaine qui a suivi le congrès des jeunes libéraux le mois dernier a malheureusement bien montré qui était le lieutenant de qui dans les forces du NON. Je compatis avec les militants fédéralistes du Québec, forcés par les événements et par leurs leaders à donner un chèque en blanc à M. Chrétien pour ce qui se passerait si le NON l'emportait.

En 1980, il était encore raisonnable d'espérer un renouvellement. En 1995, pour les libéraux qui ne partagent pas la vision du Canada de MM. Jean Chrétien, Roy Romanow et Clyde Wells, voter NON en espérant faire progresser l'autonomie du Québec tient de l'aveuglement. En 1980, ils ont été trompés. En 1995, ils se piégeraient eux-mêmes. Quel serait le jugement de l'histoire?

La mort de l'accord du lac Meech a provoqué le grand rassemblement des Québécois. Unis dans leur volonté de reconnaissance et d'égalité, ils avaient jusque-là suivi des parcours différents, choisissant pour certains la souveraineté, pour d'autres la voie du renouvellement de la fédération. La fin de toute possibilité de renouvellement et l'attitude alors apparemment ouverte des leaders du Parti libéral du Québec semblaient permettre une jonction fructueuse des deux grands courants qui ont traversé notre histoire.

Dans un geste unanime, cette assemblée [l'Assemblée nationale] mettait sur pied la Commission sur l'avenir politique et constitutionnel du Québec, la commission Bélanger-Campeau, du nom de ses coprésidents. En mars 1991, elle déposait son rapport final, que les membres libéraux de la Commission ont tous signé. Il vaut la peine de rappeler certains extraits de ce rapport:

> La vision d'une identité nationale canadienne exclusive privilégie la centralisation des pouvoirs et l'existence d'un gouvernement «national» fort. Cette vision apparaît nivelante: une identité nationale canadienne exclusive, fondée sur l'égalité des individus, devient en fait, pour le Québec, une interdiction d'être différent en tant que collectivité.

Voilà un constat qu'on retrouve clairement exprimé dans le préambule du projet de loi 1. La conclusion du rapport de la Commission était limpide:

> Les attentes de la population sont élevées: elle veut voir le Québec récupérer des compétences dans tous les secteurs, qu'elles soient du domaine économique, social ou culturel. Il lui apparaît urgent de mettre fin à l'incertitude par une démarche claire qui devra mettre fin à l'impasse et mener à des résultats sans tarder.

Pour y arriver, le rapport proposait l'adoption d'une loi prévoyant «la tenue d'un référendum sur la souveraineté» et «que ce référendum, s'il est affirmatif, propose que le Québec acquière le statut d'État souverain une année jour pour jour après la date du référendum».

J'ai signé ce rapport, j'ai apposé mon nom sous celui du chef du gouvernement de l'époque [M. Robert Bourassa]. Mon parti était disposé à se joindre au gouvernement, sous son leadership, dans son comité du OUI, pour faire avancer le Québec et lui faire obtenir enfin la reconnaissance et l'égalité. Ce rassemblement semblait possible.

Après qu'il est apparu que le gouvernement libéral n'avait nullement l'intention de respecter sa parole ou sa signature, mon parti a choisi de ne pas le suivre lorsqu'il a fait voter par cette Assemblée une loi, la loi 150, qu'il n'avait par ailleurs nullement l'intention d'appliquer.

Reste que les actes de cette Assemblée montrent que le chef de l'opposition [Daniel Johnson] a voté en faveur d'une loi prévoyant la tenue d'un référendum sur la souveraineté et l'accession du Québec au statut d'État souverain, un an plus tard. Le chef de l'opposition a voté pour à toutes les étapes. Il n'a pas proposé d'amendement. Il n'a pas souhaité ajouter le mot «séparation» ou le mot «pays». Il n'a pas protesté. Il faut ajouter qu'il était en cela logique avec le programme de son parti politique.

De 1991 jusqu'en 1994, pendant trois ans, la souveraineté fut au cœur du programme du Parti libéral du Québec. Dans ce qu'il est convenu d'appeler le rapport Allaire, approuvé par 80 % des militants libéraux réunis en congrès ordinaire, on trouve les propos suivants:

> Dans la mesure où le référendum porterait sur la souveraineté et que la réponse serait positive, l'appel au peuple serait ensuite suivi d'une demande formelle de l'Assemblée nationale auprès du gouvernement du Canada d'engager, dans les meilleurs délais, les discussions devant mener à l'accession du Québec au statut d'État souverain et que, dans cette deuxième hypothèse, le Québec offre au reste du Canada l'aménagement d'une union économique gérée par des institutions de nature confédérale.

[...] Nous savons maintenant que pour assurer un véritable rapport de force aux Québécois dans leur relation d'égalité avec leurs voisins, il faut voter en faveur de la souveraineté, sereinement et définitivement. Ni conditions, ni ultimatums, ni trait d'union. Mais cela dit, on ne peut que constater que le projet de loi sur l'avenir du Québec et la question référendaire reprennent les axes principaux que je viens de citer, contenus dans des documents du Parti libéral du Québec ou dans des documents que les leaders de ce parti ont cosignés. Nous ne sommes pas loin, non plus, de Louis-Joseph Papineau, pas loin des libéraux de 1867, pas loin de Daniel Johnson père, pas loin, même, de la question de Bruxelles et de la superstructure proposée par Robert Bourassa il y a trois ans.

Je l'ai dit, nous étions prêts à participer au rassemblement que souhaitaient les Québécois en 1990 et que semblait vouloir former le Parti libéral. Mais les leaders de ce parti ont préféré gaspiller le moment que l'histoire leur présentait et se lancer dans une ultime tentative, pourtant clairement vouée à l'échec, de renouvellement de la fédération. Cela a conduit à la campagne de Charlottetown de l'automne 1992 [...].

À l'élection [de 1994], les Québécois nous ont donné la tâche de construire le grand rassemblement des Québécois que la commission Bélanger-Campeau avait appelé de ses vœux. Nous le faisons, ce rassemblement, en étant fidèles à la volonté, passée et actuelle, des Québécois.

Dès son élection, le gouvernement a choisi de faire confiance à la parole des citoyennes et des citoyens. C'est entre leurs mains qu'a été mise la responsabilité de dessiner l'avenir. [...]

Dans de telles conditions, [...] il était facile pour trois chefs de partis politiques de définir le projet du Québec en se fondant sur les espoirs et les besoins exprimés par les citoyens. L'entente tripartite du 12 juin 1995 entre le Bloc québécois, l'Action démocratique du Québec et le Parti québécois est une entente naturelle parce qu'elle émane des aspirations du Québec.

Cette entente, elle traduit la convergence de trois partis déterminés à provoquer un véritable rassemblement pour un véritable changement. Il n'y a pas de menace ou d'ultimatum dans notre démarche. Pas question de mettre de couteau sous la gorge à nos partenaires, pas question de les obliger à changer leur vision de leur pays pour s'adapter à la nôtre.

Nous disons simplement: les Québécois deviendront souverains et ils offriront à leur voisin un nouveau partenariat économique et politique. [...]

L'impasse du fédéralisme canadien

À l'occasion de la clôture du débat sur la question référendaire,
Assemblée nationale, le 20 septembre 1995.

La question que cette Assemblée va adopter tout à l'heure est cruciale pour l'avenir des Québécois. Elle est cruciale parce que les femmes et les hommes du Québec doivent choisir entre se donner un nouveau départ sur des bases saines en votant OUI, ou alors voter NON et rester dans une impasse ruineuse pour le Québec, néfaste pour l'emploi, débilitante pour notre économie.

L'impasse canadienne frappe les Québécois de plein fouet, dans leur dignité et dans leur portefeuille. Cette impasse, elle «intensifie l'insatisfaction, l'incertitude et l'instabilité». C'est un constat tellement criant que le président des Québécoises et Québécois pour le NON, M. Michel Bélanger, a utilisé exactement ces trois mots pour décrire le Canada actuel. L'impasse intensifie l'insatisfaction, l'incertitude et l'instabilité. Il l'a écrit, en toutes lettres, dans le rapport qu'il a signé, le rapport Bélanger-Campeau. Les membres libéraux de la commission, qui sont ses collègues d'aujourd'hui, l'ont tous signé aussi. [...]

Le coût, pour l'économie québécoise, de l'impasse canadienne et de la chicane continuelle est écrasant, et le chef de l'opposition le sait très bien. [...] Dans une phrase courte et claire, il a déclaré: «Le fédéralisme est tout croche à cause de l'*encroachment*, évidemment, du fédéral, ce qui nous coûte une fortune. C'est ça qui coûte 30 milliards de déficit, essentiellement.» On peut chipoter sur les chiffres, mais pas sur le constat de base. Le chef des forces fédéralistes a raison: c'est le fédéralisme qui nous coûte une fortune. C'est la volonté folle des gouvernements fédéraux, notamment ceux de Pierre Trudeau et de Jean Chrétien, de nous vendre leur fédéralisme à même nos cartes de crédit, qui nous coûte une fortune. Le déficit fédéral de 30 milliards par année, le fardeau imposé à toutes nos générations, M. Johnson a raison, c'est le fédéralisme qui l'a créé. [...]

Depuis quelques jours, le camp du NON a entrepris une opération coup de poing: affiches illégales, accusations sans preuves, refus de reconnaître le verdict démocratique, intimidation des journalistes de Radio-Canada par son président, un ancien ministre fédéral.

Beaucoup de fumée, monsieur le Président, beaucoup d'éclat. Mais pour cacher quoi? Pour cacher ce que les chefs du NON savent très bien. Pour cacher que l'empereur fédéral est nu. Pour cacher que ce pays dont on nous vante les mérites, il a été construit à crédit, avec les épargnes de nos travailleurs et en hypothéquant l'avenir de nos jeunes. Pour masquer les échecs, répétés, constants, et de plus en plus durs, de toutes les tentatives de réformer ce fédéralisme «tout croche» qui saigne l'économie du Québec. [...]

Décider de se prendre en main

Adresse à la nation à l'occasion de l'émission des brefs référendaires, Québec, le 1ᵉʳ octobre 1995.

Aujourd'hui, j'ai signé le décret qui fixe la date du référendum. Chacun et chacune d'entre nous sera convié, le lundi 30 octobre, à accomplir un des gestes les plus importants de sa vie. Il s'agit de dire ce que nous voulons être, à nos yeux, aux yeux de nos enfants, et à la face du monde.

Choisir la souveraineté, pour un peuple, c'est toujours un moment important. Décider de se prendre en main, pleinement. Décider de faire nous-mêmes toutes nos lois et les adapter à nos valeurs et à nos besoins, sans demander de permission aux autres. Décider de prélever nous-mêmes tous nos impôts et de les dépenser selon nos priorités. Décider, surtout, de ne plus être une minorité dans le pays de nos voisins anglophones, mais une majorité dans notre propre pays. Affirmer une fois pour toutes notre langue et notre culture francophones d'Amérique. Bref, enfin être nous-mêmes, tout simplement.

Il y a quelque chose d'un peu absurde, en cette fin de siècle, dans le refus de nos voisins de reconnaître notre existence comme peuple. Dans leur refus de nous traiter autrement que comme une province comme les autres. Dans leur refus d'accepter même d'inscrire dans leur Constitution que nous formons une société distincte. Il est navrant que le premier ministre du Canada se moque de nous, comme il l'a fait il y a deux semaines, en expliquant qu'être distinct, c'est parler anglais avec un accent. [...]

Après un OUI, l'Assemblée nationale aurait le mandat de réaliser la souveraineté du Québec. Mais avant — c'est notre engagement —, le Québec va prendre le temps de faire une offre formelle au Canada. Une offre de partenariat économique et politique qui ira au-delà du simple maintien de l'espace économique. [...]

Ça signifie qu'après un OUI, on va prendre le temps de négocier dans l'ordre, sans précipitation, avec une attitude flexible et ouverte et en représentant l'intérêt de tous les Québécois.

Le texte de l'offre de partenariat, nous l'avons envoyé dans chaque foyer du Québec. On le trouve dans cette petite brochure, qui explique clairement et précisément ce qui se passera après un OUI. [...]

Une Constitution qui nie notre existence

Allocution à Montmagny, le 3 octobre 1995.

[...] La Constitution du Canada de 1982 nie notre existence comme peuple. [...] Il n'y a pas de peuple québécois dont la langue est le français, dont la culture est francophone et nord-américaine; qui a ses caractéristiques propres; qui respecte ses minorités, mais néanmoins existe comme peuple.

On veut être un peuple. Parce qu'on ne peut pas être un peuple dans le Canada, la Constitution de 1982 n'a été acceptée par aucun des premiers ministres du Québec qui se sont succédé depuis qu'elle nous a été imposée. René Lévesque ne l'a pas acceptée; Pierre-Marc Johnson, son successeur, ne l'a pas acceptée; Robert Bourassa ne l'a pas acceptée; Daniel Johnson [...] ne l'a pas acceptée et je ne l'ai pas acceptée.

Ça fait cinq premiers ministres de suite qui disent: Nous n'acceptons pas la Constitution canadienne. Elle nie notre existence comme peuple; nous voulons être un peuple. Au moins, là-dessus, qu'on soit libéral ou péquiste, libéral fédéral ou bloquiste, qu'on soit végétarien ou carnivore, on s'entend tous...

À quelques voix de la victoire

À l'occasion du Conseil national du Parti québécois,
le 7 octobre 1995.

[...] Nous sommes à trois semaines de ce qui pourrait bien être notre dernier rendez-vous collectif. De ce qui pourrait bien être notre dernière chance d'exister comme peuple.

[...] Une très nette majorité de francophones, hommes et femmes, ont déjà choisi le camp du changement. Il faut en convaincre plus encore. Un nombre non négligeable de non-francophones s'interrogent, il faut les accueillir dans nos rangs.

Combien de voix nous séparent d'une victoire? Un point de pourcentage, à l'urne, c'est 40 000 voix. Trois points, c'est 120 000. Si chacun des 200 000 membres du Parti québécois convainc, d'ici trois semaines, un seul indécis, une seule indécise, nous passerons largement la marque des 50 %. C'est extraordinaire, quand on y songe.

Le nécessaire passage de la souveraineté

À l'occasion de la création du
Comité consultatif pour le OUI,
le 7 octobre 1995.

[...] Vous le savez, notre rassemblement constitue [...] la jonction de deux grands courants politiques de notre histoire. Le courant souverainiste, bien sûr, mais aussi le courant de tous ces fédéralistes qui, de bonne foi et avec une énergie considérable, ont tenté de trouver au sein du Canada une place honorable. Ils conviennent avec nous maintenant que seul le passage par la souveraineté permettra d'établir avec le Canada des rapports d'égalité. L'offre de partenariat économique et politique incarne la continuité de leur action.

Cette offre, le Québec la fera, après la victoire du OUI, avec rigueur et détermination. Nous croyons que le partenariat est non seulement possible, mais qu'il s'érigera sur l'intérêt bien compris du Canada et du Québec. Nous en sommes convaincus, et nous nous y préparons déjà. [...]

Un projet pour la jeunesse

Devant les étudiants de l'Université de Montréal,
le 17 octobre 1995.

[...] Je sais, pour la génération des années quatre-vingt-dix, rien n'est facile. Les études sont plus difficiles. Le marché du travail est moins accueillant. Le chemin est jonché d'obstacles. Il y a des pièges. Le décrochage, l'exclusion. La déprime. Dans les années quatre-vingt-dix, même l'amour peut être dangereux. Je sais... je sais...

Je vous envie quand même. Je vous envie parce qu'il n'y a rien de plus exaltant, dans une vie, que les commencements. Il n'y a rien de plus emballant que les démarrages. Être à l'aube d'une carrière. Concevoir un projet. Lancer une entreprise. La voir grandir. Connaître des difficultés imprévues. Inventer des solutions auxquelles personne n'avait pensé. Faire de ces solutions la base d'une richesse nouvelle.

Les commencements. Imaginer, dans sa tête, avec quelques amis, une idée neuve. Transformer cette idée en réalité. Voir cette réalité grandir, et devenir plus grande que soi...

Un commencement, mes amis, il peut y en avoir un dans douze jours. Un commencement plus grand que la somme de tous nos commencements individuels. Un commencement plus riche en possibilités, plus emballant et plus vivant que n'importe quelle entreprise, et que n'importe quelle carrière.

Un commencement qui n'a pas de sens, qui ne peut pas marcher, qui ne vaut pas la peine s'il n'est pas aussi, beaucoup, énormément, celui de votre génération.

Parce que c'est vous, les jeunes du Québec, qui allez voir grandir ce pays. Parce que c'est vous qui allez le façonner et l'inventer. Parce que c'est vous qui allez lui donner son élan et sa vitalité. Le Québec souverain, il vous appartient. [...]

Le Québec deviendra souverain grâce à l'énergie de la jeunesse du Québec. Et le Québec souverain sera un succès à la condition que les gens de ma génération sachent laisser la place à cette énergie.

Refuser le statut de peuple minoritaire

À l'occasion d'une assemblée publique,
à Québec, le 22 octobre 1995.

[...] Nous sommes, comme on dit, dans le dernier droit. La victoire est à portée de main. Mais elle peut très bien nous échapper. Nous avons la responsabilité — tous autant que nous sommes — de tendre encore plus nos forces pour la saisir. Nous avons la responsabilité — tous autant que nous sommes — de nous comporter, cette semaine, comme les citoyens d'un peuple fondateur.

[...] Ce n'est pas donné à tous les peuples d'avoir, sur une période de quelques années, une deuxième chance de prendre en main son destin. Vous et moi serons toujours souverainistes, mais rien ne garantit que nous aurons une autre chance de tenir un référendum sur notre projet.

Pour moi, c'est une crainte réelle. [...] Car si on se dit NON, on sera de nouveau condamnés à la stratégie de la survivance, au repli défensif pour tenter de protéger notre langue et notre culture avec les moyens du bord: ceux d'une province, ceux d'un peuple non reconnu, d'un peuple condamné à être de plus en plus minoritaire, avec tous les risques que comporte le statut de minoritaire.

Savez-vous que, dans le pays de nos voisins, nous avions il y a un peu plus d'un siècle la moitié des représentants? La moitié du pouvoir politique. Ensuite, le tiers. Maintenant, le quart. Si nous votons NON, d'ici vingt-cinq ans, nos représentants à Ottawa ne seront plus qu'un sur cinq ou un sur six. La force politique du Québec au sein du Canada s'efface progressivement. Il faut en sortir. [...]

Le respect de la décision démocratique

À la veille du référendum,
dans la circonscription de Taillon, le 29 octobre 1995.

[...] S'il est vrai que la souveraineté sera l'occasion pour les Québécois de se réinventer, il faut comprendre aussi que nos actions d'aujourd'hui préfigurent le pays que nous construisons. Pour tous les Québécois du OUI comme du NON, cette campagne référendaire aura été une façon de dire comment se portera, demain, la démocratie dans un Québec souverain. À voir ce que vous avez tous réalisé, dans chaque camp, on peut conclure qu'elle se portera fort bien.

Les Québécois du OUI et du NON ont beaucoup discuté, avec passion et conviction, mais dans la civilité. Il est arrivé que certains perdent leur bonne humeur, mais jamais leur sang-froid. Nous sommes une des plus vieilles démocraties au monde et nous avons tous démontré, ces dernières semaines, que nous pouvions débattre sans nous déchirer, que nous pouvions nous contredire sans nous blesser. Cette capacité, cette grande maturité que nous avons, elle nous sera précieuse pour les lendemains du vote et nous pourrons, tous, j'en suis persuadé, être aussi exemplaires dans le respect de la décision que nous l'avons été dans sa préparation.

On se crache dans les mains
et on recommence

Transcription du discours prononcé après l'annonce des résultats du référendum, au Palais des congrès de Montréal, le soir du 30 octobre 1995.

C'est raté, mais pas de beaucoup. Et c'est réussi, c'est réussi sur un plan. Si vous voulez, on va cesser de parler des francophones du Québec, voulez-vous? On va parler de nous. On a voté OUI à 60 %. On s'est bien battus, on a quand même réussi à indiquer clairement ce qu'on voulait. Puis on a raté par une petite marge, quelques dizaines de milliers de voix. Dans un cas comme ça, qu'est-ce qu'on fait? On se crache dans les mains et on recommence.

J'aurais bien voulu que ça passe. J'aurais tellement voulu, comme vous tous, que ça passe. On était si proches du pays. C'est raté de peu... Pas pour longtemps, pas pour longtemps! On n'attendra pas quinze ans, cette fois-ci.

C'est quand même beau ce qui s'est passé... Voir dans les assemblées, l'une après l'autre, ces jeunes dont on disait que l'avenir de leur pays, ça n'avait pas d'importance pour eux, et qui venaient de plus en plus nombreux en disant: Le pays, on veut l'avoir. Et tant que les jeunes penseront cela, on l'aura, le pays.

C'est vrai qu'on a été battus, au fond, par quoi? Par l'argent, puis par des votes ethniques, essentiellement. Alors ça veut dire que la prochaine fois, au lieu d'être 60 ou 61 % à voter OUI, on sera 63 ou 64 %, et que ça suffira.

C'est tout. Mais là, mes amis, dans les mois qui viennent, on va y goûter! Il y a des gens qui ont tellement eu peur que la tentation de se venger, ça va être quelque chose! Jamais il n'aura été aussi important d'avoir à Québec un gouvernement du Parti québécois pour nous protéger jusqu'à la prochaine!

L'indépendance du Québec reste le ciment entre nous. Nous voulons un pays et nous l'aurons! Maintenant, mes amis, on entre dans une phase, dans les jours et les semaines qui viennent, où on va avoir, chacun d'entre nous, le goût de mettre le poing sur la table... quand c'est pas autre chose. Restons calmes, résistons aux provocations. Comme disait, il y a quelques jours, le premier ministre du Canada, on va en manger une belle! Vous n'avez pas idée de ce qu'on va nous faire baver. Résistez à ça. Soyons calmes, souriants. Pas moutons, souriants. [...]

On va l'avoir, notre pays! Là-dessus, je n'ai pas l'ombre d'un doute. Quant à vous, les plus jeunes, dans une immense majorité, vous avez voté pour le pays. Mais je veux m'adresser à mes vieux camarades de combat, les gens qui ont mon âge, qui cherchent le pays depuis des années et des années, et je leur dis: Ne vous découragez pas, les jeunes, eux, commencent là-dedans, ils viennent d'avoir un échec, mais par si peu. Ils vont y arriver bientôt. Mais vous, les vieux camarades de combat, restez dans les rangs. On a besoin de vous, la souveraineté, on y touche.

Dans les jours qui viennent, on va se faire injurier, on va se faire dire que nous ne savons pas ce que nous voulons. On va dire: Mais oui, on voit bien, ils sont comme d'habitude. Non, non! On n'est pas comme d'habitude. N'oubliez jamais que les trois cinquièmes de ce que nous sommes ont voté OUI. C'était pas tout à fait assez, mais bientôt, ça le sera. Notre pays, on l'aura!

Soyez calmes, soyez souriants, même si ce n'est pas facile, et dites-vous que c'est cette solidarité qui, année après année, s'étend de plus en plus entre nous, entre les générations, entre les gens aussi bien de droite que de gauche, entre les syndicalistes et les PME qui, à toutes fins utiles, nous fait vivre. C'est entre nous, les artistes et les étudiants, les syndicalistes et les patrons, les chômeurs et ceux qui travaillent, c'est entre nous que nous allons d'abord, dans l'immédiat, ici au moins, au Québec, ne pas sacrifier au mouvement vers la droite qu'on voit envahir le reste du Canada. […]

Nous allons démontrer qu'on est capables encore, à défaut d'un pays, de monter une société française qui a le cœur à l'ouvrage et le cœur accroché à la bonne place jusqu'à ce que, enfin, on prenne notre revanche et qu'on se donne un pays à nous.

[...] Vive l'espoir, vive le Québec!

La dernière frontière à franchir

Déclaration au lendemain du référendum,
le 31 octobre 1995.

Il y a sept ans, j'ai fait un pari fou. Le pari de reprendre un combat que plusieurs disaient vain. Que plusieurs disaient fini, foutu.

J'ai fait le pari que les Québécoises et les Québécois ne se contenteraient jamais d'être autre chose qu'un peuple. Et que la seule façon que nous ayons d'être un peuple, c'est d'avoir un pays à nous.

Pendant sept ans, petit à petit, les événements ont donné raison aux héritiers de René Lévesque. Pendant sept ans, petit à petit, la souveraineté a repris ses forces, elle a essaimé dans d'autres partis, sur d'autres tribunes, elle s'est renouvelée dans son contenant comme dans son contenu.

D'autres sauront, mieux que moi, faire le bilan de ces sept années. Pour ma part, je retiendrai quatre choses.

D'abord, le fait qu'une nouvelle génération de Québécois ait repris le flambeau de la souveraineté avec un enthousiasme et une ardeur sans pareils. C'est pour moi la plus grande réalisation que le mouvement souverainiste pouvait accomplir: se donner une nouvelle jeunesse. S'inscrire définitivement dans la durée.

Puis, le fait que la souveraineté se soit étendue à toutes les générations de Québécois. Cette année, il y avait des indépendantistes aux cheveux encore plus blancs que les miens. Nous avons donc réalisé, pour la souveraineté, le mariage de la sagesse et de la fougue de la jeunesse, donc de l'expérience et de l'énergie. Une cause qui réussit cette jonction ne pourra jamais mourir. J'ajoute que nous avons su donner aux femmes une voix plus forte au sein et à la tête de notre parti et de notre gouvernement. C'est pour moi une grande victoire.

Aussi, ces dernières années, la voix souverainiste s'est enfin fait entendre sur la scène fédérale, là où elle n'avait auparavant pas droit de cité. C'est un changement majeur qui modifie toute la donne.

Finalement, nous avons su, il me semble, donner un contenu nouveau à la souveraineté. Un nouveau contenu économique, en mettant au cœur de notre projet la nouvelle réalité d'une planète qui est aujourd'hui presque un seul grand marché. Un nouveau contenu social, car nous avons su concilier notre instinct de solidarité et d'entraide et les rigueurs actuelles de la situation économique et financière.

Notre souveraineté, nous en avons fait un projet aussi humain que politique et économique, aussi individuel que mondial, un projet que nous avons enrichi et diversifié, et c'est pourquoi, je pense, il a réussi à toucher autant de gens. [...]

Parmi eux, il se trouvera demain — c'est une certitude — des leaders qui sauront faire franchir à la souveraineté de nouvelles frontières.

Et il y a une de ces frontières que, bien humblement, j'ai été incapable de franchir. Je n'ai pas réussi à faire en sorte qu'une proportion significative de nos concitoyens anglophones et allophones se sentent solidaires du combat de leurs voisins. René Lévesque s'était épuisé en vain sur ce même clivage. Gérald Godin avait réussi à se faire beaucoup d'amis dans ces milieux, mais bien peu de convertis. C'est pour moi une déception très grande, car je sais les efforts que nous avons tous mis depuis sept ans à transformer cette réalité. Cela explique aussi que j'ai pu, hier, formuler cette déception dans des termes qui auraient pu être beaucoup mieux choisis.

J'ai aussi parlé hier de l'argent, et je vous dirai que nous entendons appliquer avec toute la vigueur dont elle est capable la Loi sur la consultation populaire que nous a léguée René Lévesque. Le camp du NON a réussi à dépenser en une journée presque la somme totale respectée par le camp du OUI pour toute la campagne. Les infractions massives infligées à notre cadre démocratique ne seront pas oubliées.

Mais assez parlé du passé.

Une des magnifiques nouvelles de la journée d'hier fut le taux de participation de 94 % et la sérénité du vote qui témoignent que nous avons ici une population qui ne connaît pas d'égale, sur le globe, quant à sa maturité démocratique. Je salue tous les électeurs et toutes les électrices.

Il s'est produit hier une autre chose extraordinairement importante. Les Québécoises et les Québécois ont signifié à leurs voisins et au monde qu'ils doivent être reconnus comme peuple. Les hochets symboliques de société distincte et d'ententes administratives doivent être remisés dans les cercueils de Meech et de Charlottetown: c'est leur place.

Les Québécois ont dit hier qu'ils veulent une véritable reconnaissance et qu'ils n'accepteront rien de moins que l'égalité.

Il faut être clair: hier, le Québec s'est levé. Il s'est levé pour de bon, et on ne pourra jamais le faire reculer. Hier, le Québec s'est enfin levé: il lui reste un pas à faire. Il a l'élan voulu, il en a la capacité, il ne lui manque que l'occasion. Elle viendra bientôt, j'en suis profondément convaincu.

Comment ce pas doit-il se faire? Par où passe le chemin qui mènera au nouveau et inévitable rendez-vous avec la souveraineté? Ce n'est pas à moi de le dire, ce n'est pas à moi de le faire.

Avec mes qualités et mes défauts, j'ai contribué à conduire ce grand projet au résultat du 30 octobre. D'autres, maintenant, lui feront franchir la dernière frontière. J'annonce aujourd'hui qu'à la fin de la session parlementaire de l'automne je libérerai les postes de premier ministre, de président du Parti québécois et de député de L'Assomption, que les Québécoises et les Québécois m'ont fait l'honneur de me confier. [...]

Rien ne nous sera donné

À l'occasion du Conseil national du Parti québécois,
à Saint-Hyacinthe, le 9 décembre 1995.

[...] En tant que premier ministre et en tant que président du Parti québécois, je m'adresse à vous pour la dernière fois. [...] Les hommes et les femmes se succèdent, dans vos fonctions et dans les miennes, mais l'idée de la souveraineté continue de grandir.

C'est un double sentiment qui m'anime aujourd'hui, à l'heure de regarder le chemin parcouru. Une certaine fierté d'avoir mené le combat jusqu'ici. Une certaine tristesse de n'avoir pas franchi, encore, le dernier pas.

Je suis membre du Parti québécois, vous le savez, depuis vingt-six ans. J'en suis le président depuis sept ans. [...] Je n'ai jamais vu la souveraineté en aussi bonne voie. [...] Que s'est-il passé, finalement, depuis sept ans? Nous avons repris la route, avec l'espoir comme seul carburant, mais sans certitude. Nous voulions monter jusqu'à la souveraineté. À l'horizon, on ne distinguait pas clairement l'objectif. Certains nous disaient que notre objectif n'existait pas, que c'était un mirage. Parfois, ils semblaient avoir de bons arguments.

Mais nous avons remonté la pente, car il nous semblait contraire à la logique et à la justice de penser que le peuple québécois devait éternellement vivre dans le pays de ses voisins. Sur le parcours, nous sommes devenus de plus en plus nombreux. Notre objectif est apparu de plus en plus clairement. Nous n'avons pas toujours marché en ligne droite. Il y a eu des moments de découragement. La peur de l'échec, le souvenir des lendemains de mai 1980 nous ont parfois paralysés... en tout cas ils nous ont beaucoup angoissés.

Mais pendant toute l'année écoulée depuis l'élection de septembre 1994, nous avons préparé nos paquets, renforcé l'équipe, pour l'étape que nous espérions finale. Et nous avons avancé, avec plus de fougue et d'énergie qu'on n'en avait jamais vues au Québec.

Le 30 octobre, nous sommes arrivés presque au sommet. Pendant quelques heures, nous avons même pu apercevoir, de l'autre côté, le pays qui nous attend, et ces quelques heures nous ont remplis d'une fierté, d'une joie, d'une dignité qui font maintenant partie de nous, qui nous motivent et nous appellent.

Le 30 octobre, nous avons posé nos paquets, à l'endroit exact où notre élan nous a conduits. Il faut tout mettre en œuvre pour ne pas reculer d'un pas et pour nous préparer, bientôt, à franchir la distance qui reste.

Avec un résultat comme 49,4 %, l'analyse rétrospective ne peut pas être comme les autres. Un peu plus de 25 000 voix ont séparé la défaite de la victoire.

Sachant que la perfection n'est pas de ce monde, il faut nous demander si, dans la mesure de nos moyens, nous avons tout entrepris pour rassembler les forces autour de nous. [...] Il faut nous demander si, dans la mesure de nos moyens, nous avons fait preuve de toute la capacité d'écoute dont nous étions capables. Nous avons inventé les Commissions régionales sur l'avenir du Québec. Cinquante-trois mille Québécoises et Québécois sont venus nous dire comment modifier, améliorer notre projet. Nous les avons écoutés et, plus encore, nous les avons entendus... J'allais dire: Nous leur avons obéi. En gros, ils nous ont donné trois grands conseils. Premièrement, faire le plus grand rassemblement possible pour le OUI. Nous l'avons fait. Nous l'avons appelé «Camp du changement». Deuxièmement, expliquer plus clairement quels rapports aurait un Québec souverain avec son voisin canadien. Nous l'avons fait. Nous l'avons appelé «offre de partenariat». Troisièmement, donner un contenu social à la souveraineté, un projet de société. Nous l'avons fait. Nous l'avons appelé *Le cœur à l'ouvrage*.

Et cet hiver de la parole du Québec, ce mode d'emploi que les Québécois nous ont donné pour leur propre souveraineté, est notre bien le plus précieux. On peut en revoir les modalités, en approfondir le contenu, réinventer plusieurs de ses éléments, mais il me semble que les Québécois, l'hiver dernier, ont eu raison pour longtemps de nous dire qu'il faut lier ces éléments: la souveraineté, le rassemblement, le partenariat et le projet social.

Il faut nous demander ensuite si, dans la mesure de nos moyens, nous avons dépensé toute l'énergie dont nous étions capables. [...]

Il faut nous demander [encore] si, dans la mesure de nos moyens, nous avons déployé tout l'effort de conviction dont nous étions capables. [...]

Il faut finalement nous demander si, dans la mesure de nos moyens, nous avons suffisamment utilisé à notre avantage les erreurs de nos adversaires. Là-dessus, il faut avouer que la matière était abondante... Je pense que la principale contribution que la campagne du NON a faite à la campagne du OUI a été de montrer le vrai visage des chefs fédéralistes. Montrer leur arrogance, leur agressivité, leur volonté d'en finir, une fois pour toutes, avec le caractère rebelle des Québécois. Ils l'ont montré dans ce mot, utilisé par M. Garcia et par M. Chrétien: «écraser».

La campagne du NON a fait une autre contribution, beaucoup plus noble, à la campagne du OUI et au Québec en général. Je ne parle pas des leaders de la campagne du NON, qui ont agi au mépris de nos lois, mais des milliers de citoyens canadiens des autres provinces. Dans des témoignages, des lettres et des manifestations, ces milliers de gens nous ont montré l'émotion très grande qu'ils ressentaient parce qu'ils pensaient que leur pays était en danger.

Évidemment, nous sommes d'avis qu'après la souveraineté du Québec le Canada survivra et que les Canadiens auront leur pays. Cependant, il faut reconnaître que l'émotion exprimée pendant la dernière semaine de campagne n'avait rien à voir avec le débat économique ou avec le débat sur les structures politiques ou linguistiques. Pour les Canadiens, il s'agissait d'un sentiment beaucoup plus profond, beaucoup plus fondamental. Certains d'entre eux avaient mal physiquement. Plusieurs ont pleuré. Ils avaient mal à leur pays. Et leur pays fait partie de leur être même. Ils le sentent dans leurs tripes.

Ils nous ont donné, ces jours-là, une très grande leçon. Ils nous ont fait comprendre qu'un pays, c'est extraordinairement précieux. Avoir un pays à soi, un pays auquel on s'identifie vraiment, un pays dont on est fier... ce n'est pas une abstraction, ce n'est pas une structure, ce n'est pas l'affaire des politiciens. C'est quelque chose qu'on porte en soi. Quelque chose qui fait partie de notre être. C'est quelque chose qui nous donne un petit morceau de certitude, un petit morceau d'identité personnelle autant que collective. C'est quelque chose qui n'a pas de prix.

Quand je vous disais tout à l'heure que, le 30 octobre, pendant quelques heures, nous avons aperçu notre pays, au-delà du sommet, et que nous avons ressenti un sentiment nouveau, c'est de ça qu'il s'agissait.

Et maintenant que nous avons une meilleure compréhension de ce que c'est qu'avoir un pays, nous le voulons encore plus, et nous le pouvons encore plus.

Cet exercice démocratique a été hautement pédagogique. Un certain nombre de Québécois qui ont hésité à voter OUI le 30 octobre ont compris beaucoup de choses. Ce jour-là, ils ont compris que leurs voisins et leurs amis étaient plus audacieux qu'ils ne le pensaient. Beaucoup ont été surpris par l'ampleur du vote souverainiste. Et ça leur a donné confiance en notre avenir collectif. Combien de gens vous ont dit, depuis: «C'est la dernière fois que je vote NON!»

Dans les jours qui ont suivi, beaucoup ont compris que les promesses de changement du premier ministre Chrétien étaient de la poudre aux yeux. Six semaines après le référendum, le premier ministre fédéral ne sait toujours pas si la culture québécoise existe, ses députés ont lancé une chasse aux artistes et aux créateurs souverainistes, et lui-même tente d'intimider les journalistes de Radio-Canada qui ont eu le tort, pendant la campagne, d'équilibrer leur couverture. La principale information venue du premier ministre canadien au lendemain du référendum a été son aveu: il a admis qu'il n'aurait pas respecté la volonté démocratique des Québécois. Puis il a laissé entendre qu'il nous empêcherait de tenir un autre référendum. Pendant ce temps, le Reform Party se radicalise et menace presque quotidiennement les Québécois.

Alors, si on résume bien, l'électrochoc du 30 octobre, six semaines plus tard, a produit le résultat suivant au Canada: aucun changement réel ne sera apporté au pays; la culture québécoise n'existe pas; le Canada, s'il n'est pas le goulag, est cependant une sorte de prison dont on n'aurait pas le droit de sortir; et les artistes, auteurs, cinéastes et journalistes québécois doivent être punis s'ils n'entonnent pas chaque jour un hymne à l'unité canadienne.

Tout se passe comme si quelqu'un, à Ottawa, avait décidé qu'il manquait encore quelques arguments au camp du OUI pour remporter la prochaine campagne et avait décidé de nous les donner. Il est bien parti.

De notre côté, que faut-il faire? Il ne m'appartient pas de tracer la stratégie de demain. Vous aurez bientôt un nouveau chef, de nouveaux débats, une nouvelle approche.

[...] Puisque nous sommes entre nous, nous pouvons bien l'avouer, notre parti a deux spécialités: la morosité et le triomphalisme... Aujourd'hui, nous ne connaissons ni l'un ni l'autre et nous devons en ressentir un double soulagement. Rien n'est certain, pour l'avenir. Rien ne nous sera donné. Notre pays, nous l'obtiendrons grâce à l'effort et à l'imagination de chacune et chacun d'entre nous dans cette salle, et de millions d'autres. Grâce à la tolérance et à l'abnégation parfois. Grâce toujours à la persévérance.

Un pays, c'est précieux et ce n'est pas donné. Quand nous l'aurons — je peux vous dire une chose —, nous l'aurons, tous, bien mérité.

Qui sommes-nous? Où allons-nous?

Le Devoir, *le 30 octobre 1996.*

À l'occasion du premier anniversaire du référendum du 30 octobre, on m'a beaucoup sollicité pour présenter mes commentaires et mes impressions. J'ai choisi *Le Devoir* pour cela. [...]

Ce texte n'a rien d'académique. C'est celui d'un homme dont la carrière politique est terminée mais qui reste engagé. La souveraineté du Québec me paraît nécessaire pour le peuple québécois. Il a besoin d'être responsable de lui-même. Les citoyens doivent être responsables de l'avenir de leur pays.

Il faut que nous entrions dans la mouvance internationale si prometteuse à la fin de ce siècle et qui fait que des pays, petits par leur population et par la taille de leur économie, peuvent se développer, prospérer, s'épanouir, à la condition d'appartenir à de très grands marchés. La thèse selon laquelle les nationalistes québécois se referment sur eux-mêmes est une vue de l'esprit qui retarde. Le repli à notre époque n'est pas possible. On voyage trop, on est trop branché sur les réseaux de communication internationaux, on est trop ouvert sur le commerce, nord-américain en particulier, pour que même une attitude de repli puisse perdurer. Nous n'avons vraiment pas le choix. Et cela tombe bien. Nous arrivons de mieux en mieux à pénétrer le village global. Des gens d'affaires aux artistes, les réussites se multiplient.

Être ouvert aux autres ne veut pas dire que l'on ne s'occupe pas de ses propres intérêts. Les règles de comportement internationales ont évidemment réduit, à juste titre d'ailleurs, l'éventail des instruments d'intervention des gouvernements. Mais cela ne les laisse pas désarmés pour autant. Les peuples, les nations, les États ont des intérêts à protéger. Chacun apporte au monde quelque chose qui lui est propre sur le plan culturel, sur celui des orientations sociales ou sur celui des modes d'organisation de son économie. Défendre ses intérêts, les promouvoir, ce n'est pas une option, c'est tout à fait naturel.

Je ne veux pas aborder de façon précise ou détaillée les événements qui se sont produits sur la scène politique depuis un an. Je dois dire cependant que, chaque fois que j'entends parler d'un «Plan» destiné à faire interdire un prochain référendum au Québec, je souris. Si on tient absolument à nous imposer une élection référendaire... Mais venons-en aux choses sérieuses.

Il faut revenir à deux questions fondamentales, essentielles: Qui sommes-nous? Où allons-nous?

Le référendum d'il y a un an a beaucoup clarifié les choses: 61 % des francophones ont voté OUI. Dans l'île de Montréal, 69 % ont voté OUI. Les francophones représentent 83 % de la population du Québec. Pour une fois, la réponse est claire; elle n'est pas unanime, mais dans une démocratie, il faut se méfier des unanimités. Donc, la majorité des Québécois francophones veulent que le Québec devienne un pays. Ils ont choisi leur identité et leur pays.

Quant aux Québécois autres que francophones (17 % de la population), presque tous ont voté NON. Il y a eu des exceptions, bien sûr, et certains ont voté OUI avec plus de ferveur encore que bien des francophones. Dans beaucoup de communautés, le pourcentage de NON semble avoir été supérieur à 95 %. Des records absolus ont été atteints. Dans plusieurs bureaux de scrutin de l'ouest de Montréal, il n'y a eu aucun OUI.

À l'appel de leurs leaders et de leurs organisations, tous ces gens ont réclamé de rester canadiens. Pour certains groupes, c'est tout à fait compréhensible. Ils préfèrent continuer de faire partie de la majorité canadienne plutôt que de devenir une minorité au Québec. Leur intérêt leur dicte cette attitude. Jusqu'à ce qu'un référendum soit gagné, ils seront tels qu'ils ont été. Par la suite, ils s'adapteront. Jusque-là, ils sont canadiens et fiers de l'être.

Alors qu'en est-il du peuple québécois? Il est constitué essentiellement de francophones (quelle que soit leur origine) qui partagent une culture qui leur est propre. Des minorités s'y ajoutent et ont indiscutablement enrichi la culture québécoise. À part les autochtones qui forment des nations distinctes, Canadiens anglais de souche ou immigrants de diverses dates, s'ils cherchent, dans leur presque totalité, à demeurer canadiens, une fois la souveraineté réalisée, ils devraient s'intégrer, et à leur rythme, au peuple québécois. En tout cas, on le souhaite. Est québécois qui veut l'être.

Où allons-nous? Il y a dans le cheminement de notre gouvernement des orientations qui provoquent des interrogations et qui, je pense, doivent être abordées avec une certaine candeur.

Que le gouvernement ne parle plus que rarement de la souveraineté du Québec n'est pas en soi étonnant. On peut avoir comme tactique pendant un temps de laisser les gens respirer. Après tout, ils ont eu quatre scrutins en quatre ans sur la souveraineté. Sans doute, puisque la souveraineté continue d'être attaquée, et n'est plus défendue, l'appui populaire glisse dans les sondages. On a bien connu cela dans le passé. Cela se renverse. Mais il ne faudrait pas attendre trop longtemps. Plus le glissement se prolonge, plus il est difficile à renverser.

De même, le nouveau gouvernement veut, c'est naturel, chercher à faire la paix avec les anglophones, surtout avec les gens d'affaires anglophones. Ce n'est pas le premier gouvernement à faire cela; il ne sera pas le dernier non plus.

J'ai moi-même trop essayé pour ne pas comprendre. Habituellement, il ne sort pas grand-chose de tout cela: les intérêts sont trop divergents. Il ne faut simplement pas trop donner en échange de promesses à venir. L'épisode Galganov, à la fois ridicule et symbolique, suivant le discours du Centaur, a cette fois calmé le jeu.

Tout ce qu'il faudra éviter, c'est de croire que l'amélioration des rapports avec la communauté anglaise de Montréal est une sorte de condition nécessaire à la création d'emplois et au rassemblement de capitaux. Cela fait longtemps (trente ou quarante ans) que ce n'est plus le cas. Aujourd'hui, le développement de l'économie du Québec n'est plus conditionné par les réactions de quelques centaines de personnes installées dans le Golden Square Mile ou à Westmount.

Ce que je trouve le plus inquiétant pour la suite des événements, c'est l'objectif budgétaire que le gouvernement s'est fixé: ramener le déficit à zéro.

La situation est étrange. Quand le Parti québécois est élu en 1994, il est, comme tous les gouvernements, préoccupé par sa situation budgétaire. Sans doute beaucoup de petites provinces canadiennes sont-elles en train de faire disparaître leur déficit, mais compte tenu de la nature de leurs opérations et de l'absence de certaines responsabilités, il leur est plus facile d'arriver à diminuer le déficit qu'en Ontario, par exemple, au Québec ou même en Colombie-Britannique.

Dans l'ensemble, les gouvernements de nos jours sont assez peu commis à faire disparaître complètement leurs déficits. Les signataires de Maastricht ont fixé à 3 % du PIB leur objectif de déficit pour adhérer à la monnaie commune et ils ont beaucoup de difficulté à y arriver. M. Chrétien s'est fait élire sur la promesse de ramener le déficit du gouvernement fédéral canadien non pas à zéro, mais à l'équivalent de 3 % du PIB. Les États-Unis ont adopté une loi anti-déficit qu'ils se sont hâtés d'oublier; c'est la reprise de l'économie surtout qui réduit le déficit depuis quelque temps.

L'Ontario traverse une formidable transformation budgétaire où l'on sabre dans certaines dépenses pour financer des baisses d'impôts. Ce n'est pas le déficit qui est au centre des préoccupations (il n'a été réduit, après tout, que de 15 % par rapport aux beaux jours de Bob Rae), c'est une vision de la relance de l'économie. Cela n'est pas très en accord avec les idées sociales-démocrates de beaucoup d'entre nous, mais enfin c'est une politique.

À Québec, en prenant le pouvoir en 1994, on avait promis d'éliminer le déficit des opérations courantes, c'est-à-dire les emprunts pour payer l'épicerie, mais pas le déficit qui découle des investissements. L'économie était trop faible pour cela. Et après tout, il n'est pas déshonorant d'avoir une hypothèque sur sa maison. Une fois l'objectif atteint, il resterait donc un déficit de deux milliards de dollars, soit un peu plus de 1 % du PIB.

Mon gouvernement ne s'est pas mal débrouillé. L'année 1994-1995 s'est soldée par un déficit de 5,7 milliards, et, l'année suivante, de 3,9 milliards, soit la moitié de son objectif. Pendant une année référendaire! Pas mal du tout! Et tout cela dans une sérénité relative.

On avait indiqué cependant aux électeurs que les compressions fédérales nous frapperaient de plein fouet en 1996-1997 si le vote au référendum nous empêchait de sortir du Canada. Même l'objectif restreint à l'égard du déficit serait difficile à maintenir.

Au début de 1996, le gouvernement du Québec change d'objectif, le durcit en quelque sorte. On viserait maintenant l'élimination complète du déficit, sur un horizon de temps un peu plus long que l'échéancier original. C'était placer la barre bien haut.

Pour atteindre le nouvel objectif budgétaire, il a fallu se débarrasser du cadre budgétaire qui avait été élaboré l'année précédente et qui avait donné de bons résultats (enveloppes fermées, réductions sélectives).

Le ministre des Finances avait préparé les projections de revenus sur la base d'une croissance de 1 %, ce qui semblait alors très prudent. Aujourd'hui, ces projections semblent exagérées. On risque d'entrer dans la spirale connue: on coupe, les revenus prévus tombent, on recoupe, ils tombent encore. Je crois qu'à vouloir en faire trop, on affecte la santé de l'économie.

On dit en anglais «la paille qui cassa le dos du chameau» en parlant des charges énormes que l'on peut faire porter à l'animal jusqu'à ce qu'il s'effondre.

Je n'aime pas, ces jours-ci, les compliments que certains «grands hommes d'affaires» (à ce niveau, il n'y a pas de femmes), adversaires traditionnels de la souveraineté, adressent au gouvernement du Québec.

Je n'aime pas non plus voir un représentant du syndicat financier qui distribue les obligations du Québec occuper un poste important dans le triangle de protection que forment, pour nous maintenir à l'abri des pressions financières, le ministère des Finances, la Caisse de dépôt et Hydro-Québec.

On peut résister, on le sait maintenant, à la propagande économique et aux campagnes de peur. Elles ont toujours visé les francophones et ils ont voté très majoritairement OUI il y a un an.

Mais il faut faire attention de ne pas se faire mal à soi-même, de ne pas nuire à sa cause et de ne pas faire perdre espoir à ceux dont dépend l'avenir.

Il y a tant à faire dans ce chantier que devrait être l'économie du Québec. Il y a tant de choses que l'on peut amorcer, quitte à les développer quand nous serons enfin sortis du système et que nous aurons enfin le contrôle de nos moyens.

La morosité est mauvaise conseillère. Il faut, tous ensemble, se redonner le goût de bouger. Il y a des obstacles, bien sûr. Il y en a toujours chaque fois que l'on veut changer quelque chose. Il ne faut pas les minimiser, mais il ne faut pas les exagérer non plus.

Tôt ou tard, le Québec sera un pays

Traduction d'une conférence au Upper Canada College, Toronto, le 18 février 1997.

J'ai été surpris de recevoir une invitation à prononcer une conférence au Upper Canada College, et plus surpris encore que l'on m'engage à parler de la question Canada-Québec en me demandant si les deux ont un avenir commun. En cette institution respectée que le Upper Canada College a toujours été, vous devriez avoir honte d'accueillir quelqu'un qu'une autre institution très respectée, *The Financial Post*, a voulu à maintes reprises faire emprisonner pour trahison. Un tricheur, un menteur, un raciste, un xénophobe. Quelqu'un qui, pour couronner le tout, a eu le malheur de perdre la bataille qu'il a livrée pour avoir son pays.

Et maintenant, vous lui demandez: Après tout ce qui s'est passé, que diriez-vous de parler de nouveau d'avenir commun? Je dois avouer que j'en ai perdu mon latin. Puis ensuite, comme j'ai enseigné à l'université pendant plus de trente ans, je me suis rendu compte que les questions intellectuelles complexes sollicitaient encore mon esprit. Nous allons donc essayer d'explorer ensemble quel type d'avenir commun le Canada et le Québec pourraient avoir, ou encore, comme tant de gens semblent le souhaiter, quel type d'avenir le Québec pourrait avoir dans le Canada.

Il faut commencer par admettre qu'un bloc solide continue d'exister au Québec en faveur de l'unité canadienne. Peu importe dans quelles conditions, la seule chose que ces gens exigent, c'est de rester canadiens et d'être considérés comme tels. Ce sont les Anglo-Québécois de souche et les allophones dont la langue maternelle n'est ni l'anglais ni le français, qui emploient encore leur langue maternelle à la maison, qui se sont établis à Montréal, au Canada, et non à Montréal, au Québec. Ces gens représentent 17 % de la population totale du Québec. Comprenant, certains d'entre eux pour la première fois, que moi et d'autres n'avions cette fois-ci pas envie de tourner autour du pot et que nous voulions une réponse claire, ils ont massivement voté NON, si massivement en fait que, dans plusieurs bureaux de scrutin dans l'ouest de l'île de Montréal, aucun OUI n'a été enregistré sur un total de 200 ou 250 électeurs, du jamais vu, aussi loin que l'on peut aller dans l'établissement de statistiques sur des scrutins qui mettent en cause la souveraineté ou les souverainistes. Entre 95 % et 97 % des Anglo-Québécois et de la plupart des minorités ethniques ont voté NON.

Cette réaction est compréhensible. Jamais les Anglo-Québécois n'accepteront d'échanger leur appartenance à une vaste majorité au Canada contre un statut de minorité au Québec. De plus, pour ce qui est des immigrants arrivés plus récemment ou qui sont des descendants d'immigrants, ils ont eu trop de difficulté à s'intégrer au courant de l'évolution canadienne pour accepter d'appartenir au Québec qu'ils considèrent comme une sorte de ghetto.

La race et la couleur n'ont rien à y voir. C'est plutôt une question de langue. En réalité, c'est le facteur prépondérant. Je connais beaucoup d'Haïtiens qui sont souverainistes et un Noir, originaire d'Haïti, a même été élu député du Parti québécois à l'Assemblée nationale dès 1976. Mais je n'ai jamais rencontré un Jamaïcain qui était souverainiste. Je ne dis pas qu'il n'y en a aucun. Il faut toujours éviter de généraliser. Il se trouve des héros dans plusieurs des communautés qui dans l'ensemble ont voté NON. Et ils manifestent souvent un dévouement remarquable à l'égard du pays qu'ils ont choisi. Encore une fois, il faut éviter de généraliser en ce qui concerne les groupes comme tels. Les électeurs hispanophones, par exemple, semblent avoir été divisés au dernier référendum.

Examinons maintenant la communauté francophone du Québec. Ces gens représentent 83 % de la population totale. Ce pourcentage ne bouge pas tellement, c'est-à-dire qu'il n'est ni en hausse ni en baisse, au fil des ans.

Avant de parler des *francophones*, nous devons régler — pardon, tenter de régler — une question d'identité. Les francophones ne constituent pas une nation, dit le Canada; ils ne sont pas un peuple, selon la Constitution canadienne; ils ne forment même pas une société distincte, disent la majorité des Canadiens. On ne peut même pas les appeler Québécois, car tous les anglophones et les diverses communautés non francophones qui se considèrent comme des Canadiens insistent pour que les Québécois ne puissent se définir ainsi en les excluant. En pensant aux francophones, à quelques reprises dans des discours prononcés en public, j'ai dit *nous*. Le journal *The Gazette* de Montréal m'a traité de raciste et la presse fédéraliste, c'est-à-dire à peu près toute la presse, a suivi.

Nous, les francophones, avons en effet un problème d'identité. Examinons pendant un instant le processus d'identité qu'un homme qui serait aujourd'hui octogénaire aurait suivi au cours de sa vie. Quand il est né, il était «Canadien» par rapport aux «Anglais». Dans les années quarante et cinquante, il est devenu un «Canadien français» par rapport aux «Canadiens anglais». Il y a de bonnes chances qu'il se définisse aujourd'hui — du moins son fils le fait — comme un «Québécois» par rapport aux Canadiens. Trois identités au cours de sa vie!

Jeune, il a appris à chanter *Ô Canada* pour protester contre le *God Save the King*. Aujourd'hui, notre *Ô Canada* a été traduit en anglais, est devenu l'hymne national bilingue du Canada, et notre vieil homme assis devant sa télévision pour regarder une partie de hockey disputée à Toronto entend la foule huer quand certains vers de l'hymne sont chantés en français. C'est bien assez pour que n'importe qui soit, pour utiliser un mot gentil, étonné.

La question de l'identité est en train de se démêler tranquillement. Il y a vingt ans, quand on demandait aux gens de quelle façon ils se définissaient, comme des Canadiens ou comme des Québécois, 40 % répondaient «Québécois» et 60 % répondaient «Canadiens». Aujourd'hui, les pourcentages se sont inversés. Chez les francophones, 70 % des gens se disent Québécois.

Les résultats du référendum de 1995 le démontrent. Le pourcentage de francophones qui ont voté OUI atteint 61 %, et dans l'île de Montréal, il atteint même 69 %.

La question posée avait trait à la réalisation de la souveraineté. Dans une sorte d'amnésie, on a tendance à oublier que si mon gouvernement avait remporté le référendum, il aurait procédé à la souveraineté.

Les savants commentateurs ont souvent tenté de nier la légitimité d'un vote en faveur du OUI et ont tourné en dérision les pauvres diables qui disaient qu'ils voteraient OUI tout en pensant qu'ils pourraient avoir un pays souverain et continuer d'élire des députés à la Chambre des communes. En réalité, quelques-uns pensent encore cela, comme ces cosaques qui ont paradé dans les rues, deux ans après la révolution russe de 1917, avec des banderoles sur lesquelles on pouvait lire: «Vive le tsar et les Soviets».

[...] Nous avons perdu le référendum par 50 000 votes[1]. Une minorité a voté en bloc pour empêcher la majorité d'obtenir ce qu'elle voulait. Étant donné que nous sommes de vrais démocrates, nous avons accepté le verdict en nous souhaitant meilleure chance la prochaine fois.

Parce que c'est certain qu'il y aura une prochaine fois. On n'arrête pas comme ça le désir d'indépendance, lorsque l'idée a progressé avec autant de force au sein d'un peuple, juste en disant que ce peuple-là n'existe pas. Ou en niant l'existence de sa culture en la noyant dans la culture canadienne. [...]

---

1. Un déplacement d'environ 25 000 voix aurait créé l'égalité.

Je crois que tôt ou tard le Québec deviendra un pays. Que ce pays sera aussi francophone que l'Ontario est anglophone. Il sera peuplé de francophones de diverses origines, tout comme l'Ontario ou le Canada sont peuplés d'anglophones de diverses origines.

La question économique:
de l'apocalypse au partenariat

J'ai déjà souligné dans l'introduction que la principale raison pour laquelle je suis devenu souverainiste, c'est que cela me semblait être le meilleur moyen d'assurer la croissance de l'économie, de l'emploi et de la protection sociale. Évidemment, les résultats dépendent du degré d'intelligence des politiques mises en œuvre et de la facilité d'accès à de très grands marchés, au fur et à mesure qu'ils se développent.

De telles idées sont dangereuses pour le maintien de l'unité canadienne. Tolérer un nationalisme québécois, même virulent, fondé sur la langue et la culture, passe encore. Mais c'est à propos d'économie que l'on veut, à Ottawa et dans certains milieux d'affaires, venir à bout des souverainistes. C'est le combat des gens sérieux contre les excités.

La presse québécoise adopte rapidement le ton qu'il faut: ne décrire l'économie d'un Québec souverain qu'en termes de coûts à supporter, un peu, beaucoup, passionnément, à la folie, mais jamais en termes de gains. D'année en année, de décennie en décennie, les assauts se succéderont sans que jamais la pression tombe.

Les premières années, au début de la décennie 1970, le débat était tout simplement imbécile. On prenait n'importe quel secteur des finances publiques dans lequel le Québec recevait de l'argent du gouvernement fédéral et on le pointait du doigt. La péréquation, il n'y en aurait plus; les pensions de vieillesse, il n'y en aurait plus; les fonds de recherche pour les universités, il n'y en aurait plus... Les belles montagnes Rocheuses, il n'y en aurait plus.

La phase suivante s'est caractérisée par une certaine élévation du débat: le Québec représentant 25 % de la population du Canada, il devrait recevoir 25 % des dépenses fédérales. Or, dans certains domaines comme l'assurance-chômage ou l'aide sociale, il reçoit plus de 30 % des paiements fédéraux. C'est la preuve que, au Canada, on nous aime tendrement. Si on se sépare, on ne nous aimera plus. Il faudra alors que nous nous serrions la ceinture.

Un autre argument a trait au commerce du Québec avec le Canada. Qu'est-ce que nous ferions si le Canada cessait d'acheter du Québec? Ce serait la catastrophe! Des centaines de milliers d'emplois dépendent de nos ventes au Canada.

Et puis, dans un Québec devenu souverain, il faudrait que nous assumions notre part de la dette fédérale. Ce serait écrasant, littéralement.

Il a fallu rendre coup sur coup, pendant vingt-cinq ans. Oui, le gouvernement fédéral paie certaines dépenses au Québec, mais les Québécois lui versent une bonne partie de leurs impôts. Oui, dans certains secteurs, le Québec reçoit plus que sa part. Mais dans d'autres, il reçoit bien moins que sa part: les achats de produits et de services, les contrats, la recherche et le développement, bref, tout ce qui crée de l'emploi. Oui, nous vendons des produits et des services à l'Ontario, mais l'Ontario en vend davantage encore au Québec. Alors qu'est-ce qu'on fait? Chacun ferme ses frontières? Nous faisons sauter nos économies respectives? On casse tout? Et la dette fédérale? Mais oui, nous aurons à payer une partie du service de la dette canadienne. Avec quoi? Avec tous les impôts que nous envoyons actuellement à Ottawa et qui reviendront aux Québécois au moment de la souveraineté.

Les mémoires et les études présentés à la commission Bélanger-Campeau avaient été dans l'ensemble d'une assez bonne tenue. Ceux qui apparaîtront à l'occasion de la Commission parlementaire sur l'accession à la souveraineté, créée en vertu de la loi 150, friseront dans certains cas l'hystérie. C'est à qui ferait le plus peur[1]. Quand les études dites

---

1. Il s'agit des études économiques. Les études de nature juridique furent beaucoup plus sérieuses.

Le Hir, du nom du ministre responsable, sortiront, un peu avant le référendum, de très bonnes analyses seront balayées par le vent de discrédit qui souffle maintenant sur tout ce qui touche aux chiffres quand on parle de souveraineté.

J'en suis pour une part responsable. En 1980, nous avions commencé la campagne référendaire dans l'enthousiasme et nous l'avions terminée dans les chiffres... les chiffres qui font peur. Je m'étais alors juré que, la prochaine fois, on commencerait par les chiffres, on épuiserait le débat dans tous les sens du mot, et qu'on finirait dans l'enthousiasme. J'ai peut-être trop bien réussi. En tout cas, je crois que le thème de l'apocalypse est, pour le prochain référendum, effectivement épuisé.

Les discours sur l'économie que j'ai prononcés, comme chef de l'opposition et comme premier ministre, s'articulent autour de deux grands thèmes: le premier a trait aux éléments fondamentaux de la politique économique d'un Québec souverain, le second se rapporte à la façon de réaliser la souveraineté sans avoir, sur le plan économique, à demander au Canada l'autorisation de procéder.

Avant d'examiner ces deux aspects, il faut examiner, brièvement mais clairement, un argument qui, sous une forme ou une autre, revient constamment dans le débat sur la souveraineté. Un gouvernement du Québec qui est explicite quant à son objectif politique et qui prépare activement sa réalisation fait ainsi régner une incertitude déplorable sur l'économie et, en outre, ne trouve ni le temps ni l'énergie de remplir correctement ses tâches de gestionnaire. D'où le thème qui revient périodiquement et qui s'exprime vulgairement ainsi: Lâchez la souveraineté et occupez-vous d'économie.

On a vu ailleurs à quel point les faits ne justifient pas cette sommation. Le premier texte présenté dans ce chapitre est la conclusion de mon discours sur le budget de 1979 où j'annonce une chute de 10 % des taxes et des impôts québécois sur le revenu des personnes physiques et où j'en appelle à la gestion de l'autre moitié de nos ressources dès qu'un référendum nous en aura donné l'autorisation. Quinze ans plus tard, nous revenons au pouvoir. L'économie du Québec a peine à sortir de la récession et le déficit budgétaire est énorme. En un an (de 1994-1995 à 1995-1996), le déficit sera réduit d'un tiers, soit de 5,7 à 3,9 milliards, les investissements des entreprises privées pour toute l'année 1995 augmenteront de presque 6 % (un peu plus que la moyenne canadienne) et l'emploi, de janvier 1995 à janvier 1996, augmentera de 57 000 postes.

Il faut laisser parler les faits de temps à autre.

La politique économique du Québec, aujourd'hui comme demain, doit être assez différente de ce qu'elle fut au cours des années qui suivirent la Révolution tranquille. Les instruments dont la société québécoise avait besoin pour moderniser et réorganiser l'économie sont créés. Ce que j'ai appelé la garde montante a maintenant bien en main les commandes de la majeure partie de l'économie du Québec. Mais le chômage de longue durée s'est considérablement accru. Une partie de la population est tombée dans une trappe de pauvreté dont elle ne se sort plus. Les industries de pointe ou modernes progressent rapidement, mais la reconversion des vieux secteurs n'est pas terminée. L'ALENA fournit un cadre étonnant d'expansion, le taux de change est bon, et les taux d'intérêt faibles.

Que manque-t-il?

La réflexion s'agence autour d'un petit nombre de thèmes: une révolution — le mot n'est pas trop fort — dans la formation professionnelle et l'apprentissage; une aide diversifiée puissante du côté de la recherche et du développement ainsi que du côté de l'introduction dans les entreprises des nouvelles technologies; le financement de l'exportation, non pas par le truchement de subventions impossibles à instituer aujourd'hui (sauf dans le domaine de la culture), mais par l'aide à l'acquisition et à l'organisation de canaux de distribution à l'étranger; enfin, la mise en place de centres de décisions économiques et financiers en régions, orientés vers les PME.

Le deuxième grand thème économique que j'aborde est celui de l'accession à la souveraineté dans des conditions qui mettent le Québec à l'abri de représailles, que ce soit sur le plan monétaire ou financier, ou sur le plan de la libre circulation des produits, des services ou des personnes.

Ces deux thèmes ne sont pas traités seulement au Québec. Le second, en particulier, doit être bien compris, au Canada anglais, bien sûr, mais aussi aux États-Unis. Évidemment, l'approfondissement du deuxième thème n'est pas instantané. On verra dans les discours une évolution.

De la même façon, après m'être sorti du trait d'union de la souveraineté-association, il me faudra un peu de temps pour saisir le contour d'un partenariat qui soit utile, rassurant mais non contraignant.

Au cours des années, j'ai prononcé un grand nombre de discours au Canada et aux États-Unis pour faire comprendre, pour préparer le terrain. On ne trouvera dans le présent chapitre que des extraits traduits de quelques-uns de ces discours. Pour convaincre, il faut répéter. J'ai répété souvent. Qu'on en juge: j'ai retrouvé un agenda de voyage qui s'étend du 25 septembre 1989 au 19 mars 1993; il s'agit donc uniquement d'activités de chef de l'opposition. J'ai fait pendant ce temps cinq voyages à Toronto, quatre dans d'autres villes canadiennes, quatre visites à Washington et une à New York. Sans compter trois séjours à Paris.

Diminuer les impôts, bien gérer
et faire la souveraineté

Devant l'Assemblée nationale, le 27 mars 1979.

En arrivant au terme de ce discours sur le budget, il me semble que l'on peut en résumer les grandes lignes de la façon suivante.

Le premier ministre, à l'occasion du discours inaugural, a mis l'accent sur un certain nombre de priorités, d'abord et avant tout dans le domaine économique, mais aussi dans le sens d'une société plus juste, plus humaine et plus soucieuse des besoins des contribuables. Les sommes nécessaires à la réalisation de ces objectifs ont été incorporées à nos programmes de dépenses.

Le gouvernement cherche, depuis qu'il est arrivé au pouvoir, à reprendre le contrôle des dépenses et à assainir les finances. Cela se fait et se poursuit avec persistance. Le gouvernement est conscient du fait que le principal reproche des contribuables aux gouvernants de notre époque est qu'ils acceptent trop facilement le gaspillage et ne fournissent pas les services qui correspondent vraiment au fardeau fiscal très lourd que les citoyens doivent supporter.

Le gouvernement a décidé que, graduellement, au fur et à mesure que les marges de manœuvre s'accroissent, les impôts et les taxes des particuliers seraient réduits.

À partir de l'année d'imposition 1978, le nouveau régime fiscal réduit de 300 millions de dollars les versements d'impôts. Les salariés dont l'impôt est retenu à la source ont constaté la mise en vigueur de nouvelles tables depuis le 1ᵉʳ juillet dernier. Les autres qui ont droit à des réductions recevront des remboursements dans les mois qui viennent.

En second lieu, l'élimination permanente de la taxe de vente sur les vêtements, les textiles et les chaussures réduit de 170 millions par an les montants payés par les contribuables.

Dans neuf mois, le 1ᵉʳ janvier 1980, l'indexation des exemptions personnelles réduira de 280 millions de dollars, sur une année entière, les paiements d'impôts sur le revenu. À partir de cette date, la réforme de la fiscalité municipale réduira de près de 60 millions par an les taxes foncières des particuliers, même si toutes les municipalités occupent tout l'espace fiscal qui leur est fourni.

Finalement, dans les premiers mois de l'an prochain, seront versés les crédits d'impôt pour les taxes foncières pour l'année d'imposition 1979, soit 80 millions.

Les particuliers contribuent actuellement pour environ 8,6 milliards au Trésor public québécois, aux commissions scolaires et aux municipalités. Ces contributions comprennent aussi bien les taxes que les bénéfices de la Société des alcools du Québec et de Loto-Québec. Les réductions d'impôts et de taxes dont je viens de faire état sont permanentes. Elles représentent environ 900 millions de dollars. Cela veut donc dire qu'en deux budgets le gouvernement aura allégé d'au moins 10,5 % le fardeau fiscal total que les Québécois paient à Québec, aux municipalités et aux commissions scolaires.

En somme, le gouvernement prend les moyens qui lui semblent les plus appropriés pour sortir le Québec d'ornières dans lesquelles il s'était graduellement enlisé. Il y a moyen de réduire le chômage, il y a moyen de redonner aux citoyens une partie de ce que l'expansion insidieuse du secteur public avait fini par leur enlever. Il y a moyen aussi de rendre à ce secteur public la vitalité qu'il doit avoir et de lui faire jouer le rôle de catalyseur qu'il doit assumer. Il n'est pas nécessaire que les pouvoirs publics soient lents, lourds et sourds. L'État peut et doit définir les objectifs de croissance, de justice sociale et de qualité de vie que les citoyens lui ont demandés.

Il ne peut jouer son rôle, cependant, que dans la mesure où les citoyens eux-mêmes, et les organismes qui les représentent, se sentent responsables. Les Québécois d'aujourd'hui attendent beaucoup de leur gouvernement. Ils doivent savoir aussi que ce pays ne pourra accélérer son développement que par le travail et l'imagination, l'initiative et la détermination qu'ils manifesteront à l'égard de leur avenir collectif.

Nous avons maintenant une bonne idée de ce que nous pouvons faire avec la moitié de nos impôts et de nos taxes. Le gouvernement fédéral, par ses coupures de dépenses, nous a enlevé 200 millions de ressources. Il ne nous a pas empêché d'atteindre l'essentiel de nos fins. Nous approchons cependant du moment où nous pourrons élaborer nos objectifs et nos projets en ayant à notre disposition la totalité de nos ressources.

D'ici peu de temps, les Québécois seront appelés à décider que la moitié ne suffit pas et que c'est de toutes leurs ressources qu'ils veulent être responsables.

Les exigences d'une économie moderne

*Devant l'Association des
manufacturiers canadiens et du Québec,
Montréal, le 9 avril 1992.*

Les réactions protectionnistes que, de temps à autre, les
récessions provoquent ne doivent pas nous faire oublier que
la tendance de fond depuis quarante ans est à la libéralisation
du commerce, à la libre circulation des services et des capitaux, à l'interpénétration des marchés; l'accord du GATT, les
marchés communs, les zones de libre-échange ont tous joué
dans le même sens. L'expansion des échanges internationaux
de toutes sortes a été à ce point spectaculaire que l'on accepte
de plus en plus l'idée que la croissance des exportations constitue l'une des principales sources de création de la richesse.
Et, puisque pour pouvoir exporter, il faut être concurrentiel,
cela devient en quelque sorte la condition pour se maintenir
et pour progresser sur le marché national.

Être concurrentiel, c'est évidemment fonctionner selon
des coûts et une efficacité au moins comparables à ceux de
ses concurrents. C'est fondamental dans ces grands secteurs
primaires qui jouent encore un rôle important dans notre
économie, mais c'est certainement vital dans les autres secteurs, dont celui de la transformation que vous connaissez si
bien.

À partir de ces idées, une théorie s'est répandue depuis
quelques années selon laquelle, dans ces grands espaces
économiques qui se sont constitués, la libéralisation des

échanges devait se traduire par le laisser-faire des gouvernements. «Ouvrez les frontières, équilibrez vos budgets, jugulez
l'inflation, disait-on en substance, nous, les entreprises,
nous nous chargeons du reste.»

Quant aux interventions des gouvernements, qu'elles
restent politiques, se limitent à la protection des citoyens et
laissent les forces du marché jouer aussi pleinement que
l'autorise le maintien des valeurs sociales du monde d'aujourd'hui.

Cela ne pouvait pas durer très longtemps. C'était ne
pas reconnaître que, justement, dans ce monde d'aujour-
d'hui, du tiers à la moitié de toute la production nationale
transite par le secteur public. Que cela s'administre plutôt
bien ou plutôt mal, il demeure que cette réalité touche ou
rejoint toutes les entreprises d'une façon ou d'une autre. Et
on s'est rendu compte aussi, forcément, que tout ne s'ar-
range pas tout seul. Que les politiques économiques, industrielles, fiscales, monétaires, commerciales, financières
doivent être élaborées comme condition justement de l'efficacité et de l'aptitude à être concurrentiel.

Le gouvernement canadien, pendant longtemps, a été,
à cet égard, le véritable gouvernement économique des
Canadiens. Puis, les provinces, et singulièrement le Québec,
sont entrées dans l'arène économique et ont assumé de plus
en plus de responsabilités.

Au Québec, cela a sinon provoqué, à tout le moins
accompagné, le spectaculaire développement d'une classe
d'entrepreneurs francophones et un solide déplacement des
centres de décisions. Petit à petit s'est bâtie une solidarité
québécoise autour de la définition de l'avenir économique
du Québec. Une sorte de modèle de collaboration des entreprises, des syndicats, du secteur coopératif et des pouvoirs
publics a donné soudain une cohésion à l'action et aux perspectives.

Ottawa, pendant ce temps, a démantelé la solidité
financière qui lui avait donné si longtemps les moyens de
ses politiques. À s'éparpiller partout, il est entré en conflit

partout, sans avoir les ressources nécessaires pour s'affirmer. Les querelles de bornage, les chevauchements de programmes, les gaspillages purs et simples, les incohérences de politiques opposées, incompatibles, ont fait perdre de vue les objectifs, somme toute simples, d'une politique industrielle articulée, d'une politique fiscale efficace, de la nécessité absolue de progresser sur les marchés internationaux et de s'adapter constamment, sans retard, aux changements qu'imposaient les grands marchés.

De plus en plus de Canadiens anglais tirent de cette situation la conclusion qu'il faut revenir à un gouvernement central fort, capable de dégager des objectifs et de choisir les moyens de les atteindre. De plus en plus de Québécois, tout aussi fatigués du désordre actuel, tirent la conclusion qu'il leur faut un gouvernement qui soit le leur, qui puisse, lui aussi, définir dans cette cohésion sociale qui s'est manifestée au Québec des voies et des objectifs, et chercher à les atteindre. Nous sommes à la croisée des chemins. [...]

La souveraineté, parce que l'expression d'un nationalisme évident, mène-t-elle inévitablement au repli, au protectionnisme, au rétablissement des barrières? Ce serait le meilleur moyen d'arrêter la croissance du Québec. Si, dans les débats actuels, un principe est compris par les Québécois, c'est justement celui qu'un petit pays peut s'épanouir, se développer, prospérer dans la mesure même où il appartient à de grands espaces économiques, à des ensembles commerciaux continentaux et mondiaux. On l'a bien vu à l'occasion du débat sur le traité canado-américain de libre-échange.

Il ne faut pas s'étonner d'avoir constaté, à l'occasion des audiences de la commission Bélanger-Campeau, l'insistance générale par rapport au fait que, quel que soit l'avenir politique du Québec, l'espace économique canadien doit être maintenu. Et que, dans le prolongement de ce principe, le maintien de l'union monétaire est souhaitable. Le Québec continuera à utiliser le dollar canadien comme monnaie.

Sans doute, la charge émotionnelle du débat politique est telle que des réactions négatives sont apparues dans certains milieux du Canada anglais. Assez rapidement, cependant, on s'est rendu compte que dans l'état de la libéralisation des échanges, non pas seulement québéco-canadienne mais continentale et mondiale, il y a des contraintes auxquelles il faut se soumettre, des acquis sur lesquels on ne peut plus revenir.

On n'enfermera pas le Québec dans son marché domestique pour le punir de ses intentions. Cela n'est pas possible. Le Québec a une économie ouverte, veut garder une économie ouverte et a les moyens de la garder ainsi.

Cela étant dit, l'ouverture ne va pas sans l'efficacité. Il faut aussi que le Québec se donne les moyens d'assurer constamment son aptitude concurrentielle et l'expansion de ses activités économiques. Et ces moyens doivent être agencés de façon à être compatibles avec les règles internationales des échanges. On ne peut pas faire n'importe quoi. Ce qui ne veut pas dire que l'on ne peut plus rien faire.

Améliorer notre capacité à exporter devrait être la première de nos considérations économiques; ultimement, tout devrait être dominé par cet objectif. Cela comporte plusieurs exigences.

Une éducation de qualité, jamais cela n'aura été si important. L'éducation ne sera jamais acquise facilement, le laxisme des exigences crée le laxisme des résultats. À tous les niveaux, de l'enseignement primaire à l'enseignement universitaire, nous devons insister sur la qualité de la formation. Il faut reconnaître que tous les enfants, venant de tous les milieux, ne sont pas nécessairement dans une situation qui leur permette d'acquérir ce qu'il leur faut, et il est essentiel de nous adapter à ce fait.

La formation professionnelle sera, pour des années à venir, le grand thème de la modernisation des économies. Tous ceux qui veulent se perfectionner, se recycler ou aller chercher une formation plus avancée ou une autre formation doivent y avoir accès. Les Québécois doivent voir en matière de formation professionnelle apparaître quelque chose qu'ils n'ont jamais vu par son ampleur, par l'intensité et par les resssources que l'on y met.

Il faut introduire les nouvelles technologies dans les entreprises, c'est la seule façon d'amener les coûts à ne pas croître plus rapidement que ceux de ses concurrents. Nous devons trouver le moyen d'amener les entreprises à changer leurs techniques de production de façon continue.

Nous devons favoriser l'innovation parce qu'on ne vend pas à l'étranger des choses seulement parce qu'elles sont moins chères, on vend aussi parce qu'elles sont de meilleure qualité ou parce qu'elles sont différentes. Nous devons mettre l'accent sur la recherche et le développement, sur la technologie et le design.

Il faut mettre l'accent sur la pénétration des marchés étrangers. Nous devons promouvoir le prolongement des sociétés québécoises à l'étranger. Organiser et structurer le maillage ou la sous-traitance entre les producteurs québécois. Il faut amener des entreprises québécoises à s'attaquer ensemble aux marchés étrangers alors qu'elles ont été habituées à fonctionner en compétition les unes avec les autres. Les entreprises québécoises sont de nouveau sous-capitalisées, aucun gouvernement ne peut à cet égard échapper à ses responsabilités. Et enfin, il faut tirer parti de la protection de l'environnement et l'incorporer à la stratégie de développement.

Notre stratégie industrielle et notre objectif du plein emploi doivent d'abord et avant tout s'appuyer sur le dynamisme des entrepreneurs, sur le dynamisme de vos entreprises, car votre réussite sera notre réussite.

Comprenons-nous bien, la détérioration de l'économie est tellement prononcée depuis quelque temps que l'atteinte des objectifs que je viens de souligner ne sera pas possible sans de sérieux virages. Ce ne sont pas quelques ajustements à la marge ou des modifications de structure pour la forme qui régleront quoi que ce soit. À titre d'exemple, le système de formation professionnelle ne demande pas un peu d'amélioration. Il faut le changer de fond en comble. Il est à bout de souffle. De même, des mesures fiscales incitatives majeures auront à être prises, une fois de plus, pour améliorer la

capitalisation des entreprises. Quant à la recherche et développement et à la modernisation de l'équipement de production, les techniques d'incitation utilisées jusqu'ici sont
insuffisantes, peut-être même, pour une part, inappropriées.
Les résultats sont là pour le montrer.

Mais alors, dira-t-on, d'où va venir l'argent? Et le contrôle du déficit réapparaît comme une sorte de hantise qui
condamnerait les gouvernements à l'immobilisme. La part du
service de la dette fédérale qu'un Québec souverain devrait
assumer ne ferait qu'amplifier le problème, disent certains.

Je reconnaîtrai volontiers qu'une société qui accepte
que 20 % ou 25 % de sa population active ou potentiellement active soit au chômage, dépende de l'aide sociale ou
de niveaux de revenus tellement bas que la contribution
aux impôts est à peu près nulle, va avoir de sérieux problèmes à maintenir des finances saines. Quel que soit le statut
politique, la question n'est pas seulement de savoir si l'on
doit créer la richesse avant de la distribuer, c'est de savoir si
une société moderne a les moyens de se résigner à laisser
une partie de plus en plus importante de sa population tomber dans le grand trou noir de la pauvreté.

Bien sûr qu'un Québec souverain doit assumer sa part
du service de la dette fédérale. Bien sûr, aussi, les discussions seront vives, pas tellement d'ailleurs, quoi que l'on
en dise, sur le partage de la dette elle-même que sur l'évaluation des actifs. Les études de la commission Bélanger-
Campeau demeurent, à cet égard, une excellente base de
discussion.

Quant aux économies réalisables à la suite de la fusion
des services et des programmes fédéraux au Québec et de
ceux du gouvernement du Québec, on commence seulement à en voir l'ampleur possible.

Mais, fondamentalement, aujourd'hui comme demain,
la plus rigoureuse des gestions des finances publiques sera
stérile si l'objectif du plein-emploi ne domine pas les politiques suivies. Cela ne sera pas atteint par l'expansion du secteur public mais par celle des entreprises.

Il faut donc retrouver le goût profond de bouger, d'agir, de changer. Il faut, au fond, retrouver l'esprit de la Révolution tranquille. Les objectifs ne sont pas les mêmes qu'il y a vingt-cinq ans. Il ne s'agit plus de tripler le nombre des élèves au secondaire, de doubler l'ampleur du réseau de la santé ou de se doter de sociétés d'État. Cela est fait. Il s'agit de doter le Québec d'un dynamisme, d'une agressivité même, à l'égard de ce monde nouveau.

À cette fin, il faut que le débat politique aboutisse. On peut bien chercher à s'entendre sur les grandes lignes d'une stratégie industrielle ou sur les transformations à apporter à la formation professionnelle, ou encore sur la restructuration du secteur financier, mais tant que l'on ne saura pas où est le véritable gouvernement, on ne pourra pas vraiment avancer. L'incertitude constitutionnelle retarde, dévie, bloque les initiatives alors que le temps presse.

On s'enfonce dans des discussions byzantines et symboliques. […]

Pendant ce temps, la guerre de tranchées se continue tout le long du front. Le gouvernement fédéral arrivera-t-il à définir les standards et les normes dans l'éducation en dépit des objections de Québec? Comment va se terminer le conflit quant au contrôle du développement régional? Ottawa va-t-il lâcher quelques morceaux des télécommunications? Le refus d'Ottawa de se retirer de la formation professionnelle sera-t-il remis en cause dans les négociations constitutionnelles actuelles? Etc. Cela doit cesser.

La prospérité du Québec
passe par la souveraineté

Devant la Chambre de commerce
du Montréal métropolitain,
Montréal, le 11 décembre 1991.

[...] Il faut s'adresser à la cause plutôt qu'aux effets. Il faut reconnaître que la société qui admet que le quart d'elle-même soit largement sans travail et sans véritable revenu autonome se condamne à un lent affaissement de ses perspectives et graduellement à la stagnation de son économie.

À cet égard, il nous faut reconnaître que nos résultats sont jusqu'ici décevants. Non parce que les milieux des affaires ont manqué de dynamisme, au contraire. Non parce que, comme on le croit dans certains milieux, les syndicats ont été plus efficaces dans le blocage que dans la progression. Leurs succès dans la concertation démontrent le contraire. Non parce que les gouvernements du Québec n'ont pas compris. Ils se sont, dans l'ensemble, mieux débattus que bien d'autres ailleurs.

Alors quoi? Il faut peut-être, pour essayer de comprendre, revenir à une [...] idée simple qui est la suivante: un petit pays ne vit que de sa capacité à exporter. Je dis sa capacité parce qu'elle va déterminer non seulement l'exportation elle-même, mais aussi le degré de compétitivité qui va permettre de ne pas fléchir devant les importations. On a l'habitude de dire que cela passe par la productivité. Bien sûr, mais pas exclusivement. Il y a plus que cela. Une stratégie de développement s'appuie sur un petit nombre de principes qui n'ont rien de bien sorcier, mais qu'il est facile de perdre de vue dans les dissensions et les luttes de pouvoir typiques de la conjoncture politique canadienne. Ces principes me semblent être les suivants.

Il faut d'abord reconnaître que le développement est avant tout indigène et que tout ce que l'étranger apporte ne vient que par surcroît. L'investissement étranger n'est jamais aussi abondant que quand l'investissement indigène l'est aussi.

Il faut reconnaître, dans ces conditions, que le système fiscal et la réglementation des institutions financières doivent maintenir un haut taux d'épargne et orienter cette épargne prioritairement vers l'entreprise.

Il faut des locomotives et il faut des wagons. Les PME créent 80 ou 90 % des emplois, mais leur dynamisme est pour une part conditionné par de grandes entreprises. Le contrôle de ces grandes entreprises et le lieu de ce contrôle sont cruciaux. Une des grandes forces potentielles du Québec vient de ce que le contrôle de ses grandes institutions financières lui est assuré.

Il faut un système d'enseignement et de formation professionnels, un système d'apprentissage, des formes de recyclage développées, souples, d'une grande rapidité d'adaptation au marché, c'est-à-dire tout le contraire de ce que nous avons.

Il faut trouver le moyen d'amener les entreprises à changer leurs techniques de production de façon continue. La tâche n'est jamais terminée, ne le sera jamais, et tout retard peut être mortel.

Il faut mettre un terme à cette sorte de tragédie que constitue le peu d'accent que l'on met dans notre société sur la recherche et le développement, sur la technologie et le design.

Dans un marché mondial aussi intégré que celui d'aujourd'hui, on ne vend pas seulement parce qu'on est moins cher, mais parce qu'on est différent. Pourtant, les succès remarquables dans certains secteurs devraient nous ouvrir les yeux.

Il faut accorder une importance considérable à l'organisation de la distribution à l'étranger et accepter, ou plutôt promouvoir, le prolongement de nos sociétés québécoises à l'étranger, notamment par l'acquisition des réseaux de distribution ou par des investissements complémentaires qui leur sont si nécessaires. Tant que le contrôle des opérations reste au Québec, on n'a pas à craindre le phénomène, bien au contraire.

Il faut accélérer la conversion des secteurs industriels en déclin, cesser de ne compter que sur des richesses naturelles auxquelles nous demandons trop, que nous avons si souvent portées comme un espoir plusieurs fois déçu depuis l'époque des peaux de castor, et reconnaître que la seule richesse naturelle vraiment payante dont nous disposons est celle que nous avons entre les deux oreilles. Les ressources naturelles vont demeurer encore longtemps dans le paysage économique québécois, surtout dans certaines régions, mais le dynamisme de l'économie du Québec ne reposera plus jamais aussi totalement sur elles.

Il faut alors réimplanter en régions des centres de décisions, financiers cette fois, pour assurer des leviers économiques un peu autonomes parce qu'il n'en reste pas moins que, dans un grand nombre de régions du Québec, les grandes compagnies de production primaire ont longtemps été les seuls centres de grandes décisions.

Il faut enfin cesser de voir la protection de l'environnement comme une menace à la prospérité. Il faut au contraire en tirer parti et l'incorporer à la stratégie de développement.

On reprochera peut-être à cette façon de voir les choses d'être trop orientée vers l'entreprise et de trop en attendre. Je ne le pense pas. Bien sûr, le raccordement des «deux Québec dans un», selon le titre d'une étude maintenant bien connue, va exiger de faire appel à bien d'autres leviers. Je pense ici, en particulier, à toutes les formes de l'action communautaire, et on commence seulement à apercevoir tout ce qu'elle peut apporter au chapitre de l'initiative et de l'innovation.

Il n'en reste pas moins que revenir à l'objectif du plein-emploi doit d'abord et avant tout s'appuyer sur le dynamisme des entrepreneurs et de ceux qui, dans la société, actionnent les leviers dont ils ont besoin.

Cela nous amène à examiner le rôle du secteur public. J'ai l'impression, à cet égard, que l'on aura perdu bien du temps dans des débats dogmatiques sans beaucoup d'intérêt. À notre époque, aussi surprenant cela puisse-t-il paraître à certains, les dépenses des secteurs publics dans les pays industrialisés oscillent souvent entre 35 et 50 % de la production nationale. Les trésors d'imagination pour trouver les formules miracles qui dégonfleraient ce pourcentage de façon radicale n'ont pas abouti à des résultats spectaculaires. Bien sûr, des pays qui avaient trop nationalisé ont vendu, parfois beaucoup vendu. Et c'est très bien comme cela. On avait trop largement abusé du contrôle public des entreprises pour que le pendule ne revienne pas.

Mais, ce qui frappe finalement dans l'usage public de la moitié de la production, c'est sa lourdeur, la difficulté de faire bouger ou de réorienter ce troupeau d'éléphants. Le bon usage du secteur public devrait nous préoccuper, du moins autant que d'en limiter la taille. Et ce bon usage du secteur public, il n'est pas le même d'une époque à une autre et d'une société à une autre. Comment alors transformer l'éléphant en zèbre?

Et s'il faut, comme au Canada, qu'il y ait deux troupeaux d'éléphants plutôt qu'un seul, que l'avance de l'un soit bloquée par l'avance de l'autre, que Dieu protège les cornacs! L'éléphant est-il de compétence fédérale ou provinciale?

Tous les régimes fédéraux ne sont pas inefficaces. Aux États-Unis, personne ne remet en cause la capacité du gouvernement de Washington de gouverner. D'abord, parce que pour tous les Américains la chose est claire: ils reconnaissent que c'est là leur véritable gouvernement. Ensuite, parce qu'il a pris les moyens pour gouverner correctement. On ne souligne jamais assez, par exemple, qu'au Canada, Ottawa transfère des sommes considérables aux provinces sans condition, comme dans le cas des transferts au titre des programmes établis, alors qu'aux États-Unis, tous les transferts sont conditionnels au respect des normes et des standards établis par le gouvernement fédéral. Cela fait un monde de différence. D'autre part, on peut aimer ou ne pas aimer qu'aux États-Unis la principale pompe publique de la recherche et du développement soit les contrats de la défense nationale, mais c'est ainsi, et c'est évidemment fortement centralisé.

Au Canada, où la situation se complique encore de ce que l'on tente de faire cohabiter deux pays dans un et où deux provinces regroupent les deux tiers de la population, on n'en finit plus de s'affronter entre gouvernements qui sont loin d'être démunis (je ne parle pas évidemment des déficits) et qui disposent de tous les instruments nécessaires pour se neutraliser.

Un exemple me paraît remarquable à cet égard. L'histoire commence au début des années soixante par la mise en place de la ligne Borden qui, pour assurer le marché ontarien au pétrole de l'Alberta, va interdire toute exportation à l'ouest de la rivière des Outaouais de produits pétroliers venant de Montréal, alors le plus grand centre de raffinage du Canada. Saisissante expression de l'union économique et de la libre circulation! Le centre de raffinage de Montréal va être réduit de moitié. Se développe à cette époque un centre de pétrochimie en Alberta. Le gouvernement fédéral, lui, est fortement engagé dans celui de Sarnia. Malgré tout, en dépit de la fermeture de plusieurs raffineries, il reste des pans d'un tel centre à Montréal. On décide encore que trois, c'est trop. Un doit sauter: celui de Montréal. Il y a 17 000 emplois plus ou moins directement rattachés à ce centre. Québec décide de se cramponner, refuse la fermeture, finance le maintien des morceaux qui restent. Et depuis huit ans par Pétromont, maintenant par Soligaz, on cherche à renverser le courant. Échec au roi, c'est très bien sur un échiquier. Comme politique industrielle, cela ne fait pas nécessairement des enfants forts.

On veut ouvrir un centre financier international à Montréal. Toronto fera modifier la législation fédérale pour ramener le projet à sa plus simple expression. Échec et mat.

Et si l'on veut choisir un exemple de bien moins grande portée, y a-t-il quelque chose de plus pathétique que la demande faite cet été par les premiers ministres de l'Ouest pour que, d'un bout à l'autre du Canada, la route transcanadienne soit partout une autoroute, et ce, trente ans après la construction du tracé original et longtemps après que le président Eisenhower eut couvert les États-Unis des autoroutes au fameux *blue shield*. Le Canada, lui, en est encore aux rêves parce que Québec s'est autrefois opposé à une politique canadienne de transport routier qui remettait en cause ses intérêts. Dans un pays de cette étendue! Échec et mat.

Tout, évidemment, n'est pas aussi sombre ou ridicule. Les grands projets liés aux richesses naturelles, du pétrole au gaz, à l'électricité en passant par les mines, ont maintenu un fort taux de croissance pendant des années.

De très grandes entreprises, telles Northern Telecom ou Pratt et Whitney, ont réussi à atteindre de formidables niveaux d'exportation en évitant comme la peste les bagarres fédérales-provinciales. Les nouveaux entrepreneurs du Québec, en s'appuyant solidement sur «leur» gouvernement à Québec, ont longtemps réussi à étonner l'Amérique du Nord.

Et puis, finalement, Ottawa s'est ruiné. Quand, en 1984, le déficit fédéral atteindra 54 % des revenus, on commencera à comprendre toute la gravité de ce qui devra suivre. Les Canadiens endurent tout cela. Ils ragent, mais ils endurent, parce qu'ils sont canadiens. Nous n'avons, nous du Québec, pas plus d'attachement qu'il ne le faut pour le Canada. Depuis longtemps, on se sentirait plutôt québécois... Bien sûr, des gens d'affaires, et surtout de très grandes affaires, acceptent une sorte de mariage de raison, à cause d'intérêts très directs et immédiats mais aussi, pour certains, par conviction.

Il arrive toujours un moment où, surtout quand le sentiment d'appartenance n'y est pas, on se dit: À quoi bon continuer? Pensons, par exemple, pour reprendre quelques-uns des objectifs dont je parlais tout à l'heure, à ce que serait aujourd'hui un Québec devenu souverain depuis dix ans. La reconversion du système de formation de la main-d'œuvre, d'enseignement technique et d'apprentissage serait maintenant terminée. On aurait fait l'économie de cette concurrence ruineuse de deux gouvernements au titre des abris fiscaux pour la recherche et le développement, alors que des sommes énormes ont été englouties pour fort peu de résultats. Ces mêmes sommes auraient pu transformer complètement la situation au Québec. Le décloisonnement des institutions financières si bien commencé, mais pour une partie seulement de celles qui sont actives au Québec, enlisé maintenant dans un interminable débat, serait complété, et nous disposerions d'un des plus agressifs et solides systèmes dans le monde occidental. Montréal serait doté d'un centre financier international important. On serait maintenant en mesure d'agencer une politique de gestion des télécommunications et une politique de production et de diffusion culturelles représentant le pain et le beurre de toute expansion de ce que l'on appelle les industries culturelles. On aurait, enfin, un seul régime d'impôt à l'égard des entreprises, plutôt que cette ridicule «emmanchure» d'éléments contradictoires où chacun des ministres des Finances est condamné à s'ingénier à arracher à l'autre de l'argent sans se faire attraper. Et au diable la cohérence du système! Je pourrais continuer longtemps cette liste et parler d'agriculture ou passer en revue chacun des secteurs industriels.

On en reviendrait toujours à la même chose: il faut retrouver la capacité de bouger, de décider. Il faut sortir de l'excuse classique: Je voudrais bien, mais l'autre ne veut pas. Il faut faire des choses, pas des compromis qui ne soient que des compromissions cachées derrière l'enflure verbale et la langue de bois.

Nous ne voulons pas, au Québec, céder le pouvoir de décider à Ottawa. On le voit bien par la réaction de l'ensemble des Québécois, de quelque bord qu'ils soient, à l'égard des propositions constitutionnelles fédérales en matière économique. Il ne faut pas maintenant que la seule issue soit: échec et mat! Le choix, puisqu'on ne veut pas qu'Ottawa ait ces pouvoirs sur l'économie, c'est que le Québec les ait.

On sera toujours gouverné. Bien ou mal, mais on le sera toujours. Si on ne veut pas l'être par Ottawa, alors on va l'être par Québec. Évidemment, on ne gouverne pas dans le vide. Le reste du monde s'impose de plus en plus et le village global s'étend. On délègue; il le faut bien dans ce monde où les barrières tombent les unes après les autres. Les affaires transnationales doivent être gérées, mais on ne peut déléguer que ce que l'on a.

Concrètement, cela veut dire que celui qui veut essayer d'enfoncer son voisin par des subventions un peu trop grossières va avoir des réveils brutaux. Cela maintenant va de soi. Un pays souverain peut faire pas mal de choses mais pas n'importe quoi.

La libre circulation des personnes, des produits, des services et des capitaux est inévitable. On ne peut, dans l'immédiat comme pour demain, nier une mouvance irréversible. Les questions que nous nous posons au Québec aujourd'hui sont celles de notre époque. Et la grande leçon de cette époque passionnante que nous traversons, elle se résume, je pense, tout entière dans cette idée: on peut s'épanouir et prospérer comme petit pays, avec toute la richesse de cette différence et de ses originalités, à la condition d'appartenir à de grands marchés.

Comme le disait il y a quelques jours, à Lyon, Claude Béland[1]:

> Au Québec, le besoin d'État-nation se manifeste de plus en plus. Le Québec est déjà ouvert au monde,

_____

1. Président du Mouvement Desjardins.

mais il veut participer à la décision de sa nation. Il veut avoir pleinement prise sur les décisions qui le regardent. Le Québec dit oui à la mondialisation en même temps qu'il dit oui à l'État. En ce sens, il est dans le courant des grands mouvements nationaux actuels.

Le défi que nous propose la souveraineté, c'est d'être enfin pleinement et collectivement responsables de nous-mêmes. Les remarquables progrès que connaît la concertation, ici au Québec, sont l'expression sans doute la plus significative de ce besoin profond d'être responsable de son destin.

Les rapports économiques d'un Québec souverain et du Canada

Traduction du discours prononcé à l'occasion d'une rencontre organisée conjointement par l'Empire Club du Canada et le Cercle canadien, Toronto, le 11 décembre 1990.

Nous savons [...] que pour que des pays prospèrent à l'intérieur de très vastes marchés, la libéralisation doit servir de motivation constante en vue d'augmenter la productivité et la qualité, et donc accroître la compétitivité. Cela, les Québécois et les Québécoises l'ont certainement compris beaucoup mieux que les Canadiens et les Canadiennes, comme on a pu le constater à l'occasion de l'important débat sur l'Accord de libre-échange avec les États-Unis. Le fait que l'Accord n'a pas été l'objet de querelles partisanes au Québec, et que les deux grands partis politiques ont même appuyé le gouvernement fédéral dans ses négociations, a causé une énorme surprise, et même un choc, au Canada anglais.

Économiquement parlant, l'avenir du Québec se jouera sur le continent nord-américain et outre-mer. Quarante pour cent de tout ce qui est produit au Québec est exporté. Il serait absurde de vouloir répondre aux défis de l'avenir par des politiques protectionnistes ou égocentriques. C'est à la lumière de telles évidences que tout le concept d'association économique avec le Canada doit être analysé.

Commençons avec ce que certains estiment être de formidables obstacles à toute forme d'association économique entre deux nations dorénavant distinctes.

Le premier argument se résume en quelque sorte à dire que, puisque le Québec contribue beaucoup moins aux dépenses du gouvernement fédéral que ce dernier ne dépense au Québec, il devrait donc, pour maintenir son niveau de vie actuel, continuer à recevoir du fédéral d'importantes subventions, même après son accession à la souveraineté. Ce que ne saurait accepter aucun Canadien digne de ce nom.

Et avec raison. De tels transferts ne sont absolument pas nécessaires de toute façon. Il existe à l'heure actuelle deux estimations de ce qu'Ottawa paie au Québec comparativement à ce qu'il en reçoit. L'une de ces estimations démontre que le Québec, s'il était gagnant au jeu des transferts à la fin de la dernière décennie, est maintenant perdant depuis quelques années et que ce déficit, s'il n'est pas très important à l'heure actuelle, ne cesse d'augmenter. L'autre estimation démontre que le Québec gagne encore au jeu des transferts, mais peu, et que ces gains minimes sont en chute libre. La différence entre ces deux estimations découle des méthodes utilisées pour comptabiliser les paiements fédéraux d'intérêt dans chacune des provinces.

Le second argument a trait à la dette fédérale et peut se résumer ainsi: si ces gens-là pensent pouvoir quitter le Canada sans payer leur part d'une dette contractée au nom de tous les Canadiens, ils se trompent lourdement. Une réaction de ce genre est fréquente ces temps-ci, et j'avoue qu'elle me surprend. Pendant vingt ans, le Parti québécois n'a cessé de répéter que, lorsque le Québec sera souverain, il assumera sa part de la dette publique canadienne, en contrepartie de quoi il recevra une part équivalente des actifs. Quelle est cette part? Deux critères peuvent être utilisés: la population et le produit national brut. Je m'attends à ce que nous discutions ferme pendant quelque temps pour en arriver finalement à quelque chose comme un quart[1].

Certains ajustements seront nécessaires: par exemple, la portion de la dette relative au Régime de pensions du Canada n'a pas à être assumée par le Québec puisque ce dernier n'a jamais souscrit à ce régime. Il y aura également certains problèmes d'évaluation, entre autres à l'égard des actifs immobiliers fédéraux dont la valeur aux livres est établie à 1 $. En d'autres termes, si les opérations de calcul peuvent s'avérer nombreuses et complexes, le principe du partage est, quant à lui, assez simple.

Certains, cependant, ne peuvent se résoudre à tant de simplicité. Récemment encore, un analyste à l'emploi d'un des plus importants courtiers québécois en valeurs mobilières a révélé ce qui constitue, selon lui, une complication insoupçonnée, à savoir le temps qu'il faudrait aux marchés des valeurs mobilières pour absorber les dizaines de milliards d'obligations qui devraient être émises par le Québec pour payer sa portion de la dette publique fédérale. Mais pourquoi semblable chose devrait-elle se produire? Ce n'est pas parce que le Québec supporte le quart de la dette fédérale qu'il devrait obligatoirement remplacer par ses propres titres d'emprunts le quart de tous les titres d'emprunts du gouvernement fédéral. Pourquoi donc?

Cela nous amène à définir l'association économique proprement dite, qui peut être formulée ainsi: Que devrait-on conserver de l'actuel espace économique canadien? À l'examen des mémoires présentés devant la Commission constitutionnelle, il est indéniable que personne ne voit d'intérêt à perturber cet espace. Mais comment le reste du Canada voit-il les choses? Comment réagira-t-il? À ce stade de la discussion, on doit forcément entrer davantage dans les détails.

---

1. Les études de la commission Bélanger-Campeau ont réduit cette proportion.

La première question qui vient à l'esprit concerne la libre circulation des biens, des services, des devises et des personnes. Compte tenu des règles déjà énoncées à cet égard dans l'Accord de libre-échange entre le Canada et les États-Unis, il serait farfelu d'imaginer que la libre circulation des biens et services pourrait s'effectuer dans l'axe nord-sud mais pas dans l'axe est-ouest. Quant aux capitaux, il serait impensable qu'ils puissent circuler librement entre Montréal et New York, ou entre Toronto et New York, et pas entre Montréal et Toronto.

La libre circulation des personnes est le seul élément qui puisse véritablement soulever certaines difficultés. Prenons l'exemple courant d'une personne habitant d'un côté de la rivière des Outaouais et travaillant de l'autre côté. Je précise que cela ne s'applique pas aux personnes à l'emploi de la fonction publique fédérale, puisque les Québécois et Québécoises dont c'est le cas seront embauchés par la fonction publique québécoise. La question se pose cependant pour les personnes à l'emploi du secteur privé. Qu'arrivera-t-il à ceux, par exemple, qui habitent à Hull et qui travaillent pour une entreprise privée située à Ottawa?

Loin de se limiter à une simple question frontalière, ce problème tient à ce que les villes de Montréal et de Toronto agissent respectivement à l'égard de l'autre comme si elle était sa banlieue économique. De nombreuses entreprises d'une certaine envergure ont leur siège social dans l'une et leur plus importante succursale dans l'autre. C'est donc dans l'intérêt des deux villes que la main-d'œuvre, notamment les cadres supérieurs, demeure relativement mobile. Et le Canada a trop d'expérience en matière d'accords de taxation répondant à des problèmes fiscaux pour que cela pose véritablement problème.

Le Canada et le Québec devraient-ils maintenir l'union douanière en vigueur depuis si longtemps? En d'autres termes, si le Québec et le Canada étaient deux nations distinctes, devraient-ils conserver des droits douaniers communs à l'égard des tiers pays? J'entends déjà les protestations virulentes de certains. Pourquoi les Canadiens devraient-ils accepter des droits douaniers simplement afin de protéger les industries québécoises plus anciennes ou de maintenir des quotas sur certains produits d'agriculture? Cela ne constitue pourtant que l'un des côtés de la médaille, qui ne tient aucunement compte du fait que les intérêts de l'Ontario sont à plusieurs égards semblables à ceux du Québec, ou qu'il est vital pour de nombreux producteurs agricoles de l'Ouest de préserver leurs marchés de l'Est.

Quoi qu'il en soit, cette question devra être résolue assez rapidement. L'union douanière sera-t-elle maintenue et, le cas échéant, quel sera le rôle du Québec dans la définition des éléments d'une politique commerciale commune, notamment en ce qui a trait au GATT?

La question du maintien d'une monnaie et d'une politique monétaire communes est très importante. Techniquement, l'introduction d'une monnaie québécoise distincte ne pose pas de problèmes majeurs, surtout si le Québec réitère son intention d'honorer toutes ses obligations financières existantes, ce qui serait évidemment le cas. Mais même si le Québec possédait sa propre monnaie, il resterait à décider de la pertinence d'une politique monétaire commune.

Il est compréhensible qu'une majorité de Québécois estimeraient plus rassurant de conserver le dollar canadien comme monnaie et qu'en dépit des critiques qu'ils formulent à l'endroit de la politique monétaire de la Banque du Canada, ils préféreraient maintenir une politique monétaire commune, à la condition bien sûr d'avoir leur mot à dire sur la façon dont cette politique est établie. Il en va de même pour les Canadiens qui, s'ils ont eux aussi quelques inquiétudes à l'endroit de l'actuelle politique monétaire, ont peu de doute quant à l'instabilité qu'entraînerait pour le dollar canadien l'apparition d'une monnaie et d'une politique monétaire québécoises. Cela est particulièrement vrai si l'on tient compte de l'importante dette que représenteraient pour le Canada les dépôts et obligations actuellement détenus par les Québécois.

Le vrai problème a trait au contrôle d'une banque centrale commune. S'il est indéniable qu'une direction unique est essentielle, on peut néanmoins l'assujettir à toute une série de consultations et de négociations obligatoires, notamment lorsque les taux d'intérêt à court terme américains et canado-québécois dépassent des limites convenues.

L'argent n'a pas d'odeur. Lorsque l'Irlande quitta le Royaume-Uni en 1921, et pendant les vingt ans qui suivirent, la livre sterling demeura d'abord la monnaie de l'Irlande et servit par la suite de base d'émission de la nouvelle devise. Dieu sait pourtant que les passions étaient à leur comble à cette époque.

L'association économique devra cependant être portée plus en profondeur. À compter de l'accession du Québec à la souveraineté, le transport et les communications figureront au premier rang du programme des discussions entre les deux pays. Les ententes actuelles régissant les transports maritimes, routiers et ferroviaires seront-elles maintenues? Le Canada insistera certainement, et à bon droit, pour qu'elles le soient. Il en va de même des communications. Soutenir le contraire serait parfaitement stupide.

On pourrait discuter longuement d'une variété d'autres liens économiques et, à cet égard, on peut soit restreindre une telle association aux strictes règles de base ou, au contraire, la considérer dans son sens large. Cela dépend des intérêts mutuels des parties en présence. Si l'intérêt de l'une ou l'autre des parties pour un élément particulier est faible ou inexistant, et qu'il n'existe aucune monnaie d'échange possible, la proposition touchant cet élément sera inévitablement abandonnée.

On doit cependant garder à l'esprit que, pour un Québécois souverainiste, il existe deux postulats de base:

1. Nous ne tentons pas de réformer le fédéralisme. Nous voulons un vrai pays. Nous désirons simplement déterminer, parmi les arrangements économiques actuels, ceux qui devraient être préservés.

2. Nous sommes convaincus que le Québec doit privilégier une économie ouverte fonctionnant en étroite association avec ses principaux partenaires économiques, le Canada étant évidemment à cet égard le premier pays avec lequel ces questions seront discutées.

De temps à autre, lorsqu'on évoque les postulats dont je viens de parler, on s'interroge quant au maintien du Québec dans l'Accord de libre-échange entre le Canada et les États-Unis. Ne pourrait-on exercer certaines pressions afin d'exclure le Québec de cet accord et le priver ainsi d'un élément vital d'association économique?

Voilà qui nous amène au dernier point que je souhaite soulever, c'est-à-dire la question des traités existants conclus par le Canada avec les États-Unis au nom de tous les Canadiens et, par conséquent, de tous les Québécois. On peut envisager cette question sous deux angles. D'une part, on peut émettre l'hypothèse que ces traités seraient automatiquement rouverts du fait de l'accession du Québec au statut de nation souveraine et qu'ils seraient alors renégociés ou annulés individuellement. On peut également penser qu'ils seraient reconduits dans leur forme actuelle et simplement modifiés pour inclure le Québec, le cas échéant. Une telle façon de faire n'aurait pas pour effet de geler ces traités pour une période indéfinie; lorsque le moment viendrait de les renégocier, le Québec serait simplement partie à la négociation.

La première hypothèse que j'ai soulevée occasionnerait tout un fouillis pendant un certain temps. En effet, si l'on veut exclure le Québec de l'Accord de libre-échange, pourquoi ne pas aussi l'exclure du Commandement de la défense aérienne de l'Amérique du Nord (NORAD) ou des accords régissant la voie maritime du Saint-Laurent, par exemple? La solution la plus pratique dans ce domaine est donc d'honorer les engagements pris par toutes les parties concernées.

Certains Canadiens peuvent éprouver des difficultés à accepter cette façon de voir les choses, mais je n'ai pas encore rencontré un Américain qui ne soit pas convaincu de ses mérites...

Si les Québécois veulent garder le dollar canadien, ils le gardent

Traduction de la transcription d'un discours prononcé au congrès de Forex Canada, Toronto, le 19 mars 1993.

[...] N'est-il pas remarquable qu'à l'occasion de la Commission d'enquête sur l'avenir constitutionnel du Québec (la commission Bélanger-Campeau), tenue après l'échec de l'accord du lac Meech, à peu près tout le monde, de toutes les tendances politiques, ait dit: «Il faut que l'espace économique canadien soit maintenu, peu importe ce qui arrivera dans l'avenir»?

Toujours la même insistance par rapport aux grands marchés. En fait, l'acceptation des règles du jeu de l'espace économique canadien correspond à ce que René Lévesque appelait l'«association économique», sauf que le concept a évolué, en ce sens que je crois que nous ne réussirons jamais, dans les premières années, à entreprendre de vastes négociations novatrices avec le reste du Canada dans le but d'apporter des changements aux règles qui régissent les opérations économiques canadiennes, ou dans le but d'introduire, d'un commun accord, des changements majeurs aux politiques économiques. Je ne crois pas que cela soit possible, car le climat ne s'y prêtera pas; peut-être plus tard, mais pas au début.

Par conséquent, il ne faut pas mettre l'accent sur la modification de l'espace économique canadien, mais plutôt sur son maintien, tel qu'il est. Quelles sont les règles du jeu en ce qui a trait à ce fameux espace économique canadien? Essentiellement, c'est la libre circulation des biens, des services, des capitaux et, jusqu'à un certain point, des personnes. Ce n'est pas parfait — et Dieu sait combien tout le monde essaie de nous convaincre, depuis deux ans, que la libre circulation dans tout le Canada n'est pas parfaite. Ce n'est pas parfait ici, mais ce n'est pas parfait non plus aux États-Unis. Les Américains se sont débrouillés avec leurs marchés imparfaits. Nous ferons de même. [...]

Le moyen le plus facile de maintenir la libre circulation, la clé de toute l'opération, consiste à garder la même monnaie. Si la monnaie demeure la même, à peu près tout le reste s'ensuit. Évidemment, certains vont nous demander: Pourquoi alors voulez-vous être indépendants sur le plan économique si vous ne changez rien? Nous apportons un changement majeur. [...] La souveraineté signifie que toutes les taxes payées par les Québécois devront être votées par l'Assemblée nationale du Québec, que toutes les lois régissant la vie des Québécois vont être adoptées par l'Assemblée nationale du Québec et que tous les traités liant le Québec à d'autres pays vont devoir être acceptés par l'Assemblée nationale du Québec. [...]

Revenons à la question de la monnaie. Pourquoi le Québec n'aurait-il pas sa propre monnaie? [...]

Quelles seraient nos chances de succès — disons — si nous lancions notre propre monnaie dans un environnement psychologiquement hostile? Dans un monde où les mouvements de capitaux placés à court terme représentent parfois 30 ou 40 fois le volume des transactions commerciales, notre monnaie pourrait être saccagée en trois jours, nous le savons tous. Donc, nous ne le ferons pas. C'est aussi simple que cela. Pourquoi deviendrions-nous une cible aussi facile? [...]

Par conséquent, nous allons garder le dollar canadien. Je suis, par les temps qui courent, un fervent défenseur du dollar canadien... Certains diront: Vous devriez admettre que dans les manuels d'économie on dit que si vous avez la même monnaie, vous devez avoir, sur le territoire où la monnaie a cours, certaines politiques fiscales communes. [...] Le Canada constitue l'exemple le plus remarquable du contraire. D'un endroit à l'autre du territoire, des politiques fiscales parfois complètement contradictoires coexistent, et ces territoires utilisent tous la même monnaie, malgré ce que peuvent dire sur le sujet les livres d'économie les plus élémentaires. Si les politiques fiscales doivent absolument être communes pour que l'on puisse utiliser la même monnaie, alors le Canada aurait cessé d'exister depuis quelque temps déjà.

Si nous décidons de garder le dollar canadien, y aura-t-il une fuite de capitaux? S'il devait y avoir une fuite de capitaux, comme certains le laissent prévoir, le Québec, nous dit-on, serait obligé d'abandonner la monnaie canadienne, serait forcé de créer sa propre monnaie, avec les risques que l'on vient de voir.

En matière de fuites de capitaux, je dois dire que, dans ce pays, je suis un grand expert. Depuis 1967, je n'en ai raté aucune.

En 1967 — je doute fort qu'il y ait beaucoup de gens dans cette salle qui s'en souviennent —, la fuite de capitaux du Québec a commencé à Toronto par l'affirmation suivante: «Nous n'achetons pas d'obligations étrangères.» [...]

En 1970, nous avons eu droit au «coup de la Brinks». [...]

En 1972, on se rappellera l'ouverture de cette multitude de comptes en banque juste de l'autre côté de la frontière. On a clamé que c'était la preuve que des Québécois — à cause du climat d'incertitude engendré par octobre 1970 — venaient mettre tout leur argent en lieu sûr au Vermont ou au New Hampshire, en le déposant dans des banques américaines. Il nous a fallu environ trois semaines pour comprendre que ce n'était pas du tout à cause de l'incertitude créée au Québec, mais que c'était plutôt la réforme fiscale de M. Benson[1] qui avait suscité toute cette excitation. Mais le coup a quand même porté.

---

1. Ministre des Finances à Ottawa.

Je les ai toutes vues, les prétendues fuites de capitaux. En 1976, quand nous avons pris le pouvoir, on a dit que nous étions «le Cuba du Nord». Cela était destiné à provoquer la panique sur les marchés. Mais certains ne comprenaient pas encore bien le rôle de la Caisse de dépôt. Le matin de l'élection, elle disposait de 600 millions de dollars en liquidités afin de pouvoir freiner l'hémorragie, et elle a réussi à le faire en quelques heures. [...]

Fuites de capitaux, quelles fuites de capitaux? Qu'est-ce que c'est censé vouloir dire? Si le Québec devient un pays souverain, il sera dirigé par des gens qui ont vu tout cela auparavant, par des gens qui appliquent des politiques économiques passablement conservatrices, [...] qui ont démontré ce qu'ils sont capables de faire. Ils ont été au pouvoir pendant neuf ans déjà. [...]

Il n'y a pas de raison pour qu'il y ait des mouvements importants de capitaux à court terme. Oui bien sûr, il peut arriver qu'il se produise quelque chose pendant quelques jours. Mais alors nos bons amis de la Banque du Canada s'empresseront de hausser les taux d'intérêt de façon marquée pendant une semaine ou deux. Quoi de neuf sous le soleil?

En utilisant le dollar canadien, le Québec renonce pour un bon bout de temps à avoir une influence sur la politique monétaire. L'émotion va être vive, et si jamais le Québec ose appeler la Banque du Canada pour lui demander: «Pourriez-vous réduire un peu la pression?», il se fera répondre d'aller au diable, et c'est compréhensible. [...] La Banque du Canada ne peut pas décentraliser sa politique monétaire; en dépit de tous les espoirs passés, cela ne peut se faire. Nous nous sommes dit et redit à nous-mêmes que la politique de la Banque du Canada ne peut être décentralisée avant ou après que le Québec sera devenu un pays souverain. Au fil du temps — au fil des ans en réalité —, les deux pays vont probablement trouver une façon de s'entendre à l'égard de leur banque centrale. Mais soyons réalistes, la tendance qui se dessine aujourd'hui penche plus en faveur de l'indépendance des banques centrales qu'en faveur de leur contrôle par les gouvernements. Je ne suis pas convaincu qu'il faille nécessairement condamner cette tendance.

Cela étant dit, le Québec ne peut d'aucune façon être obligé de renoncer à la monnaie canadienne s'il décide que c'est la monnaie canadienne qui aura cours légal dans un Québec souverain.

Je conviens que c'est dérangeant d'affirmer que la décision de conserver le dollar canadien comme monnaie légale appartient aux Québécois et à eux seuls. Je ne le nie pas, mais il en est ainsi. Les politiciens du Canada sautent au plafond, et le premier ministre canadien ne peut tout simplement pas se faire à cette idée. Je collectionne, à des fins de références ultérieures, les insultes qu'il me lance à la tête parce que je parle de cette question. Mais malgré toutes les insultes, il n'a jamais prétendu que c'était impossible. Tous les techniciens qui ont été consultés à ce sujet disent la même chose: les Québécois sont les propriétaires d'un quart de la masse monétaire canadienne. Les dollars que les Québécois ont en banque ne sont pas des éléments de passif, mais d'actif. En aucune façon la Banque du Canada ou le gouvernement fédéral, ou les deux, ne peuvent enlever ces dollars aux Québécois. Comme la politique monétaire est très centralisée au Canada, et doit l'être, la Banque du Canada ne peut retirer un quart de la masse monétaire canadienne du Québec seulement. Elle pourrait réduire du quart les disponibilités monétaires, mais la contraction serait générale, de St. John's à Vancouver. La Banque du Canada ne peut localiser son action à un endroit en particulier.

Certains demanderont: Pourquoi alors n'adoptez-vous pas au Québec le dollar américain? Tout simplement parce que nous ne pouvons pas le faire. Nous ne sommes pas propriétaires d'une masse monétaire exprimée en dollars américains. C'est le dollar canadien qui circule. D'autres ont pensé qu'il serait peut-être possible de bloquer l'approvisionnement de capitaux à court terme et d'instruments monétaires qui circulent entre Toronto et Montréal. J'ai entendu des gens sérieux proposer cela. Nous leur ressortons toujours la même question: Avez-vous aussi l'intention de bloquer les transactions entre Toronto et New York? Oh non, répondent-ils. Alors nous n'avons pas l'intention de les bloquer entre Montréal et New York non plus. Le fait de bloquer les transactions entre Toronto et Montréal ne ferait que ralentir d'une fraction de seconde les transactions, mais les commissions seraient faites à New York. Cela clôt habituellement les discussions.

Comme vous pouvez le constater, et je vais conclure là-dessus: dans ces questions monétaires, la technique l'emporte toujours. [...]

Pouvoir bouger

*Devant la Chambre de commerce
du Montréal métropolitain,
Montréal, le 15 novembre 1994.*

Je suis venu vous parler aujourd'hui pour vous dire que nous avons beaucoup de travail à faire ensemble. Nous avons vécu ces dernières années la pire récession depuis les années trente. La situation de l'emploi à Montréal comme dans plusieurs régions est déplorable. Trop de nos concitoyens n'ont pas l'occasion de participer à l'effort collectif. Cela étant, la santé financière de notre outil commun, l'État québécois, en souffre. La santé de nos quartiers, de nos villes et de nos villages aussi. La santé financière de bien des familles, surtout.

Qui est responsable? Certains disent: le passage à une économie postindustrielle. D'autres accusent la Banque du Canada qui nous a fait entrer en récession avant les États-Unis et nous y a enfoncés plus loin — trois fois plus loin, en fait — que ce qu'ont connu nos voisins du Sud. On peut pointer du doigt la mondialisation des marchés et les dislocations qu'elle provoque. On peut parler de l'augmentation du fardeau fiscal qui est venu siphonner toute la richesse nouvelle créée de 1990 à 1992, gelant ainsi, en pratique, le pouvoir d'achat des Québécois, ce qui a entraîné une grave chute des investissements privés pendant quatre années consécutives. Du jamais vu. Ce sont toutes d'excellentes explications.

J'ai vécu la crise de 1981-1982 alors que j'étais ministre des Finances et je peux vous dire que l'État, comme les entreprises, tente de composer avec des forces économiques dont il n'a pas le contrôle... Il faut être humble devant certains phénomènes qui nous dépassent. Humble, mais pas inactif. Vous vous souviendrez de la façon dont le gouvernement de René Lévesque et ses partenaires des entreprises et des syndicats ont voulu faire profiter le Québec du moindre souffle de reprise. Et nous avons réussi, ensemble, notre sortie de crise mieux que n'importe où ailleurs au Canada et mieux que presque partout en Occident. Nous l'avons fait et nous avons collectivement redonné aux Québécois en deux ans et demi les 227 000 emplois que la crise leur avait enlevés.

J'ai vécu la dernière récession sur la banquette du chef de l'opposition et je peux vous dire que j'ai ressenti une grande frustration. Il y avait devant moi un gouvernement qui se disait expert en économie. Il a eu neuf ans pour faire ses preuves. Ses ministres nous ont quittés, en septembre, avec un taux de chômage plus élevé qu'à leur arrivée. Ils ont quitté avec un déficit record — chaque année depuis 1990, ils ont toujours excédé de 900 millions de dollars, en moyenne, leurs propres prévisions. Le dépassement que nous avons découvert pour 1994-1995 n'est donc pas une surprise.

Je l'ai dit il y a deux semaines à Québec et je vous le répète, nous avons l'intention de casser ce cycle de dépassements constants. Notre objectif est de terminer *leur* année budgétaire en épongeant une bonne partie de *leur* dépassement.

Qu'on me comprenne bien. Je ne prétendrai jamais que Robert Bourassa et Daniel Johnson sont responsables de cette crise. Soyons sérieux. Je vous dirai cependant qu'ils ont mal joué les cartes que l'économie et les Québécois leur avaient données.

Qu'ont-ils fait des premiers souffles de reprise économique? Presque rien. Du creux de l'emploi atteint en avril 1992 jusqu'à septembre 1994, le Québec n'a récolté que 16 % des nouveaux emplois au Canada. Au cours de leurs six derniers mois, 6 % seulement. Cette fois-ci, on sort de la récession à pas de tortue.

Ce qui est sans doute le plus pernicieux de tout, c'est qu'on a laissé s'installer au Québec, depuis quelques années, l'idée que l'appauvrissement allait être permanent. Qu'il y a deux Québec dans un, pour toujours. Que «c'est la vie, on n'y peut rien».

Le message émis continuellement par le gouvernement du Québec au cours des dernières années était celui-là. Celui de l'absence d'ambition, des petits horizons, du laisser-faire. C'était souvent vrai dans l'action. C'était vrai, surtout, dans le ton. Le ton du «on ne peut pas, on ne sait pas, c'est compliqué, on verra, ça dépend, c'est fatigant».

Combiné aux effets de la récession, ce ton gouvernemental a créé un climat: une morosité qui s'est logée presque partout, une attitude défaitiste, pessimiste.

Ce climat de renoncement a des conséquences désastreuses pour les sans-travail de tout âge, mais surtout pour nos jeunes. Quarante pour cent des Québécoises et des Québécois ont moins de trente ans. Il devrait être interdit de les déprimer comme ça. C'est comme si on tuait l'espoir, c'est comme si on confisquait leur rêve.

[...] Sur quoi peut-on s'appuyer pour sortir l'économie québécoise de sa torpeur? Sur les investissements étrangers? Sans doute. Ils sont bienvenus et figurent parmi les fleurons de notre économie: qu'on pense à GM à Sainte-Thérèse et à Bell Hélicoptères dont nous sommes tous très fiers, ou à Merck Frosst qui a su s'intégrer dans les réseaux québécois comme une main dans un gant. Je pourrais en nommer des dizaines et nous tenterons d'en attirer des dizaines d'autres. Mais forment-ils le cœur de notre potentiel? Je crois plutôt qu'ils sont une force d'appoint, attirée souvent par nos propres succès.

Devons-nous alors nous appuyer sur les grands chantiers hydroélectriques ou sur les ventes d'électricité aux États-Unis? Ces avenues ont leurs mérites mais on sait maintenant qu'elles ne sont pas la panacée que nous vantaient nos prédécesseurs.

Pourquoi nous est-il si difficile de nous rendre à l'évidence: la principale richesse naturelle du Québec, ce sont les Québécois. Le principal potentiel de développement du Québec, c'est chacun d'entre vous, les entrepreneurs québécois, les investisseurs, les innovateurs. Vous qui êtes ici, et ceux de Québec, de Jonquière, de Sherbrooke...

Selon le Conseil économique du Canada, lorsqu'on mesure le total des recettes perçues ici, presque 70 % de notre économie est contrôlée par des intérêts québécois, ce qui est beaucoup plus élevé qu'ailleurs au Canada. Presque la moitié de tous les emplois privés se trouve dans nos entreprises de moins de 100 employés, ce qui est nettement plus qu'ailleurs sur le continent. Nous avons réussi, en trente ans, à effectuer un rattrapage considérable. Que dis-je en trente ans? Je devrais dire en vingt ou en quinze.

Souvenez-vous lorsque je parlais de «garde montante» à la fin des années soixante-dix. On me regardait d'un air goguenard, l'air de dire: c'est pas parce qu'on vend quelques motoneiges, qu'on possède des épiceries et qu'on est bon dans les coopératives qu'il faut se péter les bretelles. J'ai peut-être même entendu ce genre de remarque de la part de certains aînés parmi vous.

Je vous l'accorde: à l'époque, la réussite éclatante était l'exception. Mais il faut se rendre compte maintenant que c'est devenu la règle. Sur la planète, on ne peut plus parler de métro ou d'avion sans invoquer le nom de Bombardier. Le Mouvement Desjardins est aujourd'hui le premier employeur privé au Québec, et il étend maintenant ses ailes à l'étranger. Bell Hélicoptères produit un hélicoptère par jour. SNC-Lavalin est en Afrique, au Chili et en Chine.

Alors, cette garde montante? Elle est montée: Cascades, Rona, Quebecor, Jean Coutu, Sico, Agropur, Vidéotron... vous avez tous des noms à ajouter à cette liste. Nous avons au Québec, et en particulier à Montréal, une bien plus grande part des emplois canadiens en télécommunications, en aérospatiale, en pharmaceutique, que la proportion de notre population le justifierait. C'est peut-être parce qu'on est bon. C'est peut-être parce qu'on a le tour.

Il ne s'agit plus de vendre du fer un sou la tonne. Il s'agit de ce qu'on conçoit et de ce qu'on transforme. De ce qui sort de notre imaginaire, aussi.

Quand les films de Denys Arcand sont en nomination pour l'Oscar du meilleur film étranger et que ceux de Jean-Claude Lauzon sont en compétition pour la Palme d'or à Cannes, c'est pas mal. Quand, presque chaque année, on produit un film grand public qui fait plus d'entrées que n'importe quel film canadien au Canada, c'est pas mal. Quand Céline Dion est numéro un au palmarès américain, que Roch Voisine remplit les plus grandes salles parisiennes et qu'André-Philippe Gagnon fait rire des dizaines de milliers d'Australiens, c'est pas mal.

Il y a quinze ans, j'aurais dû fouiller mes dossiers pour trouver d'autres exemples. Aujourd'hui, je suis embarrassé parce qu'il me faudrait des heures pour les nommer tous, et j'ai peur de faire des jaloux. Il me faudrait parler de nos grands couturiers, de l'OSM, du Cirque du Soleil, de nos troupes de danse... Je le répète: au Québec, le succès n'est plus l'exception. C'est la règle. [...]

Vous vous direz: Oui mais, il ne parle pas des échecs. Dans la garde montante, il y a eu des montées, mais il y a eu de belles «débarques» aussi. C'est vrai. J'y viens.

Au début des années quatre-vingt-dix, il s'est fait, à la faveur de la crise, un genre de tri dans notre nouvelle classe d'affaires. Ceux qui avaient créé de la richesse, vraiment — des produits, des services, de l'intelligence artificielle, de la pellicule, de la matière — sont toujours parmi nous. Ceux qui ont perfectionné leur savoir-faire ou qui ont investi des champs connexes, ayant une parenté immédiate avec leurs activités, sont toujours parmi nous. Un peu plus aguerris, un peu plus compétitifs. D'autres se sont aventurés trop loin dans leur diversification, ou encore ont voulu asseoir leur expansion sur un endettement excessif. Ils n'ont pas résisté aux coups de butoir de la crise. On se souvient tous des cas Steinberg, Lavalin et des Coopérants.

Il aurait été préférable d'éviter ces écueils, bien sûr. Et il y en a eu de bien pires à Toronto, New York et Londres. C'est désolant quand même. Je ne suis pas complètement étranger, vous le savez, à la volonté de donner de l'oxygène à un certain nombre de gens d'affaires, à cette idée d'utiliser les institutions collectives québécoises comme marchepied pour aider les entrepreneurs dans leur progression. Mais il est arrivé que la marche soit trop haute. Qu'elle soit prise trop tôt. Et que certains trébuchent. Reste que, dans l'ensemble, le taux de succès est élevé. Loin au-dessus de la note de passage. Mais on n'aura jamais 100 %.

Je suis content de voir que, dans presque tous les cas, il n'y a pas eu d'abandon. Chaque fois, il s'est trouvé d'autres entrepreneurs pour prendre le relais de l'entreprise vacillante, préserver une majorité de ses emplois, une bonne partie de son savoir-faire, et les intégrer dans d'autres réseaux pour les rendre plus performants.

Qu'avons-nous appris, collectivement, de ces épisodes? D'abord que nous sommes nos propres principaux créateurs d'emplois et de richesses, matérielles et intellectuelles — et nous le sommes en bonne partie parce que nous sommes ouverts sur le monde, à l'intersection de l'Europe et de l'Amérique. Ouverts, par plaisir et par nécessité. Nous exportons le tiers de tout ce que nous fabriquons. Nous sommes les plus libre-échangistes du continent. Nous formons la population la plus bilingue d'Amérique du Nord. Nous avons à Montréal des gens d'affaires de toutes les communautés, qui contribuent à jeter des ponts avec les marchés étrangers. Et quand nous deviendrons souverains, ce sera pour être en prise encore plus directe sur le monde.

Aujourd'hui, trente-quatre ans après le début de la Révolution tranquille, l'économie québécoise a acquis, pour l'essentiel, la maturité qui lui manquait. Elle a repris, pour l'essentiel, le retard qui la grevait. Au total, au cours des vingt dernières années, alors que le Canada perdait du terrain face à ses principaux concurrents, la productivité a progressé plus rapidement au Québec qu'en Ontario ou qu'aux États-Unis. Les Québécois ont appris à connaître mieux l'économie, à y investir, à s'y investir. C'est énorme.

Ensuite, nous avons appris que nous sommes couronnés de succès lorsque nous nous attachons à inventer et à produire. Lorsque nous avançons dans l'économie vraie, plutôt que dans celle de la comptabilité trop inventive qui a coûté si cher à Wall Street.

L'économie vraie. Voilà ce que je veux continuer à faire avec vous. Nous avons constaté que le terrain économique québécois est fertile. Qu'il y pousse, partout, des entreprises audacieuses et vigoureuses. Mais il faut qu'il en pousse davantage. Nous n'avons pas encore aperçu les limites de notre propre potentiel. Nous n'avons pas suffisamment mis en valeur nos propres capacités. Je veux, avec vous, redonner l'espoir. Redonner l'élan.

Pour faire pousser de nouvelles entreprises, il faut que les jeunes entrepreneurs aient le coup de pouce voulu. Ce matin, à Québec, le ministre de l'Industrie et du Commerce, M. Daniel Paillé, a dévoilé son plan de démarrage d'entreprises.

Si, au moment où on se parle, les jeunes Armand Bombardier ou Alphonse Desjardins étaient en train de concevoir leurs projets, ils pourraient se tourner vers ce programme. Il leur suffirait d'entrer dans une institution financière pour obtenir un prêt de 50 000 $, garanti à 90 % par le gouvernement du Québec et remboursable en huit ans. La première année, Québec prendra même en charge les intérêts. Si notre entrepreneur en herbe est un étudiant endetté, une partie de sa dette sera épongée en fonction de la masse salariale créée par sa petite entreprise.

Nous allons garantir jusqu'à 300 millions de dollars de prêts et nous estimons que 30 000 emplois seront créés en deux ans. Et qui sait s'il ne se trouve pas, dans le lot de ces très petites entreprises, de futurs membres éminents de cette chambre de commerce?

Il faut de nouvelles pousses, donc. Mais aussi, il faut aider les entreprises en croissance. Il y a une dizaine de jours, c'est ce que nous avons fait en levant le plafond imposé au Fonds de solidarité des travailleurs du Québec. Voilà un instrument québécois original. Déjà 73 entreprises et 23 fonds de développement spécialisés ont profité de l'existence du Fonds de solidarité. Selon l'INRS, en dix ans, il a contribué à créer ou à sauvegarder presque 30 000 emplois.

Nous avons enlevé la bride que nos prédécesseurs avaient imposée à ce fonds. Nous espérons que d'autres fonds du même genre verront le jour. Chaque dépôt individuel dans ce type de cagnotte québécoise est un acte de confiance en soi, un geste d'espoir. Et nous avons eu le souci de répartir cet espoir partout au Québec, pour que l'entrepreneurship de Montréal et des régions en profite pleinement.

Cet élan collectif, fait de grandes initiatives et d'une multitude de petites actions, sera récompensé par la création d'emplois, bien sûr. Et j'aimerais pouvoir vous dire que nous allons tirer tous les dividendes de nos efforts. Mais j'ai demandé qu'on me fasse quelques simulations. Voici ce que ça donne:

Première hypothèse: supposons que nous mettons tous nos efforts, toute notre capacité d'innovation, dans la création d'emplois et que nous réussissons, mieux qu'ailleurs au Canada, à faire baisser notre taux de chômage de 1 %. Il y aurait 30 000 salariés de plus qui paieraient plus de taxes et d'impôts: 400 millions de dollars de plus.

Bonne nouvelle? Pas si vite! Car si le Québec va trop bien par rapport au Canada, le jeu des transferts fédéraux nous punit en retirant de notre prochain chèque plus de 300 millions de dollars. Je résume: on se crée 400 millions de revenus, on s'en fait couper les trois quarts. Mais si, au contraire, on appauvrit les Québécois, on est récompensé.

Alors, deuxième hypothèse: plutôt que de [...] créer des emplois, on coupe un demi-milliard de dépenses. Le résultat, c'est que moins de Québécois travaillent. Nos revenus baissent de 150 millions. Mais le Canada, par les transferts, nous récompense: il nous rembourse presque les deux tiers de notre perte pour nous féliciter.

Bref, l'enrichissement est puni aux trois quarts, le rapetissement récompensé aux deux tiers. On comprend très bien pourquoi c'est fait. C'est un système de répartition de la richesse et de la pauvreté. Mais son effet pervers est absurde, pour nous comme pour les autres. Le Canada nous impose une taxe à l'initiative et nous offre une prime à l'appauvrissement. Ça stérilise l'initiative et ça décourage la performance.

Je n'essaie pas de vous dire que le Québec ne retire pas un avantage financier du système de péréquation, ce serait faux. Je ne cherche pas plus à cacher que nous recevons davantage de prestations d'assurance-chômage que nous payons de cotisations, c'est l'évidence.

Certains y voient la preuve de la rentabilité du fédéralisme, c'est un saut logique un peu périlleux. Plus on a de chômeurs, plus on profite du Canada. Mais qu'est-ce qui se passe du côté des dépenses fédérales structurantes en matière d'emploi?

Depuis 1979, nous, Québécois, n'avons récolté que 18 % des dépenses canadiennes en recherche et développement. Même chose pour les investissements effectués au Québec par les ministères fédéraux au cours des trente dernières années. C'est pire pour les dépenses en matière de défense. Globalement, la proportion québécoise des dépenses fédérales en biens et services n'a atteint que 19 % au cours des dernières années.

On en revient toujours à la vieille légende du poisson. Vous savez: Est-il préférable de donner du poisson à un homme, ou de lui apprendre à pêcher? Le Canada nous donne du poisson, c'est vrai: assurance-chômage, péréquation — mais pas de morue! Mais moi, je crois fermement que l'ambition des Québécois, la vôtre, ici, c'est plutôt d'apprendre à pêcher: recherche et développement, formation professionnelle, production de biens et de services. Le *statu quo*, lui, nourrit notre dépendance. Notre projet, celui d'un

Québec souverain, nous permettrait d'amorcer la transition vers l'indépendance économique.

En attendant, rien de tout ça ne va nous empêcher de bouger, au contraire. Mais, dans plusieurs secteurs, on se rend compte que le Canada agit comme un frein à notre capacité de prendre les virages importants. Tout le monde nous dit que, dans la nouvelle économie mondiale, les sociétés agiles, promptes à s'adapter aux nouveaux défis, auront un avantage sur les autres.

Je sais que plusieurs d'entre vous ne sont pas souverainistes, mais avouez que ce pays est étrange. Les Québécois forment 25 % de la population, ils forgent des consensus importants et lancent à répétition des messages à Ottawa et... rien ne se passe. C'est comme si on n'était pas là. C'est comme si les organisations patronales et syndicales québécoises ne comptaient pas.

Parlons de l'autoroute de l'information. C'est ici, à Montréal, qu'on trouve la plus grande concentration d'entreprises en télécommunications au Canada. Nous avons un contenu francophone dont on ne retrouve nulle part l'équivalent. Nous avons donc, dans cette ville, les éléments d'un mariage unique de la culture et de la technologie. La Cour suprême du Canada nous a dit qu'on n'avait pas le droit, en tant que collectivité québécoise, de nous mêler de ça. Et ce mois-ci, le ministre canadien Michel Dupuy a fait savoir qu'il nous consulterait au même titre qu'une municipalité ou une Église.

Le système canadien se referme sur la volonté d'autonomie historique du Québec. La lourdeur et la lenteur des consultations pancanadiennes retardent des décisions que nous sommes prêts à prendre. La Cour suprême nous interdit d'agir dans des secteurs où nous excellons. Le système de transferts fédéraux taxe la performance et récompense le surplace. Le caractère distinct de notre culture n'est même plus reconnu par les ambassades canadiennes à l'étranger.

Il n'y a pas de complot ou de mauvaise volonté. Le gouvernement fédéral pense réellement servir les intérêts de tous les Canadiens et il reflète, vraiment, la volonté politique de la majorité de nos voisins. Le problème est systémique. Le Canada ne nous aide pas à recréer l'espoir québécois. Il lime ce qui nous distingue. Il nous retient dans le passé.

Mes amis, le passé, comme vous, je l'ai connu. Et, comme vous, je ne veux pas y retourner. Le surplace, [...] nous sommes déterminés à y mettre fin. Mais réfléchissez avec moi à cette idée, à cette réalité dont je suis plus convaincu que jamais: notre avenir, il nous incombe à nous, Québécois, de le créer. Nous savons qui nous sommes et ce que nous voulons devenir. Il sera bientôt temps de tirer les conclusions de nos convictions.

Ouvert aux affaires

Traduction d'un discours prononcé
devant le Council of the Americas
et le Council on Foreign Relations,
New York, le 12 décembre 1994.

[...] Au fil des ans, beaucoup de politiciens québécois vous ont dit que le Québec est ouvert au monde des affaires. C'est tout à fait vrai. C'est vrai quand les libéraux sont au pouvoir et c'est vrai quand le Parti québécois est au pouvoir. Le mot clé est «ouvert». Nous, au Québec, formons une société qui a de façon très suivie proposé et favorisé l'idée de libre-échange sur ce continent. Sans le Québec, l'Accord de libre-échange entre le Canada et les États-Unis n'aurait pas obtenu la majorité nécessaire au Canada. Sans le Québec, il n'y aurait pas eu suffisamment d'appui au Canada pour conclure l'ALENA. Le mouvement souverainiste a toujours été aux premières lignes pour défendre le mouvement en faveur du libre-échange, et il l'est toujours. Notre Parlement sera le premier au Canada à adopter la loi permettant de mettre en vigueur les articles de l'ALENA qui portent sur des questions de compétence provinciale. Nous voterons aussi en faveur du dernier accord du GATT.

Évidemment, nous considérons comme une excellente nouvelle l'entente réalisée samedi à Miami dans le cadre du Sommet des Amériques. Comme vous le savez, le président Bill Clinton, le premier ministre Jean Chrétien et 31 autres leaders ont adopté une proposition visant à étendre le libre-échange à tout l'hémisphère d'ici dix ans. De l'Alaska à la Terre de Feu en passant par le Québec s'étendra une vaste zone de libre-échange. Selon les représentants américains, cette nouvelle entente pourrait aller de pair avec la structure actuelle de l'ALENA.

Nous exerçons en outre des pressions pour faire abolir les barrières tarifaires entre les provinces. J'ai rencontré le premier ministre de l'Ontario, M. Bob Rae. [...] Je peux vous dire en toute franchise que certains de mes projets politiques ne l'ont pas transporté de joie. Par contre, quand j'ai abordé l'idée d'étendre la portée des accords de réciprocité à de nouveaux champs de compétence des gouvernements, j'ai bien capté son attention. [...] Nous avons annoncé que nous allions poursuivre vigoureusement les discussions déjà entamées au Canada dans le but d'abaisser les autres barrières interprovinciales.

Le Québec a conclu plus de 70 ententes avec les États-Unis ou des régions américaines et assure la gestion de ces ententes. Pour ma part, depuis que je suis au pouvoir, j'ai signé deux accords avec des gouverneurs de provinces chinoises et, le mois prochain, je vais remettre au programme une rencontre annuelle entre le chef du gouvernement de la France et le chef du gouvernement du Québec. Je souligne ces choses pour insister sur le fait que nous ne sommes pas seulement «ouverts au commerce», nous ne plaisantons pas du tout quand nous disons que nous sommes ouverts.

Quand vous contrôlez bien votre économie vous-même, quand vous exportez presque 40 % de ce que vous produisez; quand vous avez une main-d'œuvre suffisamment compétente pour que des géants internationaux [...] établissent chez nous leurs usines et vous demandent de fabriquer leurs produits; quand vous avez une population adulte bien éduquée qui est la plus bilingue qui existe en Amérique du Nord et qui a établi des liens étroits autant avec la culture américaine qu'avec la culture européenne; quand vous avez des métros, des avions, des chansons, des pièces de théâtre, des cirques et des films qui ont réussi à se tailler une place

importante sur la scène internationale... ce n'est pas exactement parce que vous êtes totalement replié sur vous-même.
Vous ne voulez absolument pas vous fermer des portes. Vous
voulez au contraire les ouvrir toutes grandes. Vous voulez
vous affirmer et être vous-même, vous voulez parler pour
vous-même, négocier vous-même, directement, sans aucun
intermédiaire. […]

Petits pays, grands marchés

Traduction d'un extrait d'un article,
«The Case for Quebec», publié dans la revue américaine
Foreign Policy en avril 1995.

[...] Dans un article publié récemment dans la revue *Business Week*, le Prix Nobel américain d'économie, Gary Becker, a utilisé le Québec comme exemple de nation qui «se laisse simplement porter par la vague du commerce mondial pour faire apparaître de nouveaux pays».

Ce qui est vrai, mais si le commerce mondial permet maintenant à de petits pays de prospérer parce qu'ils appartiennent à de grands marchés, ce n'est pas parce que nous sommes des commerçants que nous voulons devenir souverains. S'il en était ainsi, la Californie ou l'Alberta pourraient vouloir en faire autant. Non. Il y a bien plus: c'est une question d'identité; nous cherchons à mieux définir notre personnalité dans un monde de plus en plus impersonnel. [...]

Les finances publiques
d'un Québec souverain

*Devant la jeune Chambre de commerce
du Montréal métropolitain,
Montréal, le 20 octobre 1995.*

J'aimerais prendre les quelques minutes dont je dispose pour vous entretenir d'un certain nombre de sujets qui me préoccupent et qui vous intéressent certainement tout autant que moi.

Tout d'abord, quelques mots sur les déclarations de quelques personnalités en vue du clan du NON. Certains d'entre eux se plaisent à brandir des scénarios catastrophe pour un Québec souverain et ils le font d'ailleurs de moins en moins subtilement.

J'ai toujours estimé que les données économiques qui reflètent le mieux les anticipations des gens d'affaires quant à l'avenir portent sur les investissements. En effet, les projets d'investissements prennent du temps à se réaliser, généralement de deux à trois ans, ou plus pour des projets de grande envergure. Ils prennent aussi, par définition, quelques années à se rentabiliser. On peut penser que des gens d'affaires qui n'auraient pas confiance dans la viabilité économique du Québec n'immobiliseraient pas, dans les deux sens du terme, leurs fonds disponibles au Québec.

Or les statistiques les plus récentes sur les intentions d'investissements témoignent d'une vigoureuse progression des immobilisations du secteur privé. Excluant le secteur résidentiel, qui souffre des surplus d'invendus des années passées et d'une évolution démographique mitigée, les investissements privés croîtront au Québec de 7 % en 1995, soit une hausse de près de 900 millions de dollars par rapport à 1994.

Dans le secteur manufacturier, cette tendance est encore plus marquée et c'est une donnée qui n'a malheureusement pas reçu toute l'attention qu'elle mérite. On assiste à une croissance spectaculaire de 32 % des investissements prévus en 1995, soit 1,2 milliard de dollars de plus qu'en 1994. C'est plus qu'en Ontario, qui a connu deux années de croissance tout de même respectable de 19 % de ses investissements manufacturiers. C'est tout un témoignage de confiance des gens d'affaires du Québec envers notre économie et notre avenir.

Les choix concrets des gens d'affaires contredisent donc clairement les propos des porte-parole fédéralistes. Les entreprises québécoises dans tous les secteurs injectent des centaines de millions de dollars dans la construction, la modernisation ou l'expansion de leurs usines parce qu'elles ont la certitude de pouvoir rentabiliser ces investissements et prospérer au Québec. Il serait pour le moins incroyable que ces entreprises investissent d'elles-mêmes ces sommes considérables si elles prêtaient foi aux sombres prédictions du clan du NON.

Ce que ces chiffres indiquent, c'est que les décisions d'investissements au Québec sont prises comme les autres décisions d'affaires, c'est-à-dire sur la base des facteurs qui en influencent véritablement la rentabilité. La croissance des marchés d'exportation, l'évolution favorable des coûts et du taux de change, l'accès à une main-d'œuvre compétente sont autant de facteurs cruciaux pour les décisions d'investissement et qui n'ont que peu ou pas à voir avec le statut politique du Québec. Vous le savez mieux que moi, on a parfois tendance à surestimer l'importance de la politique par rapport aux décisions économiques, surtout en pleine campagne. [...]

J'aimerais maintenant aborder avec vous le sujet de la souveraineté en me plaçant d'un point de vue que vous connaissez bien, celui d'un dirigeant d'entreprise.

Nous avons présentement des gouvernements qui sont largement déficitaires, de près de 4 milliards de dollars pour le Québec et de 33 milliards de dollars pour le gouvernement fédéral pour l'année en cours. Un dirigeant d'entreprise qui ferait face à ces résultats se montrerait extrêmement préoccupé et chercherait à trouver les moyens pour, d'une part, augmenter ses ventes et ses revenus, et, d'autre part, diminuer ses coûts de production. Mais nous sommes, du côté des revenus, dans un marché en quelque sorte saturé. Il nous est très difficile, voire contre-productif, de chercher à augmenter nos revenus au-delà de ce qui est normalement généré par la croissance économique.

Nous devons plutôt chercher du côté des dépenses et regarder les moyens les plus efficaces pour produire le même volume de services à la population à meilleur coût et à qualité égale. Nous devons faire ce que vous connaissez bien: une réingénierie des processus.

Eh bien, nous en sommes au stade où nous avons reçu en quelque sorte le rapport des consultants. Il s'agit de l'analyse la plus exhaustive jamais réalisée au Québec pour déterminer les économies liées à l'élimination des chevauchements et dédoublements et aux gains d'efficacité qui résulteraient de l'intégration des activités fédérales. Cette analyse a été menée par le Conseil exécutif, le Conseil du trésor, le Secrétariat aux affaires intergouvernementales canadiennes, le Secrétariat aux affaires autochtones, le Secrétariat au développement des régions et 16 ministères du gouvernement du Québec.

Nous avons relevé pas moins de 2,7 milliards de dollars d'économies potentielles, 2,7 milliards d'économies résultant de la fusion des ministères et organismes fédéraux desservant la population québécoise, et ce sans réduction de services! À ce compte-là, on devrait commencer à penser à la souveraineté en termes d'investissements.

Je le souligne, ces 2,7 milliards de gaspillage et d'optimisation, ils ne concernent que des gaspillages dans les dépenses de programmes. Et ces 2,7 milliards, ça fait longtemps qu'on les gaspille, année après année. [...] Cela représente 4,1 % des dépenses fédérales et québécoises qu'on peut attribuer au Québec. On peut dire que c'est la proportion de gaspillage structurel du fédéralisme au Québec.

Si on reculait dans le temps et qu'on appliquait cette même proportion aux dépenses fédérales et québécoises effectuées au Québec, on se rendrait compte qu'on aurait, aujourd'hui, une dette du Québec passablement moins élevée. En gros, ça équivaut à 1,7 milliard de dollars de gaspillage en 1984 et à 1,8 milliard en 1985; si on file comme ça jusqu'à aujourd'hui, on arrive à plus de 25 milliards. Si on avait voté OUI en 1980, notre dette serait aujourd'hui inférieure d'au moins 25 milliards de dollars.

Vue autrement, la dette calculée par famille serait inférieure aujourd'hui de presque 10 000 $. C'est notamment cela, les coûts de la non-souveraineté depuis 1980. En éliminant ces chevauchements, les économies générées représenteraient à chaque année 1000 $ par famille.

Je vous dirai que je suis même modéré dans mon analyse puisque je n'applique aucun intérêt à ces gaspillages qui pourtant passaient directement aux déficits. Si on y appliquait les intérêts sur les emprunts pour payer ce gaspillage, on en arrive à 42 milliards de dollars. Ce genre de résultats explique une bonne partie des trous dans l'économie de Montréal. [...] Les perspectives qu'offre la souveraineté vont permettre enfin d'appliquer de vraies solutions.

Les économies qui découlent de ce que j'appelais une réingénierie des processus, nous n'avons pas le droit de passer à côté. Si on vote NON, ce fouillis administratif va perdurer et il nous faudra alors, éventuellement et inévitablement, revoir les services que nous rendons à la population.

Et ces services à la population, ils s'adressent d'abord et avant tout aux plus démunis de notre société. On entend souvent dire que la communauté des affaires ne souhaite qu'une chose: que les gouvernements coupent, coupent et coupent aveuglément. Je ne le crois pas. Tous, autant que vous êtes dans cette salle, vous êtes aussi solidaires que l'ensemble de la population. Tous, vous connaissez un frère, une sœur, un parent qui cherche un emploi, qui est frappé par la maladie ou qui s'est vu rejeté par le système. Ce que vous souhaitez, c'est que ces services soient maintenus, qu'ils soient même améliorés mais qu'on les rende, ces services, avec le plus d'efficacité possible.

On doit se demander comment nous allons mieux servir notre clientèle. Et notre clientèle, c'est aussi vous, les gens d'affaires. Arrêtons-nous quelques instants pour nous demander si vous seriez mieux servis dans un Québec souverain pour développer votre entreprise, réaliser de nouveaux projets, explorer de nouveaux marchés, embaucher du nouveau personnel.

Les chevauchements administratifs qui ont été relevés non seulement coûtent une fortune, mais ils nuisent à la qualité des services que nous offrons et ils exigent de vous des énergies et des ressources que vous pourriez plutôt mettre dans ce que vous faites le mieux: créer des emplois.

Avons-nous besoin de gaspiller 283 millions de dollars pour avoir deux ministères du Revenu qui perçoivent des taxes et des impôts? Croyez-vous que vous avez un meilleur service en remplissant deux déclarations?

Avons-nous besoin de gaspiller 212 millions de dollars pour avoir des ministères à Ottawa et à Québec qui s'occupent de l'emploi et de la sécurité du revenu et qui se bagarrent en matière de formation professionnelle? Croyez-vous que vous êtes mieux servis par les 102 programmes dans le domaine de la main-d'œuvre?

Avons-nous vraiment besoin de gaspiller 162 millions de dollars pour avoir deux ordres de gouvernement qui gèrent les immeubles gouvernementaux et les achats? Combien d'entre vous pensent qu'ils pourraient payer moins cher en ayant deux services d'achat?

Avons-nous vraiment besoin de gaspiller 155 millions de dollars pour avoir un parlement à Ottawa et une Assemblée nationale à Québec, deux vérificateurs généraux, deux Conseils du trésor, un Conseil privé à Ottawa et un Conseil exécutif à Québec et des sénateurs à Ottawa, pour ne nommer que ceux-là? Pensez-vous que si vous aviez deux conseils d'administration qui ne s'entendent pas sur les objectifs ni sur les moyens, votre compagnie prendrait de meilleures décisions? Qu'en ayant deux services de comptabilité, vous auriez une meilleure idée de vos coûts?

Avons-nous vraiment besoin de gaspiller 102 millions de dollars pour avoir deux ministères qui s'occupent des affaires internationales et de l'immigration? Ne serait-il pas préférable d'avoir un seul ministère qui s'assure que, sur le plan international, le Québec parle en son nom et en fonction de ses intérêts spécifiques? Combien d'entre vous ont deux services de marketing pour les mêmes produits et pour la même clientèle, avec l'un des deux qui fait également la promotion des produits de votre compétiteur situé en Ontario?

Il y a aussi plusieurs autres façons par lesquelles le gouvernement du Québec pourrait améliorer les services offerts à la suite de la souveraineté. Je ne vous apprendrai rien en vous disant qu'un des produits les plus manufacturés par les gouvernements, c'est la réglementation.

Dans le système fédéral actuel, nous avons deux niveaux de gouvernement qui produisent des règlements. Le problème, c'est qu'ils se concurrencent dans les mêmes marchés. Plus vite un des deux gouvernements adopte des règlements, plus il a de chances de «contrôler le marché» en quelque sorte. La réglementation environnementale en est le parfait exemple. Québec a son système depuis longtemps. Le gouvernement fédéral vient de mettre en vigueur sa propre loi. Tout projet qui peut avoir un effet sur un sujet de compétence fédérale devra faire l'objet d'une deuxième procédure d'évaluation environnementale (je vous souligne que les oiseaux migrateurs sont fédéraux). Tout projet qui reçoit une subvention fédérale est soumis à la même obligation. Ça veut dire que tous les projets d'envergure vont être soumis à deux procédures. Vous imaginez les coûts pour les entrepreneurs.

Dans un tel système, il devient moins important de développer des règlements cohérents que de couvrir ou dédoubler le plus rapidement possible les compétences de l'autre. La souveraineté brisera cette concurrence tout simplement improductive.

On évitera, du même coup, les centaines de demandes d'information qui proviennent des deux ordres de gouvernement et qui visent à obtenir les mêmes informations mais selon des formulaires distincts, des calculs différents, des échéances contradictoires. Le fardeau administratif des entreprises sera réduit en conséquence. Cela vous permettra de consacrer votre énergie à faire affaire avec vos clients plutôt qu'avec le gouvernement.

Certains prétendent que tous ces problèmes pourraient être réglés par des ententes administratives. Vous avez entendu cela. [...] À les entendre, on croirait que c'est du jamais vu, que c'est l'idée de la décennie... Savez-vous qu'au moment où on se parle, il existe déjà plus de 1000 ententes administratives entre Québec et Ottawa? Que plus de 800 comités essaient de coordonner, négocier et discuter ces ententes? Est-ce que cela a permis d'éliminer les chevauchements et dédoublements? Absolument pas. Est-ce que ces fameuses ententes ont permis de régler la question de la formation de la main-d'œuvre? Bien sûr que non.

Les ténors du camp du NON se rendent bien compte que ça n'a pas de bon sens. Alors, ils sortent l'argument du trop petit, du trop faible, auquel ils ajoutent le fameux «c'est irréalisable». Si je vous disais qu'être un petit pays ce n'est pas une faiblesse mais une force, vous me diriez évidemment: Vous êtes un souverainiste. Alors permettez-moi de vous parler de M. Kenichi Ohmae, le gourou japonais que plusieurs d'entre vous connaissent sans doute. M. Ohmae, qui, vous en conviendrez, ne peut certainement pas être considéré comme un péquiste, conclut que la montée des économies régionales démontre que l'avenir appartient aux petits pays et non aux grands. Ses ouvrages démontrent très clairement que, dans un monde caractérisé par la mondialisation des marchés, ce sont les petites régions et les petits pays ouverts au commerce international qui se développent le plus rapidement.

Et que faites-vous des économies d'échelle? me dira-t-on. Voilà une autre grande question. Sans le Canada, vous ne pourrez jamais répartir le coût des services publics sur une base assez large de contributeurs. Le coût moyen de ces services sera plus élevé dans un Québec souverain. On l'a entendu souvent celle-là aussi. J'invite ceux que cet argument convainc à lire un article paru au mois d'août dernier sous la plume de M. Steve Hanke, de la revue *Forbes*. On ne peut certainement pas accuser cette revue d'être vendue à notre cause. Or que nous dit M. Hanke? Il nous dit que, dans les faits, il n'existe pas de corrélation entre la grosseur d'un pays et l'importance des dépenses publiques en proportion de son économie. Il ajoute que, confrontée aux faits, la théorie des économies d'échelle dans les services publics ne tient pas. [...]

Revenons à l'argument du «c'est irréalisable».

La nationalisation de l'électricité exigeait 300 millions de financement. Trois cents millions de dollars en 1962, c'est pas mal d'argent aujourd'hui. On a testé le marché canadien. Réponse: irréalisable. Ça se comprend, le lobby de l'électricité nous avait fait une lutte féroce et sans pitié. Comment trouver une solution? La solution, elle portait le nom d'un homme, Roland Giroux. On l'appelle, il répond «pas de problème», on s'en va à New York. Et à New York, on a réglé l'affaire en deux heures. Là, c'était réalisable. Je n'ai pas besoin de revenir longuement sur les succès d'Hydro-Québec, mais est-ce qu'il y a quelqu'un dans cette salle qui peut imaginer ce que serait le Québec d'aujourd'hui si on avait écouté tous ceux qui nous disaient: irréalisable? La Shawinigan Ligth, Heat and Power aurait fait Lavalin et SNC? Sûrement pas! La Baie-James? Non plus! Tous les profits qu'Hydro-Québec retourne depuis trente ans aux Québécois, ils seraient allés où? En 1994, Hydro-Québec soutenait 51 000 emplois directs et indirects.

La Caisse de dépôt et placement du Québec, même argument: irréalisable. Est-ce qu'il y a quelqu'un dans cette salle qui peut imaginer ce que serait le Québec d'aujourd'hui sans la Caisse? Où seraient nos entrepreneurs francophones sans la Caisse? Beaucoup de gens ont profité de la Caisse de dépôt. Ce n'est pas le gouvernement fédéral qui l'a soutenue. Il a plutôt tenté de l'empêcher d'acheter des actions du Canadien Pacifique avec le *bill* S-31 qui voulait lui interdire d'investir dans le transport interprovincial. C'était contre l'intérêt national. Aujourd'hui, la Caisse, ce sont 48 milliards de dollars qui travaillent pour nos entreprises et nos emplois.

[...] Tout ça pour vous dire que, pour le Québec, pour les Québécois, prendre le contrôle de leur économie ça n'a jamais été facile. Il s'est toujours trouvé des NON qu'il fallait enjamber. C'est comme pour vous; réussir, augmenter votre part de marché, cela exige une chose, c'est que vous contrôliez vos décisions, que vous ne vous laissiez pas arrêter par un NON. C'est ce que nous voulons faire avec la souveraineté. Contrôler nos décisions. Prendre nos affaires en main.

Entrave à nos projets
et à nos rêves, le boulet fédéral

À l'occasion du congrès de la
Fédération des travailleurs du Québec,
Montréal, le 1er décembre 1995.

Un représentant européen nous disait, l'autre jour, que le Québec était un des derniers endroits, en Amérique du Nord, où l'humanisme est encore à la mode. C'est un grand compliment. Et il faut travailler fort, en cette fin de siècle, pour résister aux courants économiques et politiques qui voudraient que tous les citoyens soient réduits à la condition de statistiques: des chiffres dans des bilans d'entreprises. [...]

Nous voulons une société qui donne le goût d'entreprendre, qui suscite et qui récompense la réussite économique, mais en même temps une société où la générosité et le partage ont leur place. À tâtons, souvent, nous essayons de trouver un juste équilibre entre ces objectifs, économiques et humains.

Dans le préambule du projet de loi sur l'avenir du Québec, ce souhait a été inscrit en termes un peu lyriques: «L'Être précède l'avoir; nous faisons de ce principe le cœur de notre projet.» Vous vous souvenez: «L'Être précède l'avoir». Il ne le remplace pas, il ne le condamne pas, mais il le précède. Il est plus important, c'est pour lui qu'on travaille finalement. C'est un concept audacieux mais qu'on retrouve sous d'autres vocables: la qualité de la vie, par exemple. Aux États-Unis, ils disent: «*The poursuit of happiness*», la recherche du bonheur. Vous voyez, ils ne disent pas «la recherche du profit».

Nous ne sommes pas les premiers à vouloir faire cette jonction entre l'économie et l'humain, nous ne serons pas les derniers. Mais il est vrai qu'en ce coin de planète, on se sent un peu seul. Il est vrai qu'à nos frontières, l'individualisme l'emporte, un peu trop souvent à notre goût, sur la solidarité. Et c'est le dangereux glissement auquel on assiste en Amérique du Nord: la recherche du profit en soi, plutôt que le profit comme un des moyens d'assurer la qualité de la vie. Ailleurs, en Amérique, finalement, l'avoir précède l'être.

Pendant la campagne référendaire, on a traduit ce principe dans un petit guide du camp du changement intitulé *Le cœur à l'ouvrage*. Il a été beaucoup lu, beaucoup commenté.

Vous de la FTQ, et vos Partenaires pour la souveraineté, avez été la preuve vivante que le projet de souveraineté est aussi un projet social, la volonté de faire les choses autrement.

Aujourd'hui, les Québécois ne nous ont pas donné le mandat de mettre en œuvre l'ensemble de ce projet politique et social. Cependant, je pense que nous avons tous contribué, par notre campagne, à ce que plus de Québécois comprennent qu'ils portent en eux ce projet, comprennent qu'ils forment, plus qu'ils ne le pensaient, un peuple nordaméricain un peu hors norme. Je pense que nous avons beaucoup contribué à une importante prise de conscience. C'est un acquis maintenant, sur lequel il faut construire. Et notre travail n'est pas terminé.

Et alors que nous nous engageons dans une difficile période de compressions budgétaires, il faut que la vision du *Cœur à l'ouvrage* et de la déclaration de souveraineté nous serve, aussi, de repère.

Bien sûr, on ne peut pas, aujourd'hui, économiser près de trois milliards par an, en éliminant les chevauchements qu'impose le fédéralisme, ce que nous aurions fait avec un OUI majoritaire. Bien sûr, on doit, aujourd'hui, payer pour la décentralisation que nous impose le gouvernement fédéral: la décentralisation du déficit.

On mesure mal l'ampleur des chocs financiers que le fédéralisme assène au Québec. Je voudrais faire référence à un texte assez limpide, publié en mai dernier: le budget québécois du ministre Jean Campeau. Il explique par exemple que, avec nos efforts d'assainissement entrepris depuis un an, des efforts respectueux de l'équité sociale, mais sans les nouvelles coupures fédérales, le déficit du Québec aurait été réduit, dans deux ans, à moins d'un milliard de dollars. Moins d'un milliard. À partir de là le calcul est simple: la majeure partie du déficit du Québec est le résultat de la mauvaise gestion du fédéralisme canadien.

Il y a des gens qui affirment: Il faut pas dire ça, il faut pas blâmer le fédéral, il faut pas se plaindre! Ah non? Il faudrait dire merci, peut-être? Disons la vérité: depuis vingt ans, le gouvernement fédéral, dont l'ancien ministre des Finances Jean Chrétien, s'est servi, contre notre volonté, de notre carte de crédit pour nous vendre l'idée que le Canada est le plus beau pays au monde. Et maintenant que sa marge de crédit déborde, au lieu de faire le ménage dans ses propres dépenses, il nous impose ses factures. C'est une injustice immense. Immense.

Si M. Chrétien et son ministre des Finances, M. Paul Martin, étaient vraiment responsables, ils réduiraient leur déficit en coupant dans les seules dépenses fédérales. Ce serait difficile, mais ce serait équitable. À la place, ils ont décidé de faire un gigantesque délit de fuite.

C'est un peu comme si, pendant quinze ans, ils nous avaient invités dans le plus beau restaurant de la ville, qu'ils avaient insisté pour qu'on y aille, qu'ils avaient insisté pour nous dire quoi manger en plus, mais maintenant, au moment de l'addition, ils se sauvent par la porte d'en arrière et nous laissent avec la facture.

Ils réduisent brutalement les transferts, mais ils se sauvent aussi, programme par programme. Vous qui êtes sur le terrain le voyez tous les jours: ils réduisent chaque année un peu plus les conditions d'accès à l'assurance-chômage, ce qui pousse des dizaines de milliers de Québécois à l'aide sociale, et c'est le Québec qui paie. Ils font ça le sourire aux lèvres, au nom de la responsabilité, et ils voudraient qu'on applaudisse.

Vous vous souvenez, pendant la campagne, on avait calculé un des coûts de la non-souveraineté. On avait calculé que, si on avait dit OUI en 1980, grâce aux économies réalisées sur les chevauchements, la dette globale du Québec aurait été réduite de 25 milliards de dollars. Si on appliquait les intérêts sur les emprunts pour payer ce gaspillage, on arriverait au chiffre de 42 milliards.

Dans son budget, M. Campeau avait fait un autre calcul intéressant. Vous savez, les transferts fédéraux, c'est fait avec l'argent que les Québécois envoient à Ottawa par leurs impôts. Alors M. Campeau a calculé que si, en 1980, Ottawa nous avait laissé nos points d'impôts plutôt que de nous envoyer des transferts, s'il avait même aboli la péréquation, le Québec aurait perçu pendant cette période en impôts québécois huit milliards de dollars de plus que ce qu'il a reçu en transferts. Comprenons-nous bien: en gardant le même niveau de services aux citoyens et sans augmenter le fardeau fiscal.

En fait, si au lieu de mal gérer nos impôts, le gouvernement fédéral nous avait laissés nous débrouiller, le Québec n'aurait, dès l'an prochain, aucun déficit. Zéro. Pas de crise des finances publiques. Pas de réduction douloureuse dans les services aux citoyens. Pas de hausse de taxes.

Je ne sais pas comment le dire plus clairement: la crise des finances publiques, c'est la crise du fédéralisme... c'est le coût du fédéralisme. Eh bien, non seulement il ne faut pas applaudir, non seulement il faut dénoncer, mais il faut tout faire pour responsabiliser le fédéral. Il faut dire à Ottawa de faire son ménage chez lui et de nous laisser faire notre ménage chez nous. Nous n'avons pas à subir en silence. [...]

En ce moment, Ottawa garde nos impôts dont le rendement augmente et nous envoie des transferts dont l'importance diminue. Arrêtons les dégâts: qu'Ottawa se retire du champ de la couverture sociale, qu'il nous rende nos points d'impôts et nous allons nous débrouiller avec le reste.

Sinon, quel sera le coût, l'an prochain, de la crise du fédéralisme? [...]

On ne le sait pas exactement mais on en a une idée. Les prévisions de transferts fédéraux au Québec pour l'année 1996 s'élèveraient à 6,3 milliards de dollars, en chute de 1,3 milliard. L'année suivante, ils diminueront d'un autre 1,3 milliard. En somme, Québec va perdre au cours des deux prochaines années 35 % des transferts provenant du fédéral.

Pour donner une idée de l'ordre de grandeur des sommes en cause, M. Campeau disait dans son dernier discours sur le budget: «1,4 milliard, c'est plus que le budget de l'enseignement collégial; c'est plus que le budget de tous les centres d'accueil pour personnes âgées et de tous les centres hospitaliers de longue durée. C'est plus que le budget entier de construction et d'entretien des routes.»

Les anglophones,
les allophones
et les autochtones
face à la souveraineté

Les réalités auxquelles le titre de ce chapitre fait allusion sont nombreuses et fort différentes les unes des autres.

La minorité anglo-québécoise de souche vit au Québec depuis souvent plusieurs générations. Le visage économique du Québec, et surtout de la région de Montréal, est largement son œuvre au moment où commence la Révolution tranquille. Les membres de cette communauté appartiennent d'abord à la majorité canadienne-anglaise et ne veulent d'aucune façon être une minorité ici. Ils représentent un peu moins de 10 % de la population du Québec.

La Constitution canadienne reconnaît des droits scolaires et linguistiques spécifiques aux Anglo-Québécois. Avant le référendum de 1995, le Parti québécois, pour montrer sa bonne volonté, a multiplié les engagements non seulement de respect mais d'extension de ces droits. Malgré cela, jamais, dans aucun autre scrutin mettant en cause la souveraineté et les souverainistes, l'opposition des Anglo-Québécois ne fut aussi massive, quasi unanime.

Les membres des communautés dites allophones sont définis comme ayant une langue maternelle autre que le français ou l'anglais et parlant leur langue couramment à la maison. Au fur et à mesure que le temps passe, le contour de chacun de ces groupes devient flou. Certains s'intègrent à la communauté anglaise, d'autres à la communauté française, et leur langue maternelle devient de moins en moins leur langue d'usage. Cela est inévitable et normal.

Il n'y a pas de véritables problèmes de discrimination à l'égard de ces communautés. La Charte québécoise des droits garantit des droits égaux à tous, quelle que soit l'origine ou la religion, et au-delà du droit l'opinion publique est par rapport à ces questions assez placide, souvent chaleureuse. La propagande fédéraliste a fait en sorte de projeter sur le temps présent les idées fascisantes que défendaient certains Canadiens français durant les années trente, de façon à jeter le discrédit sur le mouvement indépendantiste. Il est pour le moins piquant de voir ces mêmes fédéralistes passer sous silence le fait qu'à la même époque l'Université McGill imposait des quotas sévères à l'admission des étudiants d'origine juive, ou faire semblant d'oublier que le premier député juif élu à un parlement de l'Empire britannique le fut à Trois-Rivières par des francophones.

Il faut revenir inlassablement sur cette idée qu'est québécois qui le veut, et que les résidants du Québec qui veulent être canadiens plutôt que québécois jouissent des mêmes droits civiques.

Plusieurs des communautés allophones sont organisées en associations ou congrès. Ces regroupements, fondés sur la religion ou l'origine ethnique, jouent un rôle politique important pour ne pas dire agressif dès qu'il s'agit de barrer la route à la souveraineté du Québec. L'Alliance des congrès juif, italien et grec a par exemple été particulièrement active depuis l'échec de l'accord du lac Meech.

Au référendum de 1995, la quasi-totalité des allophones ont voté NON, comme les anglophones. Il y a des exceptions, bien sûr, parmi les groupes, dans la communauté hispanophone, par exemple, où le vote a été divisé, comme je l'ai signalé précédemment.

Quoi qu'il en soit, le problème réel de la majorité des allophones du Québec, ce n'est pas de chercher, comme les anglophones, des droits qui leur soient propres, mais de s'intégrer. Tant que le Québec ne sera pas souverain, le désir d'intégration sera essentiellement orienté vers le Canada. Rien n'est plus normal. Cela fait qu'apparaissent plus héroïques les efforts déployés par un petit nombre de ces allophones, souvent arrivés de fraîche date, qui ont choisi le Québec comme pays.

Quant aux autochtones, ils ne forment pas des minorités, à plus forte raison une seule minorité. Il y a 70 000 autochtones au Québec, soit 1 % de la population. Ils sont répartis en 11 groupes, tous Amérindiens, sauf les Inuits. Selon une déclaration adoptée par l'Assemblée nationale en 1985, ces 11 groupes constituent des *nations distinctes* et ont, dans le cadre des 15 résolutions votées par le gouvernement deux ans plus tôt, le droit de gouverner eux-mêmes leurs affaires intérieures. Nulle part ailleurs au Canada les autochtones n'ont obtenu cela. Le Québec lui-même, on l'a assez répété, n'a pas réussi à obtenir du Canada le statut de *société distincte*!

Toutes les études sur le niveau de vie des autochtones et sur la qualité des services qu'ils reçoivent indiquent que c'est, parmi toutes les provinces canadiennes, au Québec qu'ils sont le plus élevés. Mais la question de la souveraineté du Québec masque tout cela. Les autochtones y sont opposés dans leur ensemble.

La question territoriale vient compliquer les choses[1]. En 1975, la Convention de la Baie James et du Nord québécois était ratifiée par le gouvernement d'Ottawa, celui du Québec, les représentants des Cris et les Inuits. Les Naskapis y ont adhéré plus tard. C'est le premier traité véritable à avoir été signé en Amérique du Nord à l'époque contemporaine par des gouvernements et des autorités autochtones.

Une loi fédérale a entériné ce traité, loi par laquelle Ottawa renonçait à ses responsabilités fiduciaires à l'égard des autochtones concernés. Une loi du Québec a aussi entériné l'entente. À l'article 2.1, il est spécifié qu'en échange des autres clauses du traité, les nations autochtones signataires renoncent à tous leurs droits territoriaux. Les réclamations ainsi éteintes portaient sur les deux tiers du territoire québécois.

Dans la perspective d'une éventuelle accession du Québec à la souveraineté, les autorités de certaines nations autochtones signataires ont voulu revenir sur leur décision.

---

1. Voir, à ce sujet, les pages 293 à 295.

M'étant réservé, comme premier ministre, la responsabilité du dossier autochtone, j'ai accompli trois gestes de portée politique ou constitutionnelle.

Premièrement, j'ai indiqué clairement que l'intégrité du territoire québécois ne peut être remise en question. Le peuple québécois votera pour retirer le Québec du Canada en gardant ses frontières actuelles. La Constitution canadienne interdit tout changement des frontières provinciales sans l'accord de la législature concernée. Donc, modifier les frontières du Québec avant la souveraineté, c'est inconstitutionnel; après, c'est de l'agression.

Deuxièmement, j'ai présenté une proposition globale de règlement territorial, d'aménagement et de gestion à deux nations autochtones: les Montagnais et les Attikameks. Sans doute sous la pression des autres, ces deux nations n'ont pas voulu signer avant le référendum. Mais l'avenir est de ce côté.

Troisièmement, j'ai négocié avec les Inuits la mise en place d'un gouvernement inuit conformément à la déclaration de 1985. Cela a failli aboutir avant le référendum. Après... c'est comme pour un deuil, il faut respecter des délais décents.

Pierre Trudeau et la déportation des anglophones

Transcription d'une allocution prononcée à l'occasion d'un brunch interculturel organisé par le Comité des communautés culturelles du Parti québécois, Montréal, le 9 octobre 1991.

[...] Un événement s'est produit avant-hier qui m'a amené à transformer du tout au tout ce que j'avais l'intention de vous dire ce matin et je vous avouerai que j'ai encore beaucoup de difficulté à m'éloigner de cet événement [...]. C'est à mon sens une des choses les plus graves qui se soient produites à l'égard de cet équilibre, dont je parlerai tout à l'heure, que l'on cherche à établir avec tellement de persistance depuis quelques années.

Il s'agit de la déclaration de Pierre Trudeau selon qui, si la définition proposée dans les offres constitutionnelles récentes de la société distincte était acceptée, les Québécois pourraient déporter, à titre d'exemple, disait-il, 200 000 anglophones pour maintenir une sorte d'équilibre linguistique à l'intérieur du Québec. Si, à partir de cette définition de plus en plus étriquée d'une société distincte, on peut déporter 200 000 anglophones, on ne peut pas s'empêcher de se dire: Mais alors, dans un Québec souverain, qu'est-ce qu'ils vont faire?

C'est indigne! Voilà un homme qui a été premier ministre du Canada pendant des années, qui est mondialement connu, qui dispose à l'étranger d'une audience importante et qui, à l'égard d'une société comme la nôtre, ouvre une perspective pareille. Je reviendrai à cela.

Je veux d'abord, un peu à titre de longue introduction à ce que j'aurai à dire tout à l'heure de cette déclaration indigne de l'ancien premier ministre du Canada, parler de cette mouvance de la société québécoise depuis un certain nombre d'années à la recherche de son identité et à la recherche de son avenir. Il faut parfois nous remémorer les bases mêmes de nos aspirations.

Les Québécoises et les Québécois ont été, pendant des générations, une société bilingue terriblement tendue quant à l'équilibre à établir entre les groupes qui constituaient le Québec. Et puis l'idée s'est faite petit à petit de viser une société qui, à tous égards, reconnaîtrait finalement qu'elle est, dans son immense majorité, de culture française, d'héritage français et d'avenir français. Une société qui, petit à petit, a commencé à voir que l'on peut à notre époque penser évoluer en français. Des tensions très sérieuses étaient apparues entre les deux groupes linguistiques dans les années soixante et au début des années soixante-dix. Il fallait déboucher sur quelque chose. Peut-être le geste le plus significatif et le plus important à cet égard fut-il l'adoption de la loi 101.

On l'a appelée la grande Charte de la langue française à cette époque. C'était plus que cela. C'était une sorte de dessein de société. Nous étions tous conscients de l'immensité de la tâche que nous avions devant nous. Que l'on pense, par exemple, au temps et aux efforts qui seraient nécessaires pour faire en sorte que cette société prenne l'habitude de travailler en français dans les bureaux et dans les usines. On savait d'ailleurs que le temps était en un certain sens l'aspect le plus important de cette mouvance. Que les enfants passent par les écoles françaises n'a pas, sur le plan de l'intégration à la société, énormément de conséquences si le travail se fait en anglais. Cela engendre même, à la limite, une sorte de schizophrénie. Je crois que le terme n'est pas trop fort. Pourquoi les enfants seraient-ils forcés de passer par ce détour en français puisque, de toute façon, ils iraient travailler en anglais dès qu'ils sortiraient du système? Le travail aussi doit se faire en français.

On connaissait très bien le temps et l'énergie que cela prendrait. Bien sûr, tout cela devait aussi se traduire par une nouvelle façon de voir l'école comme creuset. Si le travail est assuré, l'école est, comme dans tout pays, le creuset de la nation. [...] Bien sûr, cette grande Charte de la langue française comporte un certain nombre de dispositions autres que celles qui visent le travail et l'école. Elles ont pris tellement d'importance qu'on finit par croire que c'est l'essentiel de la chose. [...] L'affichage, par exemple, la réglementation.

Le grand virage dont je parle ne pouvait se faire sans qu'on tienne compte d'un certain nombre d'éléments historiques lourds, profonds. Les anglophones [...] ont apporté une contribution massive, majeure, à la construction du Québec tel qu'on le connaît aujourd'hui. On ne pouvait pas ne pas chercher à définir leur place, non pas seulement leur place aujourd'hui, mais leur place demain, et on savait très bien que cela ne pouvait se faire sans qu'apparaissent des tensions. On savait aussi toute la difficulté que cela impliquerait à l'égard de ceux qu'on pourrait aujourd'hui appeler les anciens immigrants, ceux de la première ou de la deuxième vague, de tous ces gens qui étaient arrivés au Québec soit avant la Première Guerre mondiale, soit dans les années qui ont suivi la seconde, qui étaient venus dans un pays, le Canada, un pays, au fond, anglais. Ils s'étaient fondus dans cette majorité anglophone du Canada même si, géographiquement parlant, ils étaient installés à Montréal. On ne pouvait pas croire que ces gens-là puissent facilement prendre le virage qui était proposé. Il fallait comprendre que cela se ferait par leurs enfants et par ceux qui viendraient au Québec par la suite. Mais cela se ferait petit à petit.

Pendant ce temps, dans le reste du Canada, se développait un concept qui laissait flotter beaucoup d'ambiguïtés: le multiculturalisme. Ce concept s'inscrivait tout à fait à l'encontre de l'intégration des immigrants qui, elle, correspondait au schéma québécois dont je viens de parler. Cette notion du multiculturalisme a joué un tel rôle dans les discours publics du reste du Canada que l'insistance au Québec pour faire en sorte que l'intégration s'accomplisse avait en elle-même une sorte d'allure discriminatoire. «Regardez ces Québécois qui cherchent à intégrer l'immigration dans la mouvance de leur société», disaient certains, alors qu'ailleurs au Canada on reconnaîtrait des spécificités que, semble-t-il, au Québec on ne voulait pas reconnaître. […]

Il fallait, d'autre part, à l'égard de ce que l'on peut appeler la nouvelle immigration, déterminer des attitudes. C'est très joli de dire que ce que nous cherchons, c'est une sorte d'intégration dans une société qui devient de plus en plus une société qui évolue en français. Cela provoque inévitablement des suspicions, des craintes parfaitement légitimes, en tout cas bien compréhensibles. On ne peut pas nier la nature humaine. Il fallait que, dans cette société québécoise, on cherche autant que faire se peut à établir clairement deux principes fondamentaux de la vie en société: la démocratie d'une part et la non-discrimination d'autre part. On pouvait tout faire dans cette société dans la mesure où il n'y avait pas le moindre doute quant à notre conviction collective que c'est dans le cadre de la démocratie vécue que tout se fait, tout se décide et tout évolue. Et que, d'autre part, la discrimination est la plus sûre façon de miner la démocratie. La démocratie ne peut vraiment pas survivre dans une société si elle est fondée sur la discrimination, si elle accepte la discrimination ou si elle la tolère.

Nous avions aussi à voir comment nous pouvions, dans notre projet de société, organiser nos rapports avec les communautés autochtones dont le nombre de membres n'est pas considérable mais qui représentent — et le mot n'est pas trop fort — une sorte de remords ici bien sûr, mais dans toute l'Amérique du Nord aussi. Et de discrimination passée. Une série de gestes ont été posés au Québec à l'égard des autochtones, et il faudra bien un jour admettre que ces gestes ont été pendant plusieurs années bien en avance sur

les perceptions qui avaient cours ailleurs en Amérique du
Nord. Ce n'est pas tout aujourd'hui d'invoquer la Convention de la Baie James. Il faudrait quand même souligner ce
qui apparaissait clairement à l'époque, que c'était la première fois en Amérique du Nord qu'une convention de cet
ordre était signée avec des nations autochtones. Cela ne
s'était jamais fait avant, où que ce soit. Il faudra aussi un
jour reconnaître que c'est l'honneur du gouvernement du
Parti québécois d'avoir reconnu les nations autochtones ou
les peuples autochtones qui habitent le Québec comme des
nations distinctes par une résolution de l'Assemblée nationale.

Oui, nous travaillons tous ensemble depuis fort longtemps à chercher à la fois à orienter cette société québécoise
qui a eu tellement de problèmes d'identité dans le passé et à
faire un avenir qui enfin soit clair. Peu de gens vivant dans
d'autres pays auront, sur le plan de l'identité, connu les soubresauts qu'ont connus ceux qu'on appelle, dans certains
milieux, les Québécois de souche ou [...] les Québécois
«pure laine». [...]

Dans cette longue recherche de l'identité et du rôle de
la langue dans sa définition, les incidents, les soubresauts,
sont parfois parfaitement incompréhensibles. Prenez par
exemple la loi 178 sur l'affichage. Je n'ai jamais vu une loi
faire à ce point l'unanimité contre elle. Comprenne qui
pourra. La loi 178 dans le Canada anglais est reconnue
comme, en un certain sens, la plus belle expression de
l'intolérance et de la discrimination québécoises. D'autre
part, 65 000 francophones québécois défilent dans les rues
de Montréal contre la loi 178 quand elle est présentée.
C'est-à-dire que, d'une part, les nationalistes québécois sont
absolument contre la loi 178 et que, d'autre part, ceux qui
tiennent à l'unité canadienne sont contre aussi. À peu près
unanimement. Cela fait partie des bizarreries de la difficulté
de s'identifier.

Il est clair cependant qu'au fur et à mesure que cette
société québécoise se définit et qu'on commence à se rendre

compte que la souveraineté n'est pas loin, les appréhensions se font très vives chez beaucoup d'anglophones [...].

Pendant le débat sur l'accord du lac Meech, on a vu une forte réaction se manifester chez les anglophones, tout entière basée sur la Charte canadienne des droits, laquelle est devenue très rapidement d'ailleurs le symbole de l'identité canadienne. Ceux qui ne veulent pas que tous les citoyens du Canada, tel qu'il existe aujourd'hui, soient placés sur le même pied devant la Charte canadienne des droits ne sont pas des Canadiens. [...] Eux ont défini leur pays. Nous sommes en train d'en définir un autre. Cela ne nous rend pas moins démocrates pour autant. Cela ne nous rend pas moins attachés aux droits des citoyens et des citoyennes. Cela nous rend différents. Évidemment que nous sommes attaqués. Évidemment qu'on nous dénonce parce qu'on comprend très bien au Canada que nous cherchons autre chose, que nous cherchons un pays, et les Canadiens ne peuvent pas accepter cela facilement. Je ne vous dis pas que les attaques qui sont portées contre notre projet de société sont toutes d'un goût délicat. Je n'ai pas apprécié plus que la plupart des gens le dernier texte de Mordecai Richler, pour ne citer qu'un exemple. Je ne peux pas vous dire que je trouve très drôle de voir, dans une certaine presse anglophone, les allusions malfaisantes qui y sont publiées de temps à autre. Enfin, il faut bien vivre avec cela.

Dans une telle atmosphère et face aux tensions que nous connaissons, ce que M. Trudeau vient de dire est grave. Personne n'a, plus que lui, violé les droits des citoyens de façon aussi flagrante à l'époque contemporaine au Canada. Faire mettre en prison 500 personnes [en octobre 1970], sans que des accusations soient portées contre elles, on ne me fera pas croire qu'on peut concilier un pareil geste avec les droits des citoyens. On veut parler de déportation, mais n'est-ce pas sous son gouvernement qu'il y a eu ce projet, on me le rappelait tout à l'heure et à juste titre d'ailleurs, de déporter des milliers d'Haïtiens qui n'étaient pas en situation régulière? Et qui a amené ce gouvernement à renoncer à son projet? Les Québécois de souche et le Parti québécois d'abord et avant tout. [...]

Dans le climat qui règne à l'heure actuelle, allez dire des Québécois que si on leur reconnaît d'être une société distincte, à plus forte raison s'ils sont souverains, ils peuvent déporter des centaines de milliers d'anglophones, il faut comprendre ce que cela implique. Tous les anglophones au Québec ne sont pas riches ou importants. Un grand nombre d'entre eux sont des gens ordinaires. Pour ceux qui sont nés ailleurs, particulièrement en Europe, la déportation a un sens bien précis. Il y a, dans l'expérience d'un bon nombre d'allophones vivant au Québec, une connaissance immédiate dans leur vie des grandes déportations organisées par les régimes totalitaires. On n'a pas le droit de soulever une pareille question. Bien sûr, Pierre Trudeau est un citoyen et comme citoyen il a le droit de dire ce qui lui plaît. Il n'est pas question de lui nier ce droit. Mais il n'y a pas que des droits dans une démocratie, il y a des devoirs aussi. Et un de ces devoirs, c'est de ne pas chercher, à des fins politiques, à faire circuler non seulement des faussetés mais des accusations aussi dangereuses pour la paix sociale. Nous avons tous l'obligation dans une démocratie de ne régler les choses que par des discussions, par des équilibres parfois compliqués, par une grande compréhension des uns et des autres et, disons-le clairement, par l'expression d'autant de bonne foi que possible.

Ce que nous cherchons à construire tous ensemble, c'est un pays, et comme on nous le rappelle heureusement un peu partout dans le monde aujourd'hui, quand on cherche à avoir son pays, il faut du même souffle que l'on puisse affirmer sa foi dans la défense des minorités qui se trouvent dans ce pays. Il ne peut y avoir de pays démocratique sans respect des minorités. [...] En même temps qu'il s'affirme, le pays affirme aussi sa foi dans sa propre diversité et son goût de défendre les minorités qui, avec la majorité, le constituent. Oh, il a fallu un peu partout dans le monde bien du temps pour comprendre cela: on l'a enfin compris. Est-ce à dire que les problèmes disparaissent du jour au lendemain? Mais non. Est-ce à dire que, parce que nous avons cette espèce d'instinct profond au Québec à l'heure actuelle, il ne se produira pas d'événements ou d'occasions où des manifestations de discrimination apparaîtront? Mais non.

L'important, c'est de les condamner, de dire qu'il ne faut pas, de garder cette capacité d'indignation. Parce que si on garde la capacité d'indignation à l'égard de la discrimination, on va trouver des solutions. Il faut garder cette capacité de s'indigner contre la discrimination, contre la calomnie, contre la vie de tous les jours quand elle provoque l'apparition de citoyens de première ou de deuxième ou de troisième zone. Il ne doit jamais y en avoir. [...] Parce que, au fond, nous rêvons tous de voir, de pouvoir construire une société de citoyens libres, une société où les citoyens décident de ce qui leur arrivera, mais plus que cela encore, une société fraternelle.

Ne pas faire dire aux mots
ce qu'ils ne disent pas

Déclaration, à Montréal, le 3 février 1993.

Le 23 janvier dernier [1993], le Parti québécois tenait son premier Conseil national depuis le référendum du 26 octobre. À cette occasion, sans me livrer à un *postmortem* systématique de la campagne référendaire [contre l'entente de Charlottetown], j'ai tout de même voulu tracer les grandes lignes de l'analyse du vote.

Cela m'a amené à aborder la répartition du vote chez les francophones, les anglophones et les allophones et à en tirer un certain nombre de conclusions. Le lendemain matin, […] mes propos étaient correctement rapportés dans les journaux. Puis, ce fut le déferlement des commentaires et des éditoriaux où l'on reconnaissait de moins en moins mes propos. Au plus fort moment de la frénésie, j'étais comparé au chef, maintenant en prison, du Sentier lumineux péruvien. Au mieux, on reconnaissait que ce que j'avais dit était vrai, mais que l'on ne devait pas le dire, ce qui correspond à une conception assez particulière du rôle du politicien.

Dans la plupart des cas, on a mis en cause ce qui pour moi, comme pour tant d'autres, constitue des valeurs fondamentales: le respect de la diversité des opinions, les droits fondamentaux du citoyen, l'égalité des chances, la démocratie. […]

On a beaucoup cherché à interpréter mes paroles comme indiquant que les Québécois issus de communautés culturelles seraient exclus du projet souverainiste, que même leur place dans un Québec souverain serait marginale, tronquée, et leurs droits spécifiques, comme les droits fondamentaux, remis en cause. Il n'en est rien, il n'en a jamais été question et il est hors de question qu'une telle chose puisse survenir.

Le Québec est l'une des terres d'accueil les plus généreuses qui soient. Le Parti québécois a toujours fondé son projet sur un idéal démocratique, sur un modèle de société défini par les Québécois pour tous les Québécois. Le Parti québécois a cherché, à cet égard, à rassembler, à faire partager, à faire participer. J'y reviendrai d'ailleurs un peu plus loin.

Est-il vraiment inopportun de regarder, entre autres choses, comment ont voté les Québécois francophones et comment ont voté les Québécois membres de communautés culturelles? Je ne le pense pas. Il s'agit là d'une réalité que tous reconnaissent et qui est toujours soulignée dans les résultats de sondages d'opinion. [...]

La critique a mené au reproche voulant que je ne considère comme québécois que les francophones de souche. Ce reproche ne vient pas de vous, mais je tiens tout de même à le soulever. Jamais je n'ai tenu de tels propos. Ce que j'ai dit, c'est que les Québécois francophones de souche pouvaient, dans le cadre d'une consultation démocratique, dégager une majorité dans un référendum sur la souveraineté. Est-ce que cela implique que les autres Québécois membres des communautés culturelles ne sont pas québécois? Pas du tout. Il ne faut quand même pas faire dire aux mots ce qu'ils ne disent pas.

On va encore plus loin, on nous dit qu'il faut abandonner les expressions comme «Québécois francophones de souche». Fort bien, qu'on nous en propose d'autres, s'il ne s'agit que d'utiliser des termes *politically correct*. Si, par contre, il s'agit de refuser aux Québécois francophones de souche le droit de se définir comme réalité sociale, linguistique ou politique, je ne peux pas être d'accord. Je ne crois pas que pour être (ou paraître) ouvert aux Québécois anglophones ou allophones, il faille refuser de se définir soi-même.

Bien évidemment, ces questions demeurent délicates. On se rappellera les commentaires qu'avaient soulevés les propos de René Lévesque, lorsque, à la fin de la campagne référendaire de 1980, il avait noté: «C'est le Québec français qui prendra la décision, personne ne la prendra pour nous.» Il avait ajouté: «Nous ne devons pas permettre qu'une décision majoritaire du Québec français soit renversée par une minorité qui, de bonne foi mais terriblement conditionnée à une solidarité excluant tout débat démocratique, s'apprête à voter contre le besoin fondamental de changement d'une société nationale.» *Le Devoir* avait rapporté ces propos sous le titre «Lévesque fait appel à la solidarité des francophones».

Au-delà de ces questions, il me semble que l'action du Parti québécois à l'égard des communautés culturelles comme à l'égard de la communauté anglophone, sans être parfaite, témoigne d'un respect indéniable, d'une ouverture marquée et d'une volonté de leur faire partager l'aspiration légitime de tant de francophones d'en arriver un jour à bâtir, avec eux et pour tous les Québécois, un pays.

Le Parti québécois — comme le gouvernement qui en était issu de 1976 à 1985 — a mené une action significative. Sans chercher à trop revenir sur le passé, le Parti québécois est fier de l'action qu'ont menée les Jacques Couture, Gérald Godin et Louise Harel. Ce sont eux qui ont fait en sorte de transformer un ministère de l'Immigration en ministère des Communautés culturelles dont l'action s'est alors tournée vers un soutien à l'intégration dans le respect de chacun. [...]

Finalement, la seule vraie question demeure: Est-ce que le Parti québécois souhaite et recherche l'apport de tous ces Québécois issus des communautés culturelles? Bien sûr, sans équivoque. Les résultats du référendum d'octobre 1992 vont-ils modifier l'action du Parti québécois à l'égard des communautés culturelles? Non, de la même façon que les résultats du référendum de 1980 ou les élections de 1985 à 1989 n'ont en rien modifié la détermination du Parti québécois. Il nous faudra sans doute innover, trouver de nouvelles façons, mais comptez bien que nous y sommes déterminés.

Préserver dans un Québec souverain les richesses culturelles de la diversité des origines

Transcription d'un discours devant l'assemblée plénière triennale régionale du Congrès juif canadien (Québec), Montréal, le 24 avril 1994.

Il devrait [...] être assez clair maintenant qu'une bonne partie des Québécois cherchent à établir au Québec une société qui fonctionne en français, qui soit de langue et de culture françaises, consacrant ainsi une situation qui, à l'origine, est une situation de nombre. 83 % de tous les Québécois disent, au moment où l'on fait des recensements, qu'ils parlent le français à la maison. Ce qui est le meilleur critère pour savoir à quelle branche culturelle on appartient. Contrairement à ce que l'on dit souvent, ce 83 % n'est pas vu comme étant l'expression du Québécois «pure laine», du Québécois d'origine remontant à des générations. C'est d'abord et avant tout un phénomène linguistique et culturel auquel participe, tout naturellement et sans rien changer à sa vie de tous les jours sur le plan linguistique et culturel, le Juif séfarade ou le Haïtien. Il parle français à la maison comme bien d'autres.

De plus en plus d'anglophones du Québec ont appris le français. À cet égard, l'évolution depuis trente ou quarante ans est spectaculaire. [...] En tout état de cause, tous leurs

enfants ont appris le français. Graduellement, ces anglophones s'inscrivent dans la mouvance d'une société qui fonctionne, et qui fonctionnera de plus en plus, en français.
Bien sûr, on continuera de dire d'un certain nombre de gens
au Québec: Ce sont des Anglo-Québécois.

Bien sûr, on fera allusion à l'origine de l'un ou l'autre des
Québécois, à son appartenance ou à son origine dans une
communauté culturelle, mais fondamentalement on va vers
un Québec où un Québécois c'est quelqu'un qui réside au
Québec, en accepte les règles générales de fonctionnement et
désire le rester, Québécois, ou l'être ou le devenir. C'est tout.
C'est le désir de l'être qui fait un Québécois, rien d'autre.

[...] Le problème alors consistera à préserver dans cette
nouvelle société — car ce sera une nouvelle société —, dans
ce nouveau pays, les richesses culturelles remarquables de la
diversité des origines. Je suis parfaitement conscient que le
Montréal d'aujourd'hui ou le Québec d'aujourd'hui ont été
pour une large part construits par la communauté anglophone de Montréal. Cela me paraît tout à fait évident.

La littérature, le théâtre, la musique, la peinture à
Montréal et au Québec ont, pour une part, des racines
remarquablement profondes dans la société anglophone.
C'est une chose de savoir ce qu'a été à Montréal quelqu'un
comme Frank R. Scott, non seulement en tant que défenseur des droits de la personne, mais comme écrivain et
poète, et c'est une autre chose de savoir, surtout pour les
gens de ma génération, qui a été Hughes McKennan. Pas
seulement celui des *Deux solitudes*, mais celui de *The Long
Watch That Ended the Night*, parce que, après tout, la guerre
d'Espagne, pour ma génération, ça a été ce que la guerre du
Viêt-nam a été pour une génération plus récente. Stephen
Leacock est indiscutablement un Québécois et un Montréa-
lais quand bien même il n'aurait écrit que *I Spent a Month
Last Week-End in Toronto*.

Dans la culture anglophone, je suis bien conscient du
rôle de Leonard Cohen et aussi, mais je dois dire, même si
cela me coûte un peu, de Mordecai Richler. La société juive

de Montréal et la rue Saint-Urbain des années vingt, sans Mordecai Richler, n'auraient pas trouvé l'expression littéraire qui les a rendues célèbres dans le monde entier. Cela fait partie de notre héritage commun. Je suis conscient de ce que nous devons, au Québec, à la communauté juive à l'égard de l'Orchestre symphonique, de la reprise de l'Opéra. Je fréquente ce genre de [lieux] depuis trop longtemps pour ne pas savoir tout ce que, sur le plan culturel, on doit à la communauté juive de Montréal. Je pense aussi au Musée des beaux-arts de Montréal. [...]

Il faut préserver tout cela. Ce n'est pas parce qu'on construit une société francophone que cela va disparaître, même de la mémoire. Au contraire. Cela se présentera différemment. [...] L'apport des communautés grecque, ou italienne, ou portugaise, ou chinoise, ou vietnamienne, depuis quelque temps, ou arménienne, est sans doute moins enraciné, mais néanmoins représente, pour la société québécoise, un enrichissement continuel qu'il ne faut pas sacrifier. Encore qu'il ne faut pas non plus sacrifier, au nom de la diversité, les objectifs de l'intégration. Nous devons avoir une société qui fonctionne dans l'harmonie, parce que chacun des groupes et les membres de chacun des groupes s'intègrent à des rythmes différents, je n'en disconviens pas, mais s'intègrent tout de même dans l'évolution de cette société.

Le cas des communautés autochtones est particulier. Nous, les parlementaires québécois, les avons reconnus en 1985, à l'Assemblée nationale, dans une déclaration solennelle, comme des nations distinctes. Les Cris sont une nation distincte, les Montagnais sont une nation distincte, les Inuits sont une nation distincte et les Mohawks sont une nation distincte, très distincte. Nous les avons reconnus comme nations distinctes et cela veut donc dire que, au chapitre de leur avenir, la problématique est assez différente de celle des minorités. [...] Lorsque cela sera compris: [...] une société capable d'intégrer toute espèce de groupes de toute espèce d'origines, qui fonctionne largement en français et qui, cependant, cherche à garder les apports culturels qui, jusqu'à maintenant, ont été appréciables, quand cela sera compris, donc, les questions de droits individuels seront, elles aussi, bien plus facilement comprises. Quand le Québec sera aussi français que les États-Unis sont anglais, qu'Israël, sur le plan de la langue, est hébraïque, quand nous en serons là, à l'égard de la définition des droits individuels et des problèmes que cela pose, nous serons devenus normaux, à partir de valeurs que nous partageons tous. Ne nous faisons pas d'illusions: nous sommes tous les enfants de la démocratie occidentale, de ces valeurs de non-discrimination et d'égalité des citoyens devant la loi.

Ces engagements fondamentaux à l'égard de l'égalité des droits ne doivent jamais être oubliés. Jamais, même pas pour un moment. [...]

Un Québec rassembleur et tolérant

Devant la communauté arménienne,
Montréal, le 23 octobre 1995.

[...] Au lendemain d'un OUI, nous devrons procéder à un grand rassemblement. Ceux qui auront voté NON sont aussi québécois que les autres. Que l'on soit d'origine récente ou lointaine, le Québec qui commence le 31 octobre sera un Québec rassembleur et tolérant.

[...] Le Québec que nous voulons est un Québec de l'ouverture, de la tolérance et de la solidarité. La solidarité, ça commence avec ceux qui veulent vivre avec nous. C'est ce que j'ai voulu vous dire ce soir.

Car comme l'indique le préambule du projet de loi: «Notre avenir commun est entre les mains de tous ceux pour qui le Québec est une patrie.»

Ni raciste ni xénophobe

Transcription d'un discours prononcé
au Centre hellénique communautaire,
Montréal, le 13 avril 1994.

[...] Les enfants apprennent à l'école depuis bien long-temps, depuis des générations, que le Canada est le produit de deux peuples fondateurs. Ce sont des peuples indiscuta-blement que ces Anglo-Saxons et ces Français qui se sont installés sur ce territoire. [...] L'un de ces peuples, celui qui à l'origine gagne, qui devient rapidement majoritaire, va construire le Canada tel qu'on le connaît aujourd'hui. L'autre, le minoritaire, va se débrouiller pour survivre et, finalement, va bien réussir à survivre. Mais un jour ce peuple-là, plutôt que de simplement survivre, va vouloir organiser sa vie. On a l'habitude de dire, peut-être injuste-ment d'ailleurs, que ce goût des Québécois d'organiser leur vie par eux-mêmes et pour eux-mêmes va vraiment se mani-fester clairement à l'occasion de la Révolution tranquille. C'est un raccourci historique peut-être abusif, mais il reste néanmoins qu'il y a trente ans se produit un mouvement au Québec qui indique clairement que ce peuple va vouloir non pas seulement survivre mais vivre normalement.

L'objectif d'un pays du Québec va [apparaître], tout normalement aussi, au cours des ces années-là. Non plus d'une province, non plus d'un peuple, mais d'un pays. Et ce sera un aboutissement normal. Un pays qui reflète les valeurs, les aspirations, les rêves aussi de ce peuple. Un pays qui vit en français, ce qui est, là encore, dans la logique des choses; un pays du Québec de par ses origines, de par son développement, de par sa progression doit être un pays francophone. Il est remarquable à cet égard que la première loi qui proclame le français langue officielle du Québec n'est pas une loi du Parti québécois, contrairement à ce que bien des gens pensent, mais une loi [...] qu'a fait adopter M. Bourassa au début des années soixante-dix. C'est le Parti libéral du Québec qui a adopté la loi qui déclare le français seule langue officielle au Québec. Il y a là quelque chose de très profond et qui dépasse l'esprit partisan des partis politiques. Un appétit d'une société qui, dans son évolution, veut vivre en français.

Est-ce que cette volonté rend cette société xénophobe, ou raciste, comme on l'a soutenu à certains moments? Mais non, cette loi était en quelque sorte l'aboutissement normal d'une évolution normale. La société britannique fonctionne naturellement en anglais et d'aucune façon on ne s'imaginerait un instant qu'elle soit raciste ou xénophobe. [...] La société grecque fonctionne en grec et n'est pas suspecte à cause de cela. Je sais bien que les adversaires de l'idée de la souveraineté nous disent: «Vouloir fonctionner en français dans cette société, cela a des relents, peut-être, de racisme ou de xénophobie.» Il faut répondre «Non, non, c'est la normalité des choses...»

Bien sûr nous avons, comme bien des pays, un certain nombre de questions qui se posent à l'égard des rapports entre la majorité et les minorités. [...] Il n'y a rien ni de bien nouveau ni de bien surprenant à cela. Ce n'est pas le fait d'avoir des minorités qui est en soi significatif, c'est la façon dont les rapports s'établissent entre ces minorités et la majorité. Ce qui caractérise non pas la générosité du système mais la démocratie du système, c'est l'établissement de ces rapports.

Les Anglo-Québécois ont construit non seulement le Canada mais une bonne partie du Québec et une bonne partie de Montréal. Ce ne sont pas des gens arrivés récemment.

En tant que Québécois, ils sont nous. Nous sommes eux, dans l'évolution du Québec. Ils ont besoin de garanties constitutionnelles quant à leur avenir. Ils les ont dans la Constitution canadienne depuis fort longtemps. Il faut, dans un Québec souverain, que des garanties du même ordre apparaissent. Nous nous y sommes d'ailleurs engagés. [...]

En ce qui a trait à ce que l'on appelle couramment les communautés culturelles, on est au Québec de plus en plus orienté vers ce que l'on pourrait nommer l'intégration dans la société québécoise. C'est normal, on ne veut pas deux ou trois ou quatre classes de citoyens. S'il y a une chose que les nations les plus sages ont apprise à travers les siècles, c'est bien cela: on ne doit pas créer plusieurs catégories de citoyens. [...] Il faut [donc] chercher l'intégration, tout en maintenant cette reconnaissance de l'enrichissement humain et culturel que représente cette diversité pour les Québécois. Il n'y a aucun mérite à chercher le maintien de ce que l'on pourrait appeler, en un certain sens, la pureté de ses origines et il n'y a rien de plus ridicule qu'une telle recherche dans un pays comme le Québec, nos racines plongeant chez les Français, bien sûr, mais aussi chez les autochtones, les Irlandais, les Écossais et les Anglais.

C'est un drôle de mélange, le Québécois. Et le mélange continue. Bravo! Qu'il continue et qu'il s'amplifie! [...]

Qu'est-ce qu'un Québécois? Un Québécois, c'est quelqu'un qui habituellement habite au Québec, accepte les règles de vie de cette société, de plus en plus aime ces règles, veut être québécois, accepte de l'être, indépendamment de ses origines. Est-ce que j'ai dit les règles? Je pourrais dire les valeurs. Il est évident que le Canada se constituant autour de certaines valeurs, le Québec se constituant autour de certaines valeurs, les gouvernements qui reflètent ces deux communautés sont en conflit l'un avec l'autre. C'est parfois très aigu, parfois moins, mais cela ne s'arrête jamais. [...]

Et au fur et à mesure que les oppositions se sont développées, l'immobilisme dans l'affrontement a pris de plus en plus d'ampleur. Je vous en donnerai un exemple d'aujourd'hui, d'hier, d'avant-hier, d'il y a cinq ans, d'il y a dix ans, d'il y a trente ans: le contrôle sur la formation professionnelle.

On sait quelle importance a cette question à notre époque. Les économies au fond sont basées sur quoi? Sur la matière grise, la recherche, le développement, la technologie, la formation des gens. Qui va contrôler la formation professionnelle? On voyait encore des débats aujourd'hui à la Chambre des communes et à l'Assemblée nationale, presque à la même heure, sur ce même sujet. Et un gouvernement aussi fédéraliste que celui de Daniel Johnson [...] recommence le conflit avec Ottawa. Ils ne peuvent pas l'éviter. Que se passe-t-il alors? Rien... Ce qu'un gouvernement cherche à faire, l'autre peut l'annuler et vice versa.

Comment se sort-on de là? Je pense que l'on se sort de là à partir d'une idée qui est vraiment la grande découverte de notre époque et qui a marqué l'histoire de l'Europe de l'Ouest depuis 1957, depuis le traité de Rome. On peut être un petit pays, souverain, indépendant, prospérer, se développer, s'épanouir sur le plan culturel et économique à la condition d'appartenir à un très grand marché sur le plan commercial, industriel, financier, etc. C'est la grande découverte de notre époque et elle vient une fois de plus de l'Europe. On a pensé longtemps que les frontières d'un marché et les frontières d'un État ou d'un empire devaient coïncider. Il y avait l'Empire britannique et il y avait les préférences commerciales du Commonwealth. Il y avait l'Empire français et il y avait la zone commerciale, la zone franc, que la France avait créée. Avant la guerre de 1914, il y avait l'Empire austro-hongrois. Sa dislocation, les plus vieux s'en souviendront, va déclencher des guerres commerciales ruineuses pour tout le centre et l'est de l'Europe. [...]

Je ne cherche d'aucune façon à être astucieux, habile, à cacher des choses ou à faire des zigzags. Je pense que la société québécoise en est rendue au point où nous pouvons nous brancher, nous décider. Il y a maintenant des années que nous discutons. Il est temps d'aboutir. Maintenir cette incertitude depuis des années, maintenir ces affrontements qui n'aboutissent jamais nous cause, à nous Québécois, aux Canadiens, un tort considérable. Il est temps d'en sortir, il est temps de se décider et cela se fait, c'est très beau qu'il en soit ainsi, sans violence. [...] Dans la mesure où le référendum est gagné, un pays du Québec va apparaître. À la construction de ce pays, je vous convie. [...]

Mélina Mercouri disait que «la culture grecque est jeune parce qu'elle est antique». C'est grâce au dynamisme du peuple grec qu'elle est demeurée aussi vivante. L'hellénisme qui est venu prendre racine au Québec et qui s'y est épanoui depuis le début du siècle a apporté avec lui la fierté de ses origines, la créativité, l'esprit d'entreprise et la volonté de réussir. Cette vitalité des Québécois et des Québécoises d'origine grecque est essentielle au développement du Québec et, dans ce sens, je compte sur vous tous, *yia na ktisoumer mazi to Québec tou avriou* («pour que nous bâtissions ensemble le Québec de demain»).

La proposition aux Montagnais et aux Attikameks

*À l'occasion d'une rencontre avec
les chefs montagnais et attikameks,
Beaupré, le 28 octobre 1994.*

[...] Vos nations ont présenté à la fin des années soixante-dix une revendication territoriale fondée sur une occupation ancestrale d'une partie importante du territoire du Québec. Le gouvernement du Québec, par la voix du premier ministre d'alors, M. René Lévesque, et le gouvernement du Canada ont alors accepté de négocier l'établissement de nouvelles relations entre nos sociétés respectives.

C'est également un gouvernement issu du Parti québécois qui, à partir d'une proposition de M. René Lévesque, a été le premier à reconnaître les nations autochtones par l'adoption d'une résolution à l'Assemblée nationale le 20 mars 1985. Cette proposition s'accompagnait d'un engagement à conclure, avec les nations qui le désiraient, des ententes leur assurant l'exercice:

— du droit à l'autonomie au sein du Québec;

— du droit à leurs cultures, à leurs langues et à leurs traditions;

— du droit de posséder et de contrôler des terres;

— du droit de chasser, de pêcher, de piéger, de récolter et de participer à la gestion des ressources fauniques;

— du droit de participer au développement économique et d'en bénéficier.

Pour les Attikameks et les Montagnais, ces droits n'ont toutefois pas encore été pleinement mis en œuvre et ils ne pourront véritablement s'exprimer que dans la mesure où nous pourrons ensemble leur donner une substance. La négociation de votre revendication a permis jusqu'à maintenant de discuter et d'étoffer certains droits mentionnés dans la résolution de l'Assemblée nationale; elle ne les a toutefois pas intégrés dans une entente formelle, notamment parce qu'il n'y a jamais eu de dépôt global à la table de négociation.

Le gouvernement que je dirige considère qu'après quelque quinze ans de discussions, parfois sporadiques, il est temps de corriger cette situation et de donner un nouveau souffle à nos négociations. Il souhaite donc confirmer avec vous une volonté commune d'accélérer la négociation afin d'élaborer un nouveau contrat social entre nos sociétés et ainsi vous permettre de mettre un terme au régime de tutelle qui vous a été imposé. Je me dois d'ailleurs de souligner que la persévérance dont vous avez fait preuve emporte mon admiration, car malgré ce régime de tutelle et cette dépendance qui vous empêchaient de prendre des décisions concernant votre avenir, vous avez su conserver au fil des siècles vos langues et vos cultures. Les Québécois sont bien placés pour apprécier la valeur de cette victoire et l'importance de préserver la langue que nos ancêtres nous ont léguée.

L'imbrication géographique des Attikameks et des Montagnais avec les autres Québécois fait que, dans la vie de tous les jours, les uns parcourent les espaces qu'occupent les autres, échangent des produits, utilisent souvent les mêmes institutions et services tels que routes, hôpitaux et aéroports. Cette interrelation n'a pas cessé de se développer au fil des ans, malgré certaines difficultés. Il est évidemment à prévoir que ces contacts continueront de croître dans l'avenir, compte tenu, notamment, du développement de plus en plus grand des communications, de l'accroissement des populations et de l'impor-

tance des ressources naturelles dans la croissance économique des régions. Cette interrelation signifie que, dans
un véritable esprit de partenariat et de transparence, les
milieux régionaux concernés par votre revendication
devront être associés à la négociation. Je crois que vous
partagez ce constat et j'en tiens pour preuve la rencontre
organisée au mois de septembre par le Conseil de la
nation attikamek avec les conseils régionaux de concertation et de développement.

Comment peut-on parvenir à un résultat? Je crois qu'il
faut d'abord répondre aux besoins légitimes que vous avez
sans cesse exprimés, à savoir que vous puissiez définir vos
besoins et vos priorités en fonction de ce qui fait votre spécificité. Deux mots peuvent résumer cette perspective: autonomie et partenariat.

L'autonomie signifie la reconnaissance de responsabilités dans la gestion de vos communautés et des territoires sur
lesquels elles vivent. Il faudra aussi s'assurer que les interventions du gouvernement du Québec sur les territoires qui
seront visés par les ententes se fassent en partenariat avec
vos gouvernements et que ce partenariat porte non seulement sur la pertinence et la nature de ces interventions,
mais aussi sur les mises en œuvre de ces mêmes interventions.

L'autonomie de vos communautés et la mise en place
de gouvernements locaux constituent des prémisses essentielles pour que vous puissiez contrôler l'ensemble des instruments nécessaires à votre développement social et économique et à l'épanouissement de l'identité et des cultures
attikamek et montagnaise.

Le partenariat est également essentiel si l'on veut
atteindre simultanément les objectifs suivants:
1) convenir d'un code commun fondé sur l'harmonisation et la cohabitation des usages des Attikameks et
   des Montagnais et sur l'utilisation par les autres
   Québécois des territoires visés par les ententes et
   l'appliquer;

2) faire participer vos gouvernements locaux au développement et à la gestion de ces territoires de telle
sorte que, sur la base d'intérêts communs, vos gouvernements, le gouvernement du Québec et les uti-
lisateurs établissent des consensus concernant le
développement et l'usage de ces territoires;

3) appuyer de façon concrète l'autonomie gouvernementale de vos communautés, particulièrement en
matière financière, par leur participation au développement de ces territoires et par le partage des
revenus fiscaux qui en seront tirés;

4) définir des mesures permettant à vos gouvernements locaux et à l'ensemble de vos communautés
de tirer pleinement parti du développement économique.

Il me semble qu'un secteur, et j'aurais pu en choisir
d'autres, nous permet de bien comprendre la signification
et la portée de ces concepts: il s'agit de l'éducation. Le secteur de l'éducation, vous en conviendrez avec moi, est certainement l'un des domaines les plus importants pour nos
sociétés car il concerne l'avenir de nos enfants. Le gouvernement du Québec ne voit pas les choses autrement et,
compte tenu des taux de décrochage actuels, il devra
apporter des corrections, car le risque d'hypothéquer une
génération est réel.

Vos communautés connaissent, je crois, des problèmes de même nature, mais ceux-ci sont exacerbés par un
système qui ignore parfois votre spécificité. Voilà pourquoi, et une proposition en ce sens a déjà été déposée à la
Table centrale de négociation, le Québec est prêt à vous
confier l'entière responsabilité de l'éducation primaire et
secondaire. Vous devrez ainsi décider de ce qui convient le
mieux à vos communautés dans ce secteur névralgique.
S'agira-t-il de vous arrimer avec les commissions scolaires
des communautés environnantes ou d'opter pour la mise
en place d'un régime conçu par et pour vos communautés?
Reconnaître votre autonomie signifie que cette décision

vous appartient entièrement et que vous disposerez de moyens financiers vous permettant de la mettre en œuvre. Au-delà du secondaire, en raison de la contrainte que représente la taille de vos communautés, peut-être souhaiterez-vous vous associer aux institutions québécoises d'enseignement afin de permettre à vos jeunes de devenir, par exemple, ingénieurs, électriciens ou entrepreneurs. Le partenariat dont nous devrons alors convenir établira la nécessaire cohabitation entre nos sociétés, particulièrement sur le plan régional. [...]

Vous entretenez une relation privilégiée avec le territoire. Il y a entre vous et la terre un rapport, un lien d'appartenance réel et authentique. Conscient de cette réalité, le Québec a mis en place, il y a plus de cinquante ans, le régime des réserves à castor qui vous confère un droit exclusif de piégeage et des droits de chasse, de pêche et de cueillette de subsistance. Toutefois, ce régime n'est plus satisfaisant et cela, il me semble, pour deux raisons. D'une part, il ne vous permet pas d'exercer un droit de regard sur le développement des territoires que vous fréquentez et, d'autre part, il vise simplement le maintien de certaines activités qui, quoique fondamentales, ne contribuent pas pleinement au développement et à l'évolution de vos sociétés. La proposition que le gouvernement du Québec déposera dans un avenir très rapproché vise à corriger cette situation[1].

Dans le cadre d'une entente territoriale globale, le Québec est disposé à reconnaître à chaque communauté attikamek et montagnaise des droits de propriété complète à l'égard des terres des réserves actuelles auxquelles pourraient être ajoutées de nouvelles terres cédées par le gouvernement du Québec. L'ensemble de ces terres formerait les domaines autochtones et viserait à permettre un développement

---

1. Comme je l'ai signalé dans l'introduction à ce chapitre, les nations attikamek et montagnaise, sans doute sous la pression des autres nations autochtones, ont refusé de signer la proposition avant le référendum.

communautaire et urbain de vos communautés. Ces domaines constitueront les bases territoriales de vos gouvernements locaux. Vos gouvernements disposeraient à leur gré de l'ensemble des revenus fiscaux tirés de ces territoires, y compris les revenus reliés aux substances minérales, selon des modalités à négocier.

De plus, dans le cadre d'une entente territoriale globale, le Québec reconnaîtrait aux nations attikamek et montagnaise la possibilité de poursuivre l'exercice d'activités traditionnelles, qui constitue l'une des bases de vos cultures et de vos économies, sur des zones dites d'activités traditionnelles, de même que l'exercice d'une influence réelle sur l'élaboration des modalités d'intervention du gouvernement et des tiers dans ces zones, et ce en vue d'une harmonisation avec vos activités.

J'en arrive maintenant à l'aspect novateur de la proposition du Québec qui, je crois, n'a pas d'équivalent en Amérique. Afin de faire des nations attikamek et montagnaise de véritables partenaires du Québec dans le développement harmonieux du territoire du Québec, mon gouvernement est prêt à envisager la création de zones de ressources à responsabilités partagées, à l'intérieur desquelles on retrouverait, dans toute la mesure du possible, les zones d'activités traditionnelles. Dans ces zones de ressources à responsabilités partagées, le gouvernement du Québec partagerait avec vos gouvernements locaux la gestion et le rendement fiscal liés à ces territoires. Le gouvernement du Canada serait invité à participer à cette proposition pour les volets qui le concernent. Les milieux régionaux, et je pense ici entre autres aux milieux municipaux, seraient associés à cette démarche. Les zones de ressources à responsabilités partagées seraient assujetties aux lois québécoises touchant l'aménagement et le développement du territoire, lesquelles lois seraient modulées et adaptées pour mieux tenir compte des intérêts et des priorités des Attikameks et des Montagnais.

Grâce au partage des revenus tirés de ces zones, vos gouvernements pourraient compter, en lieu et place du régime actuel de financement, sur des sources de revenus qui leur seraient propres et qui leur permettraient de dispenser les services de base à leurs citoyens. Il va de soi que cette nouvelle structure de financement devra être accompagnée d'une acceptation par le gouvernement du Canada, d'un ajustement important de son rôle dans le financement des services fournis aux communautés attikameks et montagnaises.

Le gouvernement du Québec pourrait également convenir de partager la gestion de certains sites à des fins de protection — je pense ici, notamment, à des sites archéologiques et à des lieux de sépulture — ou de conservation, comme les parcs. À cet égard, nous pourrons sans doute tirer profit d'expériences présentement en cours, telles l'entente entre la communauté de Betsiamites et le ministère de l'Environnement et de la Faune portant sur la gestion de la réserve écologique Louis-Babel.

Accepter véritablement la différence signifie qu'il faut déboucher sur des gestes concrets. Promouvoir l'exercice de l'autonomie gouvernementale des nations attikamek et montagnaise devient fondamental pour que la reconnaissance de cette différence ne soit pas vide de sens. Pour ce faire, il faut que vos gouvernements détiennent des pouvoirs politiques véritables de façon à permettre à vos communautés de sortir de leur dépendance actuelle. Aménager la coexistence est l'autre défi relié à l'autonomie. Les multiples liens qui existent entre nos sociétés font en sorte que les gestes des uns risquent d'avoir des conséquences pour les autres.

Je tiens à préciser que la négociation n'a pas pour objectif l'élaboration d'un modèle d'autonomie gouvernementale qui serait applicable uniformément à toutes vos communautés. Cette négociation doit au contraire permettre à chaque nation et même à chaque communauté d'exprimer ses préférences, et cela au rythme qu'elles auront décidé elles-mêmes.

Vos gouvernements détiendront des pouvoirs politiques réels et significatifs sur l'ensemble des secteurs

constituant les leviers nécessaires permettant aux Attikameks et aux Montagnais de protéger et de promouvoir leur
mode de vie et leur identité culturelle ainsi que d'assurer
leur développement. Les pouvoirs de vos gouvernements
porteront sur leur organisation politique et administrative,
sur les services à la personne, sur le développement économique, grâce notamment à l'exploitation des ressources,
sur les responsabilités reliées aux cultures attikamek et
montagnaise et sur les responsabilités reliées aux services
communautaires.

Ces pouvoirs s'exerceront d'abord sur les domaines
autochtones et sur l'ensemble des personnes qui y résident.
Durant la négociation, nous discuterons également des responsabilités que vos gouvernements pourront assumer à
l'extérieur des domaines autochtones, et cela en partenariat
avec les milieux régionaux. [...]

Tant la société québécoise que les sociétés attikamek et
montagnaise cherchent à assurer à leurs citoyens des
moyens pour profiter du développement économique,
notamment en termes d'emplois, et je vise ici particulièrement les jeunes. Mais il demeure qu'il y a un rattrapage à effectuer dans vos communautés.

En effet, tous les indicateurs de la situation socio-
économique des Attikameks et des Montagnais, que ce
soit en matière de scolarité ou d'emploi, lorsque comparés
à ceux des autres Québécois, révèlent un retard qu'il est
urgent de combler. Les interventions dans les secteurs du
développement social et du développement économique,
dont nous aurons convenu, viseront à corriger la situation
de dépendance dans laquelle vous vous retrouvez. Elles
s'appuieront sur la volonté de vos communautés de prendre en charge leur développement et de se doter d'outils
pour y arriver. Le gouvernement du Québec collaborera à
l'élaboration et à la mise en place des instruments de prise
en charge et il s'associera à vos gouvernements dans la
mise en œuvre des programmes prioritaires que vous aurez
élaborés. [...]

J'en arrive [...] à la question de l'échange et de la clarification des droits ancestraux que vous revendiquez. La Constitution reconnaît et confirme les droits ancestraux existants des peuples autochtones du Canada. Ces droits ne sauraient donc être échangés sans votre consentement exprès. Cependant, l'un des objectifs principaux de cette négociation, qui est je crois partagé par nous tous, vise l'obtention d'une certitude juridique sur le territoire. Mon gouvernement est prêt à examiner avec vous et le gouvernement du Canada la meilleure formule nous permettant d'atteindre cet objectif. [...]

Vous savez tous par ailleurs que notre gouvernement poursuit un objectif très spécifique et très particulier pour le Québec. Nous croyons que le Québec doit devenir un pays souverain, et ce dans les meilleurs délais. [...]

Dans ce cadre, vous aurez, bien sûr, des décisions à prendre. Vous serez aussi invités à participer plus particulièrement, notamment à la rédaction d'un projet de constitution d'un Québec souverain en ce qui concerne vos garanties constitutionnelles et les mécanismes d'amendement de ces mêmes garanties qui devront impliquer votre accord.

J'aborde cette question aujourd'hui pour vous dire que notre volonté de faire progresser nos négociations sur vos revendications et d'en arriver à une entente mutuellement satisfaisante et par ailleurs notre volonté de voir le Québec devenir un pays souverain ne sont pas dépendantes l'une de l'autre. [...]

J'ai, bien sûr, bon espoir de vous convaincre du caractère emballant de la souveraineté du Québec. J'ai conscience également que nous aurons des énergies à déployer pour ce faire et c'est normal.

De la même façon, le gouvernement du Québec ainsi que moi-même entendons mettre toutes les énergies nécessaires pour enfin permettre aux nations attikamek et montagnaise et aux autres nations autochtones de contrôler leurs terres, leurs ressources et leur développement économique, social et culturel.

[...] Bien des discussions restent à venir. Il nous faut nous en remettre à nos représentants respectifs. Ils sont compétents. Ils l'ont démontré. Je pense que bientôt nous pourrions être en mesure de saluer l'arrivée des gouvernements autonomes attikamek et montagnais.

Des nations autochtones autonomes dans un Québec souverain

À l'occasion de la présentation des crédits du Secrétariat aux affaires autochtones, Assemblée nationale, le 25 avril 1995.

[...] Comme je l'ai déclaré à notre arrivée au pouvoir, c'est dans la continuité de l'œuvre de René Lévesque que nous avons abordé nos relations avec les autochtones. René Lévesque a été le premier à inviter les autochtones à l'Assemblée nationale. C'est lui qui a fait adopter les 15 principes sur lesquels repose toute l'action du gouvernement du Québec depuis, même celle des gouvernements libéraux précédents. C'est lui qui a fait adopter une résolution par l'Assemblée nationale afin de sanctionner ces principes. Et c'est encore lui qui a créé le SAGMAI[1], aujourd'hui le Secrétariat aux affaires autochtones. J'ai annoncé dès le départ mon intention de donner enfin une réalité à cette reconnaissance de principes. J'ai aussi indiqué aux 11 nations autochtones du Québec notre volonté de leur accorder une large mesure d'autonomie gouvernementale, tout en développant avec eux des mesures de partenariat.

Ce n'est pas un hasard si j'ai gardé la responsabilité première des affaires autochtones. C'est d'abord en raison de l'importance capitale de la question autochtone. Certains

---

1. Secrétariat des activités gouvernementales en milieu amérindien et inuit.

ajouteraient: «surtout dans un Québec souverain», et c'est certainement vrai. Mais cela l'est tout autant dans le contexte d'un Québec-province.

Ainsi, certains ont pu prétendre à l'occasion que la motivation du gouvernement du Québec en matière autochtone était à peu près uniquement liée à son objectif référendaire. Cela est inexact. Comme j'ai déjà eu l'occasion de le dire [...], les droits et les aspirations autochtones sont à ce point légitimes qu'il ne saurait être question de lier leur reconnaissance de quelque façon à l'atteinte d'un autre objectif national, dût-il être aussi élevé que la souveraineté du Québec. Ainsi, notre volonté de faire progresser les négociations sur les revendications autochtones et d'en arriver à des ententes et, par ailleurs, notre volonté de voir le Québec devenir un pays souverain ne sont pas dépendantes l'une de l'autre. [...]

D'autre part, j'ai aussi souhaité conserver les dossiers autochtones en raison du fait qu'ils concernent une multitude de ministères dont l'intérêt premier n'a pas toujours été et n'est pas toujours fermement tourné vers ces problèmes. Finalement, j'ai décidé de m'impliquer personnellement par considération pour les chefs et les leaders autochtones qui sont chefs de nation. [...]

Lorsque j'ai formé le présent gouvernement, j'ai annoncé mon intention de faire bouger les dossiers qui stagnaient depuis longtemps et que personne ne semblait capable de faire avancer. Nous nous en sommes occupés et nous avons obtenu des résultats fort satisfaisants, comme je vais le démontrer maintenant.

Avec les Inuits, par exemple, plusieurs projets ont été mis de l'avant dont un certain nombre ont déjà connu un aboutissement heureux. Le grand dossier que nous menons avec les Inuits est sans contredit la négociation visant le regroupement des organismes créés par la Convention de la Baie James et du Nord québécois dans une même unité en vue d'établir un gouvernement régional autonome au Nunavik. Un consensus a été atteint sur plusieurs points impor-

tants, dont l'intégration de l'Administration régionale Kativik et la Régie régionale de la santé et des services sociaux,
sur la structure de la nouvelle administration, sur les règles
électorales... De plus, sous notre impulsion, la Table de
négociation est en voie de définir un mode de financement
global intégrant les transferts de tous les ministères concernés. Nous allons aussi examiner à cette table les moyens
pour développer des sources de revenus autonomes pour la
région. Nous visons la signature d'une entente de principe
dès cette année, avec cependant un délai par rapport au
calendrier initial, à la demande même des négociateurs du
Nunavik et du Québec.

Plusieurs projets de moindre envergure mais non moins
importants ont finalement abouti avec la nation inuite. [...]

Les besoins de formation de la main-d'œuvre inuite sont
tels qu'ils nécessitent une intervention rapide. Au Nunavik,
de nombreux emplois qui sont occupés par des non-autochtones pourraient l'être par des Inuits si la formation professionnelle leur était plus accessible. [...] Des investissements
comme ceux de la société Falconbridge créeront de nouveaux
emplois qui demandent une main-d'œuvre qualifiée[2]. Or la
construction d'un centre de formation professionnelle était
en discussion depuis des années, au moins depuis trois ans.
Devant l'urgence de répondre au besoin, j'ai demandé qu'un
tel centre soit mis en chantier dès ce printemps, à Inukjuak.
Le ministère de l'Éducation entreprendra dès cette année, de
concert avec la Commission scolaire Kativik, la réalisation de
ce projet évalué à quelque 18,5 millions.

De plus, le transfert à l'Administration régionale Kativik de l'ensemble des programmes et des services de formation de la main-d'œuvre sur le territoire du Nunavik est
imminent. Une entente à ce sujet sera ratifiée sous peu.

Deux dispensaires seront également construits au Nunavik dès cette année, un à Quaqtaq et l'autre à Inukjuak.

---

2. Il s'agit de l'exploitation d'un gisement de nickel.

J'ai demandé au ministre de la Santé et des Services sociaux de donner suite à cette décision. [...]

Une autre grande négociation globale dont nous pouvons être satisfaits est celle que nous menons avec les Attikameks et les Montagnais. Après quelque quinze années de discussions, le gouvernement du Québec a présenté, pour la première fois, une offre globale. Cette offre va plus loin que toute autre proposition faite aux autochtones du Québec depuis la signature des grandes conventions des années soixante-dix, c'est-à-dire les conventions liées à l'aménagement de la Baie-James et du Nord québécois. Nous offrons aux Attikameks et aux Montagnais l'autonomie gouvernementale dans la majorité des secteurs d'activité ainsi que la cogestion et le partage des ressources sur de larges territoires. Bref, nous leur offrons les moyens de se prendre en charge et de se développer socialement, culturellement et économiquement. Nous leur ouvrons la porte au partenariat avec les non-autochtones.

Cette négociation nous donne donc l'occasion d'exprimer concrètement notre vision de nos relations avec les autochtones: autonomie dans des domaines convenus et avec des règles du jeu claires, partenariat avec le gouvernement et les entreprises régionales pour la mise en valeur des ressources, partage de la richesse et de l'effort pour créer cette richesse. [...]

Les concepts de droit inhérent, des droits ancestraux, d'extinction du titre aborigène (comme disaient les professeurs d'université) traduisent sûrement des réalités politiques profondes et il nous faudra bien un jour prochain y trouver de vraies réponses. Je ne crois pas cependant que nous, comme gouvernement et comme nations autochtones, puissions accepter d'en rester là pour échanger des considérations plutôt philosophiques alors que nous pouvons certainement avancer sur des sujets concrets avec des solutions capables d'améliorer les conditions de vie des autochtones du Québec. [...]

Les discussions interminables des dernières années, si elles ont été un temps nécessaires, ont fini par nous empêtrer dans des considérations qui ont peu à voir avec le mieux-vivre des nations autochtones. Je suis, à cet égard, frappé de voir qu'une partie des obstacles à une négociation diligente avec les Montagnais est liée au sort et au partage de la responsabilité des quelque 30 millions de dollars déjà affectés (je devrais dire avancés) au cours des onze premières années de négociation. Le gouvernement fédéral porte ici une certaine responsabilité, pour ne pas dire une responsabilité certaine. On me permettra d'en dire quelques mots un peu plus loin.

D'un autre côté, il arrive aussi, pour de multiples raisons, que nous ne puissions entamer ou poursuivre des négociations d'aussi grande envergure. C'est normal et il ne faut pas trop s'en formaliser. L'histoire récente, comme celle plus lointaine, fait parfois en sorte que le climat se prête moins à ce type d'approche. Il arrive toujours, cependant, que pour ces nations des dossiers importants doivent être discutés. Il s'agira, ici, d'une question d'école, là, d'un hôpital ou encore de logement ou d'aqueduc.

En cette matière, il n'y a pas et il n'y aura pas de petits dossiers. Il n'y aura pas de stratégies fumeuses du genre: «Si on bloque assez longtemps tel dispensaire, telle entente de développement économique, on va les amener à accepter telle autre entente ou encore, on va les amener à être plus "raisonnables" quant à leurs revendications territoriales.»

Non, il faut donner suite à ces demandes de discussions sur des dossiers plus ponctuels. Ces discussions ont d'ailleurs l'avantage de ne pas exiger de chacun qu'il renie ses grandes orientations politiques tout comme l'immense mérite de nous permettre d'échanger, de mieux nous connaître, et peut-être, après plusieurs de ces dossiers, d'envisager des discussions globales. [...]

Si, comme on le constate, nous avons fait ce qui s'imposait, si nous avons choisi d'agir, force est de nous demander ce que fait le gouvernement fédéral. Des études, des enquêtes, des consultations, comme si la situation des autochtones était inconnue et comme si l'évidence d'agir rapidement ne s'imposait pas d'elle-même.

D'abord, le gouvernement fédéral a mis sur pied la Commission royale sur les peuples autochtones, aussi connue sous l'appellation de commission Erasmus-Dussault. Voilà une commission créée depuis maintenant près de quatre ans, avec un mandat extrêmement large, qui a tenu des audiences publiques dans tous les coins du pays, qui a coûté plus de 50 millions de dollars — j'ai bien dit 50 millions —, une commission qui a produit des centaines de documents de recherche et qui reporte constamment la parution de son rapport final[3]. Combien de temps faudra-t-il encore attendre pour voir le gouvernement fédéral passer de la réflexion à l'action?

Mais il y a pire. La commission Erasmus-Dussault a produit quelques rapports intérimaires dont un sur l'autonomie gouvernementale en août 1993. Qu'a fait le gouvernement fédéral? A-t-il pris position, tracé la voie? Non! Il a annoncé, en janvier 1994, une vaste consultation publique sur l'autonomie gouvernementale qui devait conduire, six mois plus tard, à une politique fédérale sur le sujet. Eh bien, dix-huit mois plus tard, nous attendons toujours.

Cette même commission a produit récemment un rapport sur la question de l'extinction du titre ancestral lors du règlement des revendications territoriales. Ici encore le gouvernement fédéral a dédoublé le travail de sa Commission royale en nommant un enquêteur sur cette même question. Cet enquêteur refait le même chemin que la Commission royale a parcouru et il doit aussi faire rapport dans quelques mois. On peut se demander, ici encore, quand le gouvernement fédéral prendra-t-il enfin position?

Cette attitude d'inaction du gouvernement fédéral semble être devenue une politique officielle. [...] Il y a encore quelques jours, le ministre des Affaires indiennes annonçait une autre consultation sur la révision de la Loi sur les Indiens, loi qu'il qualifiait pourtant lui-même d'anachronique et de

---

3. Le rapport a été publié le 21 novembre 1996.

coloniale. Alors pourquoi a-t-il besoin d'une autre consulta-tion? Tout cela nous coûte des millions et freine la vraie reconnaissance des droits autochtones.

Nous préférons de loin passer à l'action. C'est ce que nous avons fait et c'est ce que nous continuerons de faire.

Quand on compare l'action du gouvernement du Qué-bec envers les autochtones avec ce que font le gouverne-ment fédéral et ceux de certaines provinces, on s'aperçoit que le Québec se classe fort bien. D'ailleurs, dans son mémoire à la commission Bélanger-Campeau en 1992, le professeur Bradford Morse note qu'en cette matière la per-formance du Québec dépasse celle des autres provinces dans tous les domaines et souvent de façon significative, et ce aussi bien en ce qui concerne les territoires, la protection des langues autochtones, l'éducation, la santé et les services sociaux, la reconnaissance du titre indien, l'autonomie gou-vernementale. [...]

Je conclurai [...] en disant que, sans négliger l'impor-tance de tous les autres dossiers, je fonde avant tout l'espoir de voir progresser les grandes négociations avec les nations pour leur permettre d'assumer leur autonomie gouverne-mentale: les Inuits, les Attikameks, les Montagnais, les Hurons-Wendat. Je souhaite sincèrement que nos efforts aboutissent bientôt afin que nous puissions voir l'avène-ment de nations autochtones autonomes en même temps que la nation québécoise deviendra souveraine.

La reconnaissance
internationale
d'un Québec souverain

Comme chef de l'opposition ou premier ministre, je n'ai pas fait un grand nombre de discours sur les relations internationales d'un Québec souverain. Celui que j'ai prononcé en 1992 devant le Conseil des relations internationales de Montréal est un rare exemple du genre. Au cours de mes déplacements au Canada anglais et aux États-Unis, les allocutions étaient de deux types. Certaines précisaient comment la souveraineté du Québec se présentait sur le plan économique, financier et monétaire. On en a vu des exemples dans le chapitre intitulé «La question économique: de l'apocalypse au partenariat». D'autres discours, de circonstance, pourrait-on dire, présentaient en termes généraux la situation du Québec et les aspirations des souverainistes. On en trouvera ici de courts exemples.

À l'occasion de visites à Paris en 1994 et 1995, il m'a fallu procéder à quelques présentations plus étoffées car on approchait de l'échéance référendaire.

Cependant, la plupart des discours que j'ai prononcés hors du Québec ont été des prétextes à la poursuite d'une diplomatie compliquée, entièrement orientée vers un objectif précis: m'assurer que le Québec souverain soit reconnu comme pays indépendant dès qu'un référendum aurait été gagné. Ce n'est pas une question de gloriole, mais une condition essentielle pour permettre à notre gouvernement de fonctionner et de réaliser ce qu'il s'est engagé à faire. Cette diplomatie concerne la France, les États-Unis et, bien sûr, le Canada, mais à des titres très divers, comme on va le voir ici.

Dès que je suis devenu président du Parti québécois, j'ai d'abord repris mes relations avec la classe politique française. Mes premières tentatives se sont heurtées à un scepticisme général. En France, on n'avait pas encore oublié les résultats du référendum de 1980. Michel Rocard, par exemple, qui était alors premier ministre, était convaincu que l'accord du lac Meech passerait et qu'il n'y avait guère d'espoir pour les souverainistes. Ce qui n'empêchait pas une indéfectible amitié.

Pierre-André Wiltzer, le président du groupe parlementaire d'amitié franco-québécoise, gardait, lui, espoir et confiance. Cependant, la réaction la plus surprenante vint de François Mitterrand lui-même. Pour des raisons que je ne m'explique pas encore aujourd'hui, j'ai pu entrer en contact avec François Mitterrand chaque fois que je l'ai désiré. Étant donné les fins que je poursuivais, cela n'avait pas de prix.

J'ai aussi rétabli les ponts avec Jacques Chirac, alors maire de Paris. Ce gaulliste convaincu en voulait, à juste titre, au Parti québécois d'avoir autrefois demandé son entrée dans l'Internationale socialiste. Et Jacques Chirac s'entendait assez bien avec Robert Bourassa...

Enfin, je connaissais Raymond Barre depuis longtemps, depuis les beaux jours de l'Institut de science économique appliquée de François Perroux, dans les années cinquante.

Dans un premier temps, il a fallu rétablir en France la crédibilité de la cause souverainiste et établir ma propre crédibilité comme chef du Parti québécois. Cela m'a permis, dans un deuxième temps, d'amorcer ce que j'ai appelé le «Grand Jeu». Je n'ai jamais expliqué de quoi il s'agissait dans un discours public avant celui que j'ai prononcé à Paris en juin 1996, après avoir quitté les affaires politiques. Cette stratégie, je l'ai toutefois souvent décrite des deux côtés de l'Atlantique, dans des rencontres privées.

Le dénominateur commun implicite de toutes mes démarches, c'est cette stratégie. En deux mots, elle consiste à constater, ainsi que je l'ai mentionné dans l'introduction

générale, que les Américains, déjà navrés face aux Canadiens d'avoir à maintenir le Québec dans l'ALENA ne
seront pas enclins à reconnaître un Québec qui se déclare
souverain, à moins vraiment qu'ils ne puissent faire autrement.

La seule façon d'inciter les États-Unis à accepter le
nouveau statut du Québec est de faire en sorte que la France
le reconnaisse comme pays dans des délais très brefs. Cela,
les États-Unis ne pourraient l'admettre, non pas seulement
pour des raisons historiques comme la doctrine de Monroe
qui, à compter du milieu du XIXe siècle, a transformé les
Amériques en chasse gardée des États-Unis, mais parce que
perdre ainsi la face, au Canada et partout en Amérique, leur
serait insupportable. Un dîner que j'ai organisé à Washington à l'occasion d'une série de conférences et de rencontres,
dîner auquel avaient assisté des représentants du State
Department, du Commerce Department et du National
Security Council de la Maison-Blanche, ne m'avait laissé
aucun doute à ce sujet. J'avais convié à ce dîner, pour que
tout soit bien clair, le délégué général du Québec à New
York, Reed Scowen, nommé par Robert Bourassa, ainsi que
l'ambassadeur du Canada, le général de Chastelain. C'est le
numéro deux de l'ambassade qui se présenta[1].

Encore fallait-il que les autorités françaises ne cèdent
pas aux pressions que le gouvernement américain commença
alors à exercer sur elles ou qu'elles ne se laissent pas entraîner
par les exigences de la politique européenne de la France.
Michel Rocard céda sans doute à ces exigences en proposant
que la France s'entoure d'autres pays d'Europe pour reconnaître le Québec, ce qui voulait dire, en pratique, reporter la
reconnaissance aux calendes grecques. Mais à ma connaissance, personne en France ne céda aux pressions américaines.

À l'occasion d'une visite officielle en France en janvier
1995, j'ai ouvert pour la première fois mon jeu à l'égard des

---

1. Il s'agit de Michael Kergin. Le dîner eut lieu le 4 mars 1993, à l'hôtel
Ritz-Carlton, à Washington.

pays de la francophonie. La reconnaissance du Québec par quelques-uns de ces pays, en même temps que la France, ajouterait encore à la pression sur les Américains. Comme le Canada avait, en Afrique francophone en particulier, tissé quelques liens solides à coups d'argent, il était temps de battre le rappel des complicités.

C'est au cours de ce voyage que Valéry Giscard d'Estaing a soulevé une question dont je n'avais pas, jusque-là, compris la portée. Il faut, disait-il en substance, dès la victoire du OUI au référendum, dans les heures ou les jours qui suivent, qu'un geste solennel soit accompli par le Québec pour proclamer sa souveraineté. Sans cela, aucune reconnaissance rapide, c'est-à-dire dans la semaine ou les dix jours suivants, n'est possible de la part d'un pays étranger. Que l'on suspende, pendant disons six mois ou un an, l'application de la proclamation d'indépendance pour donner le temps à des négociations avec le Canada d'aboutir ou pour rédiger conjointement avec le Canada un traité de partenariat, fort bien. Seulement la France, comme les autres pays du monde du reste, ne peut reconnaître qu'un pays. Elle ne reconnaît pas une intention.

On constatera que mes discours, en ce qui touche les négociations avec le Canada, sont rédigés de façon à permettre une telle déclaration de souveraineté. Et je ne me suis jamais engagé en public ou en privé à ne pas faire de déclaration unilatérale de souveraineté. Tout ce qui a été écrit dans les journaux à ce sujet démontre une fois de plus que, dans ces matières, ceux qui parlent ne savent pas et que ceux qui savent ne parlent pas.

En tout cas, on comprend que, dès l'arrivée au pouvoir de mon gouvernement, j'ai demandé que les rapports avec la France soient partout rétablis, partout resserrés.

Toutefois, la prospérité d'un Québec souverain, l'expansion de son économie, le développement de l'emploi, c'est en Amérique du Nord qu'on va les trouver. Les États-Unis sont devenus le plus important marché des produits québécois, plus important encore et sûrement plus dynamique que le marché du reste du Canada. Les États-Unis nous sont essentiels.

Mais nous ne sommes, dans l'ordre des préoccupations à Washington, qu'une sorte d'agacement qui empêche les Américains de jouir en toute quiétude des bonnes relations qu'ils entretiennent avec Ottawa. Les autorités américaines repoussent toute idée d'un gouvernement du Québec, qu'il soit fédéraliste, souverainiste ou végétarien. Il nous est interdit d'avoir une délégation à Washington, tout au plus tolère-t-on un bureau de tourisme.

Il n'empêche que, dans la ville par excellence des lobbys, je me suis rapidement adapté. C'est le fait d'avoir été ministre des Finances pendant huit ans qui m'a le plus aidé. À New York, comme à Washington, les intérêts économiques passent avant tout. Ensuite, il y a la presse, avec laquelle on multiplie les entrevues en sachant très bien que dans le tohu-bohu des affaires internationales, assez peu de choses seront publiées sur nous. Quant à la classe politique, quand on a pu rencontrer, à l'occasion d'un voyage, deux sénateurs et un assistant sous-secrétaire d'État, on se félicite.

Aux États-Unis, il faut que, dans cette petite partie du milieu des affaires qui a des intérêts au Canada et au Québec, on se sente suffisamment à l'aise avec les souverainistes et assez convaincu de leur sérieux et de leur totale absence de caractère vindicatif pour calmer les boutefeux canadiens qui peuplent les bureaux et les officines et qui appellent à la solidarité du capitalisme démocratique anglo-saxon pour lancer des charges de cavalerie contre le petit Satan séparatiste. C'est exactement l'inverse de la situation qui règne en France.

En somme, il faut jouer aux États-Unis la sérénité, que dis-je, la placidité. Le contraste de ton est grand entre les discours que j'ai prononcés aux États-Unis et ceux que j'ai présentés à Toronto pour expliquer les règles d'accession à la souveraineté telles que je les concevais et telles que je les conçois toujours.

On sera peut-être surpris que je fasse preuve d'une telle franchise à propos de ces questions de diplomatie. J'aimerais pouvoir être plus franc encore, plus précis aussi, plus concret. Et voici pourquoi.

Après l'échec de 1980, l'effondrement psychologique a été tel que tout a été estompé par une question en quelque sorte existentielle: Est-ce terminé? Y a-t-il encore un espoir? Cette fois-ci, il n'y a pas eu d'effondrement psychologique. On veut essayer de nouveau. On doit essayer de nouveau. Pour cela, il faut voir clairement, à la lumière de l'expérience de 1995, ce qui est possible, ce qui doit être changé et ce qui doit être maintenu.

Un pareil travail ne peut s'appuyer sur des généralités ou sur des vœux pieux. L'analyse de mon «Grand Jeu» aidera, je l'espère, à structurer notre action en vue d'un prochain référendum.

Les conditions de la reconnaissance internationale sont réunies

Devant le Conseil des relations internationales de Montréal (CORIM), Montréal, le 23 janvier 1992.

[...] En toute hypothèse, et gardant toujours à l'esprit la portée circonscrite de notre «cas» à l'échelle du monde, nous avons le devoir urgent, me semble-t-il, de faire connaître à la communauté internationale le sens et le contexte précis de l'action qui mènera demain — il est devenu de moins en moins téméraire de l'affirmer — le Québec au statut d'État souverain[1]. [...]

Je ne pourrai, bien entendu, m'en tenir ici qu'à une esquisse, articulée autour de trois questions: Quel est le sens de la démarche du Québec vers la souveraineté? Comment le Québec répond-il aux critères déterminants de la reconnaissance internationale? Comment le Québec envisage-t-il son entrée, cette fois à part entière, sur la scène internationale?

Comme vous-mêmes sans aucun doute, je sais que l'on s'interroge encore au Canada anglais, *a fortiori* aux États-Unis et ailleurs, sur le sens de la démarche du Québec vers la souveraineté. Commençons par là, puisque c'est à vrai dire la question fondamentale, même si on n'a pas besoin de s'y attarder longuement, aujourd'hui, au Québec même. On

---

1. Plusieurs passages de ce discours sont supprimés, le propos reprenant des thèmes abordés précédemment.

comprend mal, dans beaucoup de milieux canadiens-anglais, y compris chez les universitaires et les intellectuels, comme chez beaucoup de nos voisins américains en particulier et chez certains observateurs européens de notre situation, on comprend mal, dis-je, que les Québécoises et les Québécois envisagent de faire sécession alors qu'ils ont atteint un niveau de bien-être économique qui, à l'échelle du monde et à bien des égards, fait souvent envie. Plusieurs considèrent l'accession du Québec au statut d'État souverain comme un moyen sans commune mesure avec des objectifs qu'ils perçoivent comme limités à la protection de la langue et de la culture françaises.

Je ne ferai pas aux analystes d'ailleurs le reproche de ne pas bien connaître notre histoire. C'est à nous d'apporter l'éclairage essentiel. Il est vrai que les Québécois, majoritairement francophones sur leur territoire, ont réussi à aménager la survivance et le progrès de leur langue et de leur culture, souvent de haute lutte, en exploitant en particulier les ressources du régime parlementaire qui leur a donné accès, il y a deux cents ans, à la parole politique. Mais ils n'en sont plus au stade de la survivance, depuis surtout le mouvement amorcé il y a trente ans par la Révolution tranquille.

C'est parce qu'ils ont construit, en prenant appui sur leur langue et leur culture, une société globale spécifique, différente, autre que la société canadienne-anglaise, qu'ils ont atteint le stade où ils peuvent et doivent assumer pleinement la responsabilité politique de l'orientation et du développement de cette société, dans le sens de son identité et de ses aspirations propres. Il y a trente ans, les Québécois ont décidé de prendre en main le développement de leur société; ils ont mis sur pied d'importants systèmes d'éducation, de santé, de services sociaux. Ils ont fait en sorte d'assurer leurs approvisionnements énergétiques, d'exploiter à leur avantage leurs importantes ressources naturelles. Ils ont également, et je dirais surtout, commencé à prendre en main le développement de leur bien-être économique duquel les réalités historiques d'une conquête et de la plus élémentaire survivance comme société francophone les avaient longtemps écartés. Ils y ont pris goût, réalisant pleinement au fil de leurs succès les contraintes et les limites du fédéralisme canadien. Terme normal d'un long cheminement, cette démarche vers l'accession à un État souverain n'est dirigée contre personne: elle est tout simplement incompatible avec le maintien par le Québec du lien fédéral propre au contexte canadien, tout en étant parfaitement compatible avec les nécessités et les bienfaits réciproques de l'interdépendance avec un nouveau Canada, comme avec les États-Unis et toute la communauté internationale.

Comment se présente le dossier de la reconnaissance internationale éventuelle du Québec? Il y a, à ce propos, un certain nombre de points à clarifier, de rectifications à apporter compte tenu de toutes espèces d'interprétations, parfois assorties de menaces, mises en circulation par certains adversaires de la souveraineté. Je le ferai en passant en revue les principaux critères ou les principales conditions de la reconnaissance d'un nouvel État. À la lumière de la pratique internationale, telle qu'elle se manifeste en particulier dans l'actualité depuis quelques mois, il apparaît que la reconnaissance ne soulève pas de problèmes sérieux si cinq conditions principales sont réunies.

Ces conditions se rapportent à la légitimité du processus d'accession à la souveraineté, à l'existence de frontières définies, au respect des droits de la personne, aux droits des minorités et au respect des traités.

On a entendu récemment de savants juristes — ils sont heureusement en faible minorité — prétendre, en s'appuyant sur la Constitution canadienne, que le Québec ne peut accéder à la souveraineté sans l'accord explicite préalable des Canadiens hors Québec.

Ce qui importe en la matière et ce qui peut être considéré à juste titre comme la source d'une convention constitutionnelle fondant la légitimité de l'accession du Québec à la souveraineté, c'est le fait que le droit à l'autodétermination du peuple québécois a bel et bien été et est encore reconnu par les autorités fédérales du Canada.

En effet, il y a longtemps que l'existence du droit à l'autodétermination du peuple québécois ne pose plus problème. Cette collectivité, unie par la langue, l'histoire, la culture, le mode de vie, concentrée et amplement majoritaire sur un territoire bien défini, disposant d'une structure politique et administrative quasi complète et, surtout, reconnue comme pouvant former un État viable à tous égards, a déjà eu recours à l'exercice de ce droit à l'autodétermination. Ce droit, le peuple québécois a choisi de l'exercer dans le cadre absolument démocratique d'un référendum appelant chaque citoyen à se prononcer.

Bien loin de contester le référendum tenu au Québec en 1980, le gouvernement du Canada y a très officiellement participé, s'y engageant, on s'en souviendra, de tout le poids de ses dirigeants et de ses moyens d'influence sur l'opinion. Le parti actuellement au pouvoir à Ottawa a affirmé, lors de son dernier congrès, son appui au droit du Québec de choisir son destin politique. Et le gouvernement du Canada lui-même reconnaît encore très officiellement la loi québécoise prévoyant un référendum sur la souveraineté en 1992, au point d'y conformer sa propre stratégie constitutionnelle.

Comment le gouvernement du Canada pourrait-il, dans ce contexte, ne pas accepter comme légitime la décision du Québec d'accéder au statut d'État souverain? Les autres pays tiendront vraisemblablement compte de l'attitude du gouvernement du Canada lorsqu'ils envisageront de reconnaître formellement le nouvel État du Québec. Mais ils auront déjà pu constater le caractère démocratique et légitime de la démarche entreprise dans le cadre même de la dynamique constitutionnelle canadienne.

Ce premier élément du dossier de la reconnaissance internationale du Québec comme État souverain ne devrait laisser place à aucune ambiguïté ailleurs ni à aucune inquiétude ici même. On sait dès maintenant, à cet égard, ce qu'est par exemple la position des États-Unis, qui joueront de toute évidence un rôle clé dans la chaîne des décisions des divers États et de l'Organisation des Nations unies. Les États-Unis se disent favorables au maintien du Canada tel qu'il existe aujourd'hui, mais ils respecteront le choix démocratique du peuple québécois. Leur attitude positive fera vite tache d'huile. On peut par ailleurs aisément imaginer que la France aussi aura tôt fait d'adapter à la nouvelle situation la formule diplomatique «non-ingérence mais non-indifférence»...

Consacré dans les faits au Canada même, comment le recours démocratique au droit à l'autodétermination du peuple québécois pourrait-il faire l'objet de contestation à l'étranger? Il me semble que nous pouvons en toute sérénité présumer de la nature positive de la réaction de nos futurs partenaires, d'autant que le cas du Québec sera sans doute étudié dans la mouvance de la naissance (ou de la renaissance) toute contemporaine de plusieurs États souverains dans des circonstances pas toujours aussi limpides du point de vue de l'exercice de la démocratie.

Deuxième élément du dossier: l'existence de frontières définies. Sur la question des frontières du Québec souverain, [...] on peut faire le point d'une façon plus claire et plus incontestable que jamais. Même si on a cherché à la compliquer en invoquant toutes sortes d'arguments, la réalité tient en deux phrases. En vertu de la Constitution canadienne même, et donc jusqu'au moment de l'accession effective à la souveraineté, les frontières du Québec ne peuvent être modifiées sans le consentement de son Assemblée nationale. Par la suite, c'est le droit international qui s'appliquera, garantissant l'inviolabilité des frontières.

Les textes constitutionnels ne laissent place à aucune interprétation. Lisons d'abord l'article 3 de la Loi constitutionnelle de 1871, toujours en vigueur:

> Avec le consentement de toute province [...] le Parlement du Canada pourra de temps à autre augmenter, diminuer ou autrement modifier les frontières de telle province [...].

Et l'article 43 de la Loi constitutionnelle de 1982 apporte une confirmation dans les termes suivants:

> Les dispositions de la Constitution du Canada applicables à certaines provinces seulement ne peuvent être modifiées que par proclamation du gouverneur général [...] autorisée par des résolutions du Sénat, de la Chambre des communes et de l'assemblée législative de chaque province concernée. Le présent article s'applique notamment: a) aux changements du tracé des frontières interprovinciales; [...].

Il est vrai que le tracé des frontières du Québec comporte certains problèmes surtout en ce qui concerne le golfe du Saint-Laurent, dont la frontière n'est d'ailleurs pas fermement établie dans le présent contexte canadien. Comme d'autres questions concernant en particulier la frontière à établir dans la baie et le détroit d'Hudson, cette question du golfe devra faire l'objet de discussions avec le gouvernement du Canada et, peut-être, être ultimement portée devant un tribunal international. Sur ces deux points particuliers, l'application des divers concepts internationaux se traduirait par des gains territoriaux non négligeables pour le Québec. En ce qui a trait à la frontière entre le Québec et Terre-Neuve, dite du Labrador, telle qu'elle fut fixée en 1927 par décision du Conseil privé de Londres, l'opinion dominante aujourd'hui, chez les experts québécois, va dans le sens de la non-contestation.

À propos des frontières et du territoire du Québec, on a surtout fait grand état du statut du Nouveau-Québec, ex-territoire de l'Ungava cédé au Québec en 1912 et qui, prétend-on en certains milieux, peut être tout bonnement repris par le gouvernement fédéral ou revendiqué par les autochtones qui l'habitent. Depuis notamment la signature de la Convention de la Baie James et du Nord québécois en 1975, il ne peut subsister aucune ambiguïté quant à l'appartenance pleine et entière de ce territoire au Québec. Il suffira de citer le texte essentiel à cet égard, l'article 2.1 de la Convention:

En considération des droits et des avantages accordés aux présentes aux Cris de la Baie James et aux Inuits du Québec, les Cris de la Baie James et les Inuits du Québec cèdent, renoncent, abandonnent et transportent par les présentes tous leurs revendications, droits, titres et intérêts autochtones, quels qu'ils soient, aux terres et dans les terres du Territoire et du Québec, et le Québec et le Canada acceptent cette cession.

Le Parlement fédéral et celui du Québec ont consacré dans leurs législations respectives ces dispositions, Ottawa abandonnant en même temps ses responsabilités fiduciaires et de tutelle exercées depuis longtemps. Ces choses, aussi désagréables qu'elles puissent être pour certains, doivent être dites. Nous vivons dans un État de droit.

Troisième élément du dossier de la reconnaissance internationale: le respect des droits de la personne. Comme à vrai dire peu d'États de création récente auraient pu le faire, le Québec pourra appuyer sur une longue tradition démocratique son engagement à respecter, en tant qu'État souverain, les dispositions de la Charte des Nations unies et des conventions internationales relatives aux droits de la personne. On célébrera tout au long de l'année 1992 le bicentenaire de nos institutions parlementaires. Ce sera l'occasion de rappeler l'enracinement ici des valeurs démocratiques. On pourra évoquer certains reculs — comme la disparition en 1849 (pendant la période de l'Union des Canadas) du droit de vote des femmes existant depuis 1791 —, on pourra citer quelques épisodes peu glorieux, mais, il faut le souligner, on n'en trouvera guère au cours des quelque trente ou quarante dernières années.

Avant même l'adoption par le Parlement fédéral de la Charte canadienne des droits et libertés, le Québec s'était doté en 1975 de sa propre Charte des droits et libertés de la personne, plus complète d'ailleurs que le texte canadien, en ce qu'elle comporte des dispositions supplémentaires concernant notamment le droit à la vie privée, le secret professionnel, la représentation par avocat, l'exclusion de toute discrimination fondée sur la grossesse, l'orientation sexuelle, les convictions politiques et la condition sociale.

La Charte des droits et libertés de la personne fera partie intégrante de la Constitution du Québec souverain. C'est là non seulement un engagement du Parti québécois, mais c'est aussi le vœu unanime de tous ceux qui se préoccupent de l'aménagement de la souveraineté du Québec, comme on a pu le constater, par exemple, à l'occasion des travaux de la commission Bélanger-Campeau.

Quatrième thème du dossier et non le moindre, certes, en importance: les droits des minorités. De toute évidence, dans le cas du Québec, il faut considérer isolément trois situations: celle des autochtones, celle de la communauté anglophone et celle des minorités issues de l'immigration.

Quel sera le statut des autochtones dans le Québec souverain? Tout comme les autochtones eux-mêmes, nous attachons à cette question une priorité que je tiens à souligner très fortement. Dès maintenant, le principe de la reconnaissance constitutionnelle du statut et des droits des nations autochtones est acquis: c'est là également un consensus exprimé devant la commission Bélanger-Campeau. Et, au surplus, les parties pourront prendre appui sur une intention politique clairement affirmée par l'Assemblée nationale du Québec dès 1985, donc bien en avance — je me permets de le noter au passage — sur tout autre gouvernement au Canada.

[...]

Je connais comme vous tous la sensibilité internationale à la question autochtone. On sera, je l'espère, attentif à la manière selon laquelle le Québec entend poursuivre le dialogue avec les nations autochtones vivant sur son territoire et leur accorder l'autonomie gouvernementale. Cependant, l'intégrité du territoire n'est pas et ne sera jamais négociable.

S'agissant des droits de la communauté anglophone dans le Québec souverain, je me reporterai encore une fois aux témoignages entendus devant la commission Bélanger-Campeau. […]

C'est dans cette perspective que le Parti québécois a mis sur pied un comité chargé d'élaborer un ensemble de mesures qui pourront inspirer, d'une part, l'élaboration de la Constitution du Québec souverain et former, d'autre part, la base d'engagements formels liant le parti qui aspire à diriger le premier gouvernement de ce Québec souverain. Ces mesures seront connues au cours des prochains mois et pourront évidemment faire l'objet d'un débat public. Nous cherchons beaucoup plus qu'à faire bon ménage: nous tiendrons à ce que la communauté anglophone occupe ici la place et y joue le rôle que justifie son apport historique et actuel à la construction de la société québécoise[2].

[…]

Outre sa communauté anglophone historique, le Québec compte plusieurs minorités ethniques issues de l'immigration. […] L'accession à la souveraineté du Québec facilitera l'intégration des minorités ethniques si désirée par le Québec francophone et si importante pour son épanouissement.

Le Québec souverain tiendra sûrement à reconduire son adhésion au Pacte international relatif aux droits civils et politiques, qu'il a ratifié en tant que province canadienne en 1976 et qui définit les exigences du droit international en matière de droits des minorités. En conformité avec ces exigences, l'article 43 de la Charte québécoise des droits et libertés de la personne énonce que «les personnes appartenant à des minorités ethniques ont le droit de maintenir et de faire progresser leur propre vie culturelle avec les autres membres de leur groupe».

---

2. Ce rapport a été rendu public en mars 1993.

Le cinquième thème majeur du dossier de la reconnaissance internationale porte sur l'engagement au respect des
traités. Les futurs partenaires internationaux du Québec
— États souverains ou organisations internationales — voudront, cela va sans dire, être informés au préalable du sort
que le Québec entend réserver, au moment de son accession
à la souveraineté, aux traités du Canada auxquels il est partie, en vertu des compétences fédérales ou de ses propres
compétences dans les cas où il a été appelé à participer à la
ratification. Du point de vue de la stabilité et de la continuité juridiques, il s'agit évidemment d'une question
majeure quand ce ne serait que par le nombre de traités en
cause. La liste établie tout récemment par Daniel Turp et
Frédéric Gouin de la faculté de droit de l'Université de
Montréal fait état de 1388 traités dont 381 multilatéraux et
1007 bilatéraux.

Selon les règles du droit international, le Québec devra
soumettre une demande pour devenir partie à certains traités multilatéraux en vertu desquels existent les grandes
organisations internationales, ONU, GATT, UNESCO,
OTAN, OEA, etc. Il s'engagera par le fait même à en respecter les obligations. Dans tous les autres cas — j'évite ici
les nuances qu'imposeraient des considérations techniques —, le Québec respectera les traités, quitte à y apporter
ultérieurement, avec l'accord des partenaires, les adapta-
tions nécessaires ou opportunes.

Le Québec n'aura pas vraiment à établir sa crédibilité
en matière de respect de ses engagements internationaux. Il
a déjà ratifié, au titre de ses compétences constitutionnelles,
plusieurs conventions ou pactes internationaux, il est membre comme gouvernement participant de l'Agence de coopération culturelle et technique, il a signé en son nom propre
depuis une trentaine d'années quelque 300 ententes avec des
gouvernements étrangers, avec des organismes de tels gouvernements ou avec des organisations internationales.

Le cadre des cinq conditions formelles nécessaires à la
reconnaissance internationale du Québec comme pays sou-

verain ne suffit évidemment pas à définir les rapports que le Québec et le Canada auront à entretenir l'un avec l'autre. Il s'agit, en particulier, de rapports d'ordre économique. Il est remarquable de constater à quel point au Québec l'unanimité s'est faite rapidement sur le maintien, quelle que soit l'issue des débats constitutionnels, de l'espace économique canadien tel qu'il existe à l'heure actuelle. Mais cela qui semble être la sagesse même se heurte, dans le climat chargé d'émotion qui prévaut actuellement, à certaines réactions inévitablement négatives dans le Canada anglais d'aujourd'hui.

Or il faut bien voir que le Canada, même s'il était tenté de céder à ces réactions négatives, ne pourrait pas sur tous les plans entraver le maintien de l'espace économique. C'est ainsi qu'il a fallu beaucoup de discussions mais qu'on a finalement accepté que si le Québec veut, ce qui est le cas, maintenir le dollar canadien comme monnaie d'un Québec souverain, on ne peut l'en empêcher. De même, il est clairement établi qu'il n'y aurait aucun moyen réaliste de bloquer la libre circulation des capitaux entre le Québec et le Canada.

Quant à la libre circulation des biens et des services, les engagements du Canada à l'égard du GATT d'une part et de la zone nord-américaine [de libre-échange] d'autre part réduisent à peu de chose les possibilités réelles pour le Canada de limiter le degré de libre circulation qui existe maintenant. Le rôle du traité canado-américain de libre-échange prend dans ce contexte une réelle importance, et c'est en reconnaissant ce rôle que des critiques de la souveraineté du Québec ont soulevé l'hypothèse d'un refus éventuel par les États-Unis d'accepter un Québec souverain dans l'entente générale. Il est pour le moins curieux de voir aujourd'hui certains milieux canadiens soulever une telle hypothèse. Après tout, la remise en cause du traité de libre-échange pourrait avoir pour le Canada anglais, dans des secteurs industriels comme celui de l'automobile ou dans le domaine de la culture, des conséquences sans commune mesure avec celles qu'aurait à subir le Québec. Mais la question n'est pas vraiment là. Il s'agit de savoir comment les Américains réagiront à l'existence de deux pays plutôt qu'un au nord de leur frontière. On pourrait citer longuement à ce propos l'étude détaillée du spécialiste américain Joseph T. Jockel, de la St. Lawrence University, *If Canada Breaks Up: Implications for U.S. Policy*. Pour cet analyste, «il serait étonnant que les États-Unis ne répondent pas favorablement à une proposition du Québec visant à maintenir le présent Accord de libre-échange une fois la province devenue souveraine». Dans le même sens, il faut également noter la déclaration de Peter Murphy qui était le négociateur en chef des États-Unis pour le traité de libre-échange entre le Canada et les États-Unis et qui, en novembre dernier, indiquait qu'il était «plus que probable» que les États-Unis négocient avec un Québec souverain une entente semblable à l'entente conclue avec le Canada. [...]

Par ailleurs, la libre circulation des personnes a soulevé dans certains milieux beaucoup d'interrogations. Pourrait-elle se maintenir alors qu'un nouveau pays créera une nouvelle citoyenneté et que, donc, un obstacle nouveau apparaîtrait? Le Canada et les États-Unis ont, par toutes sortes d'arrangements, réglé certains des problèmes de libre circulation des personnes découlant de la citoyenneté. Bien que le Québec et le Canada aient tout intérêt à conclure des ententes similaires, il demeure que la conclusion de telles ententes n'apparaît pas automatique. C'est alors que la question de la double citoyenneté apparaît et qu'il semble s'en dégager une certaine piste.

[...]

À tout événement, le gouvernement fédéral devra répondre. Et c'est ainsi qu'avec l'établissement de traités fiscaux, de traités relatifs à la main-d'œuvre et le maintien de la double citoyenneté, la question de la libre circulation des personnes serait largement réglée.

D'autre part, il faudrait évidemment aborder la question du partage de la dette et des actifs. Sur ce plan, il est clair maintenant, le C.D. Howe Institute l'a encore récemment confirmé, qu'en vertu du droit international, dès son accession à la souveraineté, le Québec devient automatiquement propriétaire de tous les actifs fédéraux présents sur son territoire, et ce sans compensation.

De même, il est tout aussi clair qu'il n'y a pas d'obligation légale pour un Québec souverain d'assumer une quelconque part de la dette fédérale. Telle ne sera cependant pas la position d'un Québec souverain. Je l'ai maintes fois répété, je le redis aujourd'hui: un Québec souverain assumera sa juste part du fardeau de la dette fédérale contractée. Je ne doute pas que des discussions puissent être rapidement engagées sur tous ces sujets, une fois que le caractère exorbitant de certaines demandes se sera un peu atténué.

En résumé, il faut clairement exprimer la volonté de maintenir les liens économiques actuels. Le gouvernement du Québec ne sera pas démuni ou sans rapport de force. Un grand nombre des questions qui, aujourd'hui, sont agitées comme des menaces seront perçues, et c'est déjà le cas pour certaines d'entre elles, comme se réglant finalement de façon assez automatique. Ce n'est pas vrai de tous les sujets. Le Canada aura, par exemple, à donner une réponse à la question suivante: Au-delà de la libre circulation, maintient-on l'union douanière? Il semble que cela serait dans l'intérêt des deux pays, mais nous sommes devant un cas où une réponse n'est pas automatique. [...]

Il arrive assez souvent que l'on décrive la démarche internationale d'un Québec qui se dirige vers la souveraineté comme trop optimiste, portée par une sorte de confiance candide dans la bonne volonté des parties, pour tout dire une attitude un peu naïve. Et cette impression est parfois accentuée par des déclarations alarmistes provenant de Canadiens qui cherchent à défendre l'intégrité de leur pays et qui ont recours à une inflation verbale somme toute fort compréhensible.

Pour ma part, je ne crois pas qu'il s'agisse d'une perspective candide ou naïve. Les Québécois se sont fait si souvent dire que, dans leurs affrontements avec le reste du Canada, ils ne disposaient que de faibles cartes qu'ils ont eu tendance à adopter une attitude de quémandeurs sinon de suppliants.

Il est dès lors important de montrer le jeu véritable. Alors que certains pays accèdent à leur souveraineté dans l'appréhension sinon dans le désordre, il faut que le Québec se rende compte qu'il peut accéder à la souveraineté dans la continuité de ses valeurs démocratiques, en comptant sur l'efficacité de ses moyens, et, donc, dans la confiance. Il est maintenant en mesure de s'affirmer sans agressivité et de s'insérer dans l'interdépendance du village global sans appréhension et sans faiblesse.

À l'Assemblée nationale française

*À l'occasion d'une réception offerte par le
président de l'Assemblée nationale française
à la salle des fêtes de l'Assemblée nationale,
Paris, le mardi 24 janvier 1995[1].*

Monsieur le Président de l'Assemblée nationale,
permettez-moi d'abord de vous remercier pour l'accueil que
vous me faites aujourd'hui; pour l'amitié que vous exprimez
ainsi au peuple Québécois tout entier.

Vous le savez comme moi, les relations entre votre
pays et le Québec s'étaient malheureusement un peu relâ-
chées ces dernières années. C'était un flottement dont les
autorités françaises n'étaient nullement responsables. De
ma banquette de l'opposition, j'ai souvent eu à déplorer
cette situation. À notre prise du pouvoir, il y a quatre
mois, j'ai immédiatement indiqué ma volonté de redonner
à notre relation l'intensité et la solidité qui doivent la
caractériser.

Encore fallait-il qu'à Paris on puisse trouver une égale
volonté. L'histoire des peuples nous l'enseigne: il y a des
refroidissements dont on ne se remet pas. Puisque nous sommes entre amis, ce soir, je vous le dis franchement: j'avais
quelques inquiétudes. Non que la France nous tourne le dos.

---

1. Les pages qui suivent reproduisent intégralement le texte du discours.
Seules des formules de politesse ont été supprimées.

Mais qu'elle hausse les épaules. Qu'elle se soit habituée, pendant ces quelques années, à substituer la politesse à l'amitié, la diplomatie à la fraternité.

Monsieur le Président, ce soir, à cette première étape de ma visite officielle, vous nous avez donné la réponse de la France. Vous nous avez fait entrer par la grande porte. Vous avez fait en sorte que soient présents ici ce soir un nombre impressionnant d'invités de marque et de parlementaires, alors même que l'Assemblée nationale ne siège pas et que votre calendrier politique intérieur atteint ces jours-ci son niveau d'activité le plus élevé, qu'il ne connaît qu'une fois tous les sept ans. Vous venez aussi de prononcer à notre endroit des paroles qui ne relèvent ni de la politesse ni de la diplomatie, des paroles fortes et chaudes qui viennent du cœur. Nous ne l'oublierons pas.

Mais qu'est-ce donc que cette relation, pour qu'on y attache une telle importance? Elle est politique, bien sûr. Et nos rencontres alternées au sommet, dont ma présence parmi vous aujourd'hui consacre la reprise, sont le format privilégié d'échanges politiques nécessaires à nos alliances et à nos projets. Au-delà de ce volet, cette relation nous permet, à nous, Québécois, de contrebalancer, par ce lien européen, l'extraordinaire pouvoir d'attraction du géant américain qui est à notre porte.

Cette relation est culturelle, aussi, car elle contribue à alimenter et renouveler constamment notre personnalité hybride, mi-européenne, mi-américaine. C'est cette conjonction qui nous permet, dans le domaine de la musique ou dans celui des logiciels, dans celui du film ou du cirque, de fondre dans le creuset québécois les influences d'ici et d'Amérique, et d'y apposer notre marque distinctive.

Voilà ce qu'elle est, cette relation. Mais il ne suffit pas «d'être». Encore faut-il «faire». Encore faut-il qu'elle prolonge et incarne l'action que nous menons, chacun chez nous, dans nos grands dossiers de politique intérieure. Encore faut-il qu'elle serve nos citoyens dans les défis qui s'offrent à eux. [...]

Mon gouvernement, comme le vôtre, pense qu'un effort important doit être fait pour que la jeunesse de nos deux pays trouve mieux sa place dans nos sociétés. Dans l'échelle de la vie que vous et moi avons grimpé depuis notre jeune âge, on dirait qu'il manque maintenant des échelons dont l'absence rend plus difficile la poursuite des études et, surtout, l'accès au marché du travail.

Il faut multiplier les initiatives pour réparer ce qui a été cassé. Il faut inventer de nouveaux moyens d'ascension. Depuis 1968, dans le cadre de notre coopération bilatérale, 70 000 jeunes au total ont profité de nos programmes d'échanges. Voilà qui est précieux pour l'apprentissage des jeunes. Voilà qui leur donne un avantage, leur ouvre l'esprit, complète leur formation.

Sans se tarir, le flot de ces échanges s'est réduit ces dernières années. Nous allons non seulement le rétablir, mais l'intensifier et élargir son champ. Cette semaine, avec les responsables français, nous trouverons des moyens de relancer les échanges de jeunes étudiants et de jeunes travailleurs. Nous ferons en sorte aussi que les jeunes impliqués dans nos partis politiques puissent partager leurs découvertes de la chose publique et forger des amitiés qui, dans quinze ou vingt ans, quand certains seront devenus députés ou ministres, les conduiront peut-être à renouveler à leur tour la relation France-Québec.

Mon gouvernement, comme le vôtre, a le souci du grand virage technologique que constitue l'inforoute. Il s'agit d'un des grands enjeux industriels, mais également culturels, de notre époque. Si l'inforoute ne parle pas aussi français, je ne donne pas cher de l'avenir de notre culture. La semaine dernière, mon gouvernement a annoncé sa politique en matière d'autoroute de l'information. Cette semaine, nous serons en mesure d'indiquer concrètement que cette voie de l'avenir aura des carrefours importants nommés Québec et France.

Mon gouvernement, comme le vôtre, sait que l'avenir — avenir politique, avenir de la création d'emploi, avenir du tissu social — passe par une plus grande prise en charge des leviers de décision par les autorités locales et régionales. Vous bénéficiez en ce domaine d'une expérience d'une douzaine d'années. Le tout premier geste de mon gouvernement fut de s'engager dans une décentralisation qui trouvera son aboutissement dans la nouvelle constitution d'un Québec souverain. Dans les prochains jours, la France et le Québec vont convenir d'une démarche conjointe qui nous permettra de comparer nos projets et nos expériences, afin d'identifier les pistes les plus prometteuses, comme les obstacles et les ornières à éviter.

Aider la jeunesse, construire l'inforoute et assurer la régionalisation. Voilà les trois grands dossiers qui marquent, en 1995, la revitalisation de notre relation. Voilà comment, ensemble, nous allons donner une nouvelle jeunesse à nos rapports. Voilà comment nous allons faire entrer l'axe Québec-France dans le XXIe siècle.

Vous m'avez fait l'honneur de me recevoir dans un lieu chargé d'histoire. Au moment de resserrer le lien qui nous unit, et au moment où le Québec s'engage dans une étape décisive, il me semble opportun de replacer cette année charnière dans le grand courant de l'histoire.

Le Québec de 1995, solidaire des Acadiens et des francophones du Canada, est ce qu'il reste en Amérique du Nord de la Nouvelle-France de jadis.

Elle était grande alors cette Nouvelle-France et elle rayonnait dans toute l'Amérique. La Conquête l'a réduite comme peau de chagrin et les aléas de l'histoire l'ont enfermée dans des frontières toujours plus étroites.

On a déporté les Acadiens, on a assimilé des milliers de Canadiens de langue française partout au Canada en leur niant jusqu'à tout récemment leurs droits élémentaires. À certaines époques, c'est par centaines de milliers que les Québécois ont émigré aux États-Unis pour fuir les difficultés économiques inhérentes à un système qui les accablait. Ces saignées dramatiques ajoutaient à la précarité du sort des Québécois et des Canadiens de langue française.

Pendant tout ce temps, les relations avec la France étaient inexistantes, ce qui n'était pas pour arranger les choses. On a trop souvent reproché à la France de nous avoir abandonnés. C'est oublier les difficultés de l'époque qui contraignaient la France à s'occuper d'affaires plus immédiates. C'est oublier surtout la volonté du conquérant britannique de briser tous les liens qui pouvaient exister entre la France et son ancienne terre d'Amérique.

Quoi qu'il en soit, nous mîmes beaucoup de temps, de part et d'autre, à retisser ces liens qui nous confèrent aujourd'hui des avantages réciproques.

Malgré tout, il faut le dire et le répéter, la survivance du français en Amérique du Nord relève du miracle.

Je ne vous rappellerai qu'en passant la volonté, l'ardeur, la foi et le courage qu'il aura fallu à ces descendants de la France, puis aux Québécois de toutes origines qui ont pris le français pour langue et culture, pour s'arrimer à l'Amérique du Nord sans rien perdre de leur amour-propre et de leur fidélité à eux-mêmes.

À partir des années soixante, le Québec, vous le savez, a connu une fulgurante accélération de son histoire. Sortant de sa coquille, modernisant sa société, le Québec a testé les limites que lui impose le fédéralisme canadien. Depuis trente ans, nous avons déployé tous les efforts pour faire reconnaître la spécificité du Québec au sein de la fédération. Nous avons gagné quelques batailles — dont celle de développer une relation directe et privilégiée avec la France — mais, sur l'essentiel, l'autonomie du Québec est réduite un peu plus chaque année.

Cette histoire est avec nous, ce soir. C'est le bagage que nous portons. Et nous connaissons notre destination: la souveraineté. Pour nous guider dans ce voyage, nous avons la bonne fortune d'être accompagnés par deux des figures les plus marquantes de votre pays et du mien. Ils nous ont quittés, mais on ne pourra jamais dire d'eux qu'ils sont disparus. Je veux parler bien sûr du général de Gaulle et de René Lévesque. Lorsqu'on relit les mots qu'a prononcés le général lors de sa venue au Québec en 1967, on est frappé de l'actualité de son propos.

«On assiste ici, disait-il, comme dans maintes régions du monde, à l'avènement d'un peuple qui, dans tous les domaines, veut disposer de lui-même et prendre en main ses destinées. Qui donc pourrait s'étonner ou s'alarmer d'un tel mouvement, aussi conforme aux conditions modernes de l'équilibre de notre univers et à l'esprit de notre temps.»

Puis, on s'en souvient tous, il y eut le fameux balcon de l'hôtel de ville de Montréal, et quatre petits mots. René Lévesque, que vous avez reçu ici même en 1977, donc dix ans plus tard, a parlé de ce «Vive le Québec libre» comme d'«un accroc prophétique qui retentit tout autour du monde».

M. Lévesque espérait pouvoir réaliser cette prophétie au cours de son mandat. Espoir déçu. Et voici que vous recevez un autre premier ministre souverainiste du Québec. Et voici qu'il vous dit, encore, que l'«accroc prophétique» va bientôt se réaliser.

Mesdames et messieurs, je ne vous en voudrai pas si vous affichez un sain scepticisme. Je l'ai observé, déjà, ce sourire entendu, lors de mes visites précédentes à Paris.

Je suis venu en 1992, et j'ai assuré mes amis français que la timide tentative de réforme du Canada alors en cours allait échouer. J'ai alors vu ce sourire. Et l'échec est survenu, plus retentissant que tous les précédents. Il a marqué la fin d'un grand rêve: celui d'accroître l'autonomie québécoise au sein du cadre canadien. Il a rendu permanent ce que plusieurs pensaient accidentel et forcément réparable: le fait que, depuis maintenant treize ans, la Constitution du Canada a été fondamentalement modifiée, sans l'accord du Québec, dont elle a unilatéralement réduit les pouvoirs. Il ne se trouve plus aujourd'hui un seul leader politique du Canada anglais à vouloir corriger ce triste état de fait.

Je suis venu en 1993, et j'ai alors annoncé que notre ami Lucien Bouchard, chef du nouveau parti indépendantiste sur la scène fédérale, le Bloc québécois, allait balayer le Québec aux élections législatives canadiennes. J'ai vu ce sourire. Mais le succès de M. Bouchard fut tel qu'il est devenu chef de l'opposition officielle à Ottawa.

Je suis venu en 1994, et j'ai alors annoncé que le Parti québécois serait bientôt de retour au pouvoir pour faire la souveraineté. J'ai vu ce sourire. Mais à l'élection de septembre dernier, mon parti a réalisé la meilleure performance de son histoire, dans une élection où la souveraineté était au cœur de son programme.

Je suis de nouveau parmi vous, en 1995, pour vous annoncer ma conviction que, cette année, les Québécois se donneront un pays. Entendez-moi bien: je ne vous dis pas que l'affaire est entendue, que c'est dans la poche. Non. Les Québécois sont encore en profonde réflexion quant à leur avenir. Mais je vous dis que la victoire nous appelle, et que nous sommes en train de nous y rendre. Voici quelques-unes des raisons de mon optimisme.

Jamais, de son vivant, René Lévesque n'a connu les niveaux d'appui à la souveraineté que nous connaissons aujourd'hui chez les Québécois. Jamais, de son vivant, René Lévesque n'a pu compter sur le soutien d'un parti souverainiste à Ottawa, comme nous pouvons compter sur le Bloc québécois. Jamais, de son vivant, René Lévesque n'a pu constater le verrouillage complet, répété et assumé du système fédéral canadien, comme nous pouvons le faire aujourd'hui. Et jamais, de son vivant, René Lévesque n'a pu assister à ce qui est en train de se produire ces jours-ci au Québec.

Nous faisons en sorte que la souveraineté ne soit pas l'affaire d'un parti ou d'un gouvernement, mais qu'elle soit la grande affaire de tout un peuple, appelé à définir son projet, puis à en disposer démocratiquement lors d'un référendum. Nous qui avons l'un des plus vieux parlements du monde — dont nous fêtions le bicentenaire il y a deux ans —, nous réalisons cette année, grâce à ces commissions, une initiative démocratique novatrice, dont nous ne connaissons pas d'équivalent ici ou ailleurs. Nous apportons ainsi notre modeste contribution au renouvellement de la vie des démocraties.

J'ai d'ailleurs invité M. Séguin, qui a tant fait, ici, pour revaloriser le rôle du député, à venir observer ce processus au Québec. Cet échange s'ajoutera à ceux, fort nombreux, qui ont cours au sein de l'Association internationale des parlementaires de langue française, dont la présidence est actuellement assumée par le président de l'Assemblée nationale du Québec, M. Roger Bertrand. Et je m'en voudrais de ne pas saluer ici les efforts inlassables déployés dans ce cadre et dans d'autres, depuis de longues années, par le président du groupe interparlementaire franco-québécois et vice-président de l'Assemblée nationale française, notre ami M. Pierre-André Wiltzer.

Aujourd'hui donc, au Québec, jamais le débat démocratique n'a été aussi vaste et ouvert. Et jamais les conditions n'ont été aussi favorables à l'accession du Québec à la souveraineté. C'est pourquoi je me sens autorisé à vous lancer un appel.

Au cours des années, observant la marche du Québec, les dirigeants français de tous les horizons politiques ont adopté une attitude qui allie la sagesse à l'amitié. Dans une de ces phrases qui sont un hommage au génie de la langue française, vous parlez à notre égard de non-ingérence et de non-indifférence.

Le sujet est pour vous délicat, car nous vous savons attachés, aussi, à vos relations avec nos voisins canadiens. Vous avez un intérêt altruiste pour les communautés francophones du Canada, et il vous honore. Au sein des forums internationaux, la France et le Canada ont souvent su s'appuyer l'un sur l'autre à bon escient. Ce fut souvent le cas, si vous me permettez cette remarque, lorsque des Québécois avaient la charge du gouvernement fédéral. Sachez que notre projet ne veut en aucune façon mettre en péril vos bonnes relations avec nos voisins canadiens. Puisque nous-mêmes, lorsque nous serons souverains, avons la ferme intention d'avoir d'excellentes relations avec Ottawa. Après une période d'ajustement, qui sait si, à trois, nous ne trouverons pas d'encore plus fructueuses convergences?

Et comme je le disais à midi devant le Conseil permanent de la francophonie, l'avènement d'un Québec souverain mettra enfin un terme définitif aux ballets diplomatiques assez exigeants que le couple Québec-Canada impose depuis des années à ses amis du monde entier, et au premier chef à ceux de la francophonie. Le Québec devenu souverain, finis les guerres de drapeaux et les calculs de longueur de tapis rouge. Vous pourrez enfin respirer.

Mais pour atteindre cette sérénité entre États égaux en droit, il y aura un passage difficile. Lorsque le Québec, fort de la volonté démocratique d'une majorité de ses citoyens, aura résolu de franchir le seuil de la Place des nations..., il devra se trouver quelqu'un pour l'y accueillir.

Je sais, monsieur le Président, parce que vous l'avez déjà dit haut et fort, que votre vœu est que la France remplisse cet office. Ce serait, pour reprendre le mot d'un de vos intellectuels, agir en fonction du «devoir de cohérence».

Un rapport tout récent du Sénat français exprime d'ailleurs cette réalité en des termes qui ne permettent aucune équivoque. «Si demain, écrivent les sénateurs, le peuple québécois optait pour la souveraineté, la non-reconnaissance immédiate par la France serait tenue par nos cousins du Québec pour un second abandon.»

Je le cite, non pour lancer un avertissement qui serait ici superflu. Mais pour saluer la lucidité du propos, son acuité et sa franchise.

Mais je sais que cette crainte n'est pas justifiée. Depuis trente ans, des centaines de milliers de Français et de Québécois ont fait la grande traversée pour étudier ensemble, travailler ensemble, s'amuser ensemble, concevoir et rêver, prendre racine aussi, temporairement ou de façon permanente, chez moi ou chez vous, comme je l'ai fait moi-même à Paris dans ma jeunesse. Pour prendre femme et mari, aussi, parfois, les uns chez les autres.

Je le dis donc en toute simplicité: nous nous connaissons maintenant si bien qu'il nous sera tout naturel, lorsque viendra ce moment historique, de nous reconnaître.

L'ouverture à la francophonie

Devant le Conseil permanent de la francophonie,
Paris, le 24 janvier 1995.

[...] Vous me donnez [...] l'occasion d'apporter, à celles et à ceux qui construisent l'espace francophone, l'assurance de l'attachement que le Québec porte à la francophonie, aux valeurs qu'elle véhicule et aux activités multilatérales qu'elle suscite.

Vous n'êtes pas sans savoir que cette francophonie multilatérale est pour mon gouvernement un lieu d'expression privilégié sur la scène internationale. Au début des années soixante, j'ai pu assister — j'étais alors un jeune conseiller du premier ministre québécois — aux premiers pas franchis en cette direction. [...]

La raison était double: d'une part, le Québec s'ouvrait au monde, et il semblait normal de s'ouvrir d'abord au monde francophone. Ensuite, la diplomatie du Canada avait jusqu'alors concentré ses efforts sur les pays anglophones. Et c'est justement l'intérêt porté par le Québec aux affaires du monde francophone qui a poussé le gouvernement d'Ottawa à découvrir, à son tour, la francophonie. Cette émulation entre nos deux gouvernements a eu un avantage. L'augmentation des contacts entre francophones de mon pays et des vôtres. Augmentation aussi des budgets alloués à ces importantes activités.

Nous, Québécois, y contribuons à double titre. D'abord par nos propres programmes, du gouvernement du Québec.

Ensuite, en tant que contribuables, nous assumons environ le quart des sommes dépensées par le gouvernement du Canada.

Vous connaissez tous le projet de mon gouvernement: proposer aux Québécois qu'ils se donnent, cette année, un pays. C'est un débat que les Québécois sont en train d'avoir entre eux. Mais je voudrais tout de suite vous dire quel impact une telle décision pourrait avoir sur la place du Québec dans la francophonie.

Premièrement, elle vous soulagerait enfin, tous, des subtils ballets diplomatiques que vous impose depuis des années le couple Canada-Québec. Finies les guerres de drapeaux! J'en serai aussi heureux que vous. Vous le savez, depuis septembre dernier, le Québec parle de sa propre voix au sein des instances de la francophonie. Lorsqu'il sera souverain, il occupera toute sa place et assumera toutes ses responsabilités. Et si, comme je l'espère, le Canada poursuit son action francophone actuelle, c'est toute la francophonie qui en sortira doublement gagnante.

Sur ce point nous voulons être très clairs. Nous voulons la souveraineté POUR les Québécois, nous ne la voulons CONTRE personne. La plupart d'entre vous ont d'excellentes relations avec le gouvernement canadien. C'est très bien. Rien de ce que nous faisons ne doit entacher ces rapports. Le Québec souverain a bien l'intention, lui aussi, d'avoir d'excellentes relations avec le gouvernement canadien.

[...]

Sans animosité et sans agressivité, par la voie la plus démocratique qui existe, les Québécoises et les Québécois sont arrivés à un moment crucial de leur histoire où ils auront à se prononcer sur leur destin, comme plusieurs d'entre vous ont eu à le faire depuis quarante ans. Vous êtes bien placés pour en juger: dans cette quête d'indépendance, nous n'arrivons pas prématurément. [...]

[Parlons maintenant du] défi de la langue. Si la francophonie n'a pas pour but la défense de la langue française, elle n'existe, par contre, qu'à partir de l'usage que plusieurs pays font du français [...]. Notre véhicule commun doit demeurer une langue moderne, utile et utilisée. L'avenir du français ne dépend pas seulement du nombre de ses locuteurs. Certes, si les efforts pour enseigner le français comme une véritable langue seconde ne sont pas faits dans certaines régions, il n'y aura plus de locuteurs francophones dans ces pays. La francophonie ne peut rester dans l'ignorance de ces données ni dans l'indifférence des conséquences. C'est pourquoi mon gouvernement s'associera davantage aux efforts originaux qui sont actuellement déployés pour le développement du français langue seconde au Viêt-nam, en Roumanie et dans certains pays d'Afrique.

Véhicule *moderne* signifie que le français est capable de véhiculer les concepts scientifiques de notre temps. Il doit nous permettre d'interagir avec nos ordinateurs et il doit être capable de nous servir sur l'autoroute de l'information. La question n'est plus un problème de quincaillerie: c'est de se demander pour quelle cause et avec quel contenu. *Utile*, le français le sera si nous sommes capables de l'utiliser dans les grands forums internationaux. [...]

Notre deuxième défi, en tant que communauté francophone, est celui de nous donner les conditions favorables au développement du français car, si le fait de partager une même langue ne permet pas aux femmes et aux hommes de nos pays d'atteindre un mieux-être, les liens qui nous unissent deviendront historiques, nostalgiques et folkloriques. [...]

Un troisième défi concerne la communication. Répartis sur tous les continents, les francophones ont des besoins de communication et de rassemblement. Le développement de l'espace audiovisuel et de l'inforoute présente des possibilités énormes que les pays francophones doivent saisir immédiatement. Les partenariats économiques dans le domaine des industries de la culture et de la communication sont une condition essentielle du déve-

loppement. Ils contribuent de plus à contrer l'uniformisa-
tion culturelle qu'entraîne la mondialisation des marchés. Mondialisons les marchés mais ne forçons pas tout
le monde à écouter la même chanson, à danser sur la
même musique, à faire les mêmes films et à regarder une
seule télévision. [...]

Souveraineté et universalité

À l'*Institut France-Amérique*,
Paris, le 27 janvier 1995.

[...] Vous n'êtes pas sans le savoir, le parti que je dirige a pour programme et pour mandat de proposer aux Québécois, d'ici quelques mois, de se donner un État. Bref, de sortir d'un État fédéré et de se donner un État-nation.

Je sais que, depuis quelques années, en Europe et en France, les nations n'ont pas toujours la cote. En tout cas, pas les nations qui réclament un État avec un certain retard sur celles qui en ont un depuis longtemps. On associe parfois le retour des nations à l'entrée dans un nouveau moyen âge, semé de périls et porteur de conflits.

Voilà un vrai débat, avec de vrais enjeux. L'expérience européenne toute récente offre cependant une gamme de situations, allant du divorce à l'amiable des Slovaques et des Tchèques, d'une part, aux tragédies que l'on connaît, de l'autre.

Ces questions intéressent les nationalistes québécois, et il me semble que nous pouvons tirer deux grands enseignements des événements européens et soviétiques survenus depuis la chute du mur.

D'abord, on doit constater que les États qui ont refusé de reconnaître vraiment le caractère multinational de leurs populations et qui ont refusé de donner à leurs nations constitutives de réels pouvoirs se sont condamnés à l'éclatement. Autrement dit, le refus, par l'État central, de partager réellement sa souveraineté avec ses nations constitutives a posé les conditions de son échec.

Un auteur sud-américain a écrit: «Une société qui abolit toute forme d'aventure fait de l'abolition de cette société la seule aventure possible.» Je paraphraserais: Un État multinational qui refuse de partager sa souveraineté avec ses nations constitutives fait de l'abolition de sa propre souveraineté la seule autonomie possible.

Plusieurs d'entre vous seront surpris d'apprendre qu'à ce jour la Constitution canadienne et les institutions canadiennes refusent de reconnaître l'existence des sept millions de Québécois en tant que nation, en tant que peuple, ou en tant que société distincte. L'actuel premier ministre canadien, M. Jean Chrétien, affirme à qui veut l'entendre qu'il n'existe qu'une nation au Canada, une nation pancanadienne, diversifiée certes, mais répartie en dix unités égales qu'on appelle des provinces.

M. Chrétien reflète à ce sujet un large consensus au Canada anglais, mais se heurte à la vive conscience qu'ont les Québécois de former une nation. Un rapport de son parti à la Chambre des communes a récemment décrété qu'il n'y avait également qu'une seule culture au Canada, qu'une seule identité canadienne, que le réseau des ambassades canadiennes a le mandat de promouvoir, tantôt en anglais, tantôt en français.

C'est cette fiction de l'inexistence d'une nation québécoise, couplée à la rapide disparition de la notion même de dualité dans la fédération canadienne, qui pousse en nombre croissant les Québécois à choisir la souveraineté. C'est cette fiction de l'inexistence d'une nation québécoise qui a justifié, il y a maintenant treize ans, l'adoption par le Canada d'une nouvelle constitution contre le vœu du Québec, et en lui réduisant unilatéralement ses pouvoirs, notamment en matière de langue et d'éducation.

Si le Canada avait reconnu qu'il y avait deux nations en son sein, jamais l'une n'aurait pu imposer sa volonté à l'autre, comme ce fut fait alors. Mais grâce au concept voulant que le

Canada soit formé de dix provinces égales, neuf d'entre elles, anglophones, se sont senties autorisées à imposer leur volonté à la dixième, francophone, qui représentait pourtant le quart de la population du pays. Depuis, quatre premiers ministres se sont succédé à la tête du gouvernement du Québec. Aucun n'a voulu ratifier ce coup de force. Je suis le cinquième, et vous me savez non enclin à le faire.

En fait, la fiction selon laquelle il n'y a qu'une nation au Canada a pris ces dernières années une ampleur qu'on ne lui connaissait pas et a produit des conséquences politiques et juridiques, notamment: une plus grande volonté du gouvernement central d'envahir les champs de compétence du Québec et des autres provinces; la décision de la Cour suprême du Canada de nier au Québec toute compétence sur les télécommunications, malgré l'intérêt que porte le Québec à la culture.

Le statut de nation étant hors de portée, un premier ministre canadien d'origine québécoise, Brian Mulroney, a déployé un effort méritoire pour faire reconnaître dans la Constitution l'existence du Québec comme une «société distincte». «Le Québec, disait-il, sera distinct à l'intérieur du Canada, ou alors il le sera à l'extérieur du Canada.» Il avait raison. Malgré les efforts de M. Mulroney et du gouvernement québécois de l'époque, le Canada anglophone a refusé ce compromis. Le Québec, cette année, s'apprête par conséquent à être distinct à l'extérieur du Canada.

Je tire à nouveau ma conclusion: le refus, par le Canada, de partager sa souveraineté avec le Québec fait de la pleine souveraineté du Québec la seule autonomie possible.

La seconde grande leçon qu'il faut tirer de l'expérience européenne récente concerne la définition de ce qu'on entend par «nation». Il y a la nation ouverte et la nation fermée. Cette dernière a pour synonyme «ethnicité», et c'est là que réside le danger. L'ethnie comme seul critère de rassemblement est un facteur d'exclusion, de rancœur, de racisme. C'est le concept du repli sur soi.

La nation ouverte ne nie pas que son élément constitu-
tif d'origine pouvait être ethnique. C'est le cas de toutes les
grandes nations d'Europe, dont la France. Mais elle accepte
comme souhaitable et heureuse la mutation de cet élément
d'origine, sa transformation en un élément identitaire et
culturel qui n'est plus synonyme d'ethnicité.

En clair, l'appartenance à la nation n'est plus fonction
de l'appartenance à une ethnie, mais fonction de l'identifi-
cation à un tronc commun de valeurs sociales et culturelles
distinctes de celles des nations voisines. L'origine ethnique
de ses membres devient de moins en moins pertinente, et
des immigrants d'arrivée récente peuvent incarner par leur
travail et leurs œuvres l'identité de la nation ouverte, le plus
naturellement du monde.

Ainsi définie, la nation ouverte respecte d'autant
mieux les minorités qui cohabitent sur son territoire et qui
ne s'identifient que partiellement au tronc commun majoritaire. En certains cas, ces minorités ne partagent pas même
la langue de la majorité.

Voilà la nation que je représente devant vous aujourd'hui. Le Québec est une nation habitant un territoire.
Sa majorité, qui partage une culture et une identité francophones, porte en elle-même l'antidote à l'ethnicité. En
effet, plus de 10 % des francophones québécois ne sont pas
d'origine française. Ce qui explique sans doute pourquoi
trois de nos six derniers premiers ministres québécois étaient
d'origine irlandaise. La variable ethnique est inopérante
dans la réalité québécoise.

J'irais d'ailleurs plus loin. Notre expérience de nation
dont l'existence est niée par l'État canadien nous a rendus
très sensibles à la reconnaissance des droits des minorités
vivant sur le territoire québécois. Nous avons été les premiers au Canada, il y a maintenant dix ans, à reconnaître
l'existence au Québec de nations autochtones distinctes.
[...]

De même, en ce qui concerne la minorité anglophone
du Québec, mon parti a défini un certain nombre de droits

que nous voulons enchâsser dans la constitution d'un Québec souverain. [...]

Ainsi définie, l'idée moderne de nation trouve sa meilleure expression dans les sociétés démocratiques où l'organisation de l'espace public est inséparable du projet politique qui unit la collectivité. L'État-nation est capable d'intégrer les immigrants, d'édifier un régime politique, de créer une citoyenneté. Ce faisant, la nation s'affirme comme le lieu premier où s'exerce la démocratie, où se jouent les rapports et les arbitrages sociaux, où le citoyen a la plus grande chance d'être partie prenante des décisions qui le concernent, même s'il appartient par ailleurs à de multiples réseaux définis sur des bases aussi diverses que la langue, la religion, la race, la culture.

Cela veut-il dire que toute idée de supranationalité doive être proscrite? Loin de là. Je souscris pour ma part aux conclusions qu'a tirées à ce sujet le secrétaire général des Nations unies, M. Boutros Boutros-Ghali, dans un discours prononcé à Montréal[1]. «Un monde en ordre est un monde de nations indépendantes, a-t-il dit, ouvertes les unes aux autres dans le respect de leurs différences et de leurs similitudes. C'est la logique féconde des nationalités et de l'universalité.»

À l'évidence, l'État se transforme. Une partie de ses fonctions traditionnelles — la monnaie, la défense et en certains cas la politique étrangère — est déjà largement soumise à des cadres internationaux, régionaux ou mondiaux. Des questions de plus en plus nombreuses, concernant par exemple l'environnement, ne peuvent être traitées efficacement qu'au sein d'institutions internationales.

Mais le souci des intérêts à long terme de sa communauté, la charge du bien commun et la représentation effective des divers intérêts de ses commettants, y compris dans la définition de son action internationale, constituent des fonctions que l'État-nation ne saurait abandonner sans créer un vide qui se révélerait vite dangereux.

---

1. Le 23 mai 1992.

J'ajouterais que la mondialisation des marchés, comme celle des cultures, l'instantanéité de la transmission de l'information, l'accélération de la cadence des changements provoquent un double mouvement: une plus grande volonté de participer pleinement aux échanges internationaux dont l'importance dans nos vies s'accroît sans cesse, mais en contre-partie un plus grand souci de conserver une personnalité d'autant mieux définie qu'elle peut participer au concert des nations.

[...]

Rien de ce que je viens de dire ne doit être entendu comme une condamnation du concept de fédéralisme. Per-sonnellement, j'ai longtemps été fédéraliste, et j'ai pensé qu'il y aurait une façon de réformer le cadre canadien pour donner au Québec la marge de manœuvre qu'il lui fallait. J'ai notamment été conseiller du premier ministre Jean Lesage, au début des années soixante, qui a d'ailleurs posé les premiers jalons de la relation France-Québec. M. Lesage pensait que seul un statut particulier pour le Québec pou-vait sauver l'unité canadienne. Plusieurs tentatives d'en arriver là se sont heurtées à des refus de plus en plus nets. Aujourd'hui, l'opinion publique canadienne-anglaise nous dit dans des sondages qu'elle préfère le départ du Québec à l'attribution d'un quelconque statut particulier.

Des pays européens, comme la Suisse, pratiquent un fédéralisme différent, respectueux des identités constituti-ves. Loin de moi l'idée de critiquer l'évolution européenne vers une supranationalité qui revêt des couleurs politiques. Rien dans ce qui se passe aujourd'hui en Europe ne choque mes oreilles de nationaliste moderne.

Mais je vais vous expliquer pourquoi l'intégration éco-nomique qui a cours en Amérique du Nord aujourd'hui ne peut pas déboucher sur un modèle semblable au vôtre. Vous aurez tous remarqué que, dans les négociations ayant mené à l'Accord de libre-échange nord-américain, ni le Canada ni le Mexique n'ont proposé de parlement commun à l'euro-péenne. Dans une telle enceinte, la majorité des États-Unis

322 POUR UN QUÉBEC SOUVERAIN

serait telle qu'aucun réel équilibre ne pourrait être atteint. Il faudrait attendre pour cela l'accession de beaucoup de pays latino-américains à la zone de libre-échange. On annonce pour 2005 la formation de l'Accord de libre-échange des Amériques, allant de l'Alaska et du Québec jusqu'à la Terre de Feu. Le Québec appuie cette initiative et compte bien être présent au rendez-vous. À première vue, il m'apparaît cependant douteux, compte tenu des distances, qu'un parlement des Amériques ait une utilité politique réelle.

La situation européenne est tout autre. Aucun pays n'y possède une majorité automatique. Selon les jours et les dossiers, les alliances entre petits et grands pays changent, les combinaisons sont multiples. Le nombre de pays participants assure la fluidité des débats.

Nous ne pouvons reproduire ce modèle ni en Amérique du Nord ni même au Canada. Car de la même façon que le Canada ne veut pas d'un parlement commun avec les États-Unis, je me suis toujours personnellement opposé à l'idée qu'un Québec souverain recrée une instance parlementaire commune avec son voisin canadien. Où serait l'avantage? Le Canada anglophone gagnerait tous les débats à trois contre un. Nous retournerions à la case impasse. Dans notre cas, il sera préférable de discuter de nos intérêts et problèmes communs de nation à nation, comme le Canada le fait avec les États-Unis, pourtant dix fois plus populeux.

Voilà où nous en sommes: le Québec deviendrait une entité politique, un État-nation, actif dans un grand marché et partageant de surcroît une même monnaie avec le reste des Canadiens. À ce titre, ce sera un niveau d'intégration économique un peu supérieur à celui de l'Europe, en attendant l'écu.

Cependant, l'expérience québécoise nous ramène une évidence formulée à la tribune de l'Assemblée générale des Nations unies, il y a trente ans, par le général de Gaulle. «Les nations, disait-il, constituent les éléments irréductibles et les ressorts indispensables de la vie universelle.» [...]

Des amis à la tête de la France

Devant l'Assemblée nationale, le 9 mai 1995.

[...] Depuis dimanche, la France a un nouveau président désigné. Les Françaises et les Français ont en effet élu M. Jacques Chirac pour occuper la présidence de la République pour les sept prochaines années.

M. Chirac est une personnalité française particulièrement connue au Québec. Il est considéré à juste titre comme un des grands acteurs des relations franco-québécoises. Que ce soit en tant que premier ministre — il l'a été deux fois, sous deux présidents différents, dans les années soixante-dix et quatre-vingt —, que ce soit en tant que président de l'Association internationale des maires francophones, qu'il a lui-même contribué à mettre sur pied, que ce soit en tant que maire de Paris, il a œuvré avec enthousiasme et détermination à la création de ponts entre les sociétés française et québécoise.

On peut, à juste titre, considérer que le Québec a un ami à la tête de la France. Je pourrais ajouter que M. Chirac est également une des personnalités politiques étrangères qui connaît le mieux le Québec et les Québécois. Il est tout à fait naturel que cette Assemblée souligne de façon particulière cette élection. On connaît les liens étroits entre la France et le Québec. Ma récente visite officielle en France l'a, si besoin est, bien démontré. L'accueil chaleureux qui m'a été réservé à cette occasion à la mairie de Paris, où j'ai pu bénéficier d'un entretien particulièrement riche avec M. Chirac, m'a d'ailleurs conforté dans notre volonté de relancer les rapports franco-québécois.

J'aimerais citer ce que, à cette occasion, M. Chirac disait: «Dans l'hypothèse, disait-il — c'était le 26 janvier 1995 — où ce référendum serait positif, c'est-à-dire où il déciderait de la souveraineté du Québec, il nous semble que les nations francophones — car c'est tout de même un problème qui a une dimension francophone forte — et en particulier la France devraient être immédiatement aux côtés des Québécois et soutenir et reconnaître cette nouvelle situation. La France devrait sans aucun doute être au premier rang de ceux qui diraient que nous marchons avec lui. Je pense qu'un certain nombre de pays francophones, au premier rang desquels se trouve la France, devraient tout naturellement reconnaître le bien-fondé d'une décision populaire.»

[...] Je voudrais profiter de cette occasion pour remercier chaleureusement celui qui, au cours des quatorze dernières années, a occupé le poste de président de la République française, M. François Mitterrand. Le Québec doit beaucoup à M. Mitterrand. Qu'il suffise de mentionner que c'est grâce à lui que nous avons pu prendre part aux sommets francophones et apporter une contribution particulière et originale.

Sur un plan plus personnel, je ne peux passer sous silence l'écoute attentive et la compréhension dont il a fait preuve à mon endroit, tant comme chef de l'opposition officielle que comme chef du gouvernement. M. Mitterrand a toujours gardé sa porte ouverte aux leaders politiques québécois, quel que soit leur parti ou leur choix en ce qui a trait à l'avenir du Québec.

Je voudrais également rappeler brièvement sa visite officielle au Québec à la fin des années quatre-vingt, qui a été suivie de peu d'une participation au Sommet de la francophonie qui s'est tenu dans la Vieille Capitale. Les Québécoises et les Québécois retiennent de ce moment privilégié l'image d'un homme sensible à l'importance de rapports étroits entre les sociétés française et québécoise.

À travers les considérations de partis politiques, aussi bien en France qu'ici, dans le départ de M. Mitterrand et dans l'arrivée de M. Chirac, je veux saluer l'amitié des Français et des Québécois. [...]

Notre place dans la famille des nations

Traduction d'une conférence prononcée
au Royal Institute of International Affairs,
Londres, le 5 juillet 1995.

[...] Pour commencer, j'aimerais vous présenter la position du Québec sur la question de la souveraineté et expliquer comment et pourquoi nous, les Québécois, sommes sur le point de réussir à réaliser la souveraineté par voie démocratique, par un processus qui nous permettra de faire des choix et de déterminer notre avenir en tant que peuple, d'une manière responsable et autonome. Je crois que le chemin que nous empruntons pourra servir d'exemple et sera bénéfique bien au-delà des frontières du Québec.

Si on regarde ce qui s'est passé dans le monde depuis le milieu du siècle, les chemins que d'autres peuples ont empruntés pour parvenir à la souveraineté sont très variés et cela ne s'est pas toujours fait en douceur. Les circonstances dans lesquelles l'indépendance a été réalisée et les moyens utilisés varient grandement d'un pays à l'autre.

La voie que nous suivons pourrait devenir un exemple marquant de démocratie participante en ce sens que les rapports voulus entre la majorité et la minorité peuvent être garantis dans une nouvelle constitution, être établis sans animosité grâce à des consultations, à la modération, à la réflexion et à des débats. J'aimerais vous démontrer pourquoi nous avons besoin de ce changement, lequel est à mon sens inévitable. [...]

Nous croyons à la démocratie, à l'autonomie, au respect des droits individuels et collectifs et nous voulons faire la souveraineté pour les Québécois et non pas contre les autres. La vision souverainiste du gouvernement du Québec est tout le contraire d'un repli sur nous-mêmes. Elle se fonde sur notre désir d'entrer dans la famille des nations, de participer pleinement aux échanges intellectuels, culturels, commerciaux et politiques qui ont lieu dans le monde moderne. [...]

Le gouvernement canadien sait très bien qu'il n'y a pas de marge de manœuvre, à l'extérieur du Québec, pour des changements qui pourraient être apportés à la Constitution de manière à répondre ne serait-ce qu'aux demandes minimales du Québec. Le premier ministre Chrétien a été élu en vertu de la promesse formelle de ne pas rouvrir le débat constitutionnel. Et, au grand déplaisir des fédéralistes du Québec, il répète ce refrain de façon très régulière.

Pour le Québec non plus il n'y a aucune entente possible dans le cadre de la Constitution canadienne. Le cul-de-sac constitutionnel combiné à la gestion très centralisée de la fédération canadienne et à l'empiètement de plus en plus grand du fédéral dans les domaines de compétence du Québec font que rien ne va plus. Le moment est venu d'agir.

Une nation de commerçants

Traduction d'un discours prononcé à l'occasion de l'assemblée annuelle de la Eastern Regional Conference (ERC) of the Council of State Governments, Québec, le 7 août 1995.

[...] C'est un cliché que de dire que l'originalité du Québec découle de sa situation à la croisée de la culture française et de la culture américaine. Nous sommes en quelque sorte devenus des experts pour combiner ces deux éléments, en ajoutant au mélange notre propre expérience pour créer quelque chose de nouveau. Quelque chose que nous exportons d'ailleurs avec succès en Europe et dans le reste de l'Amérique, qu'il s'agisse de logiciels, de voitures de chemin de fer, de cirques ou... de Céline Dion.

Or il appert que vous vous trouvez présentement dans la capitale de cette nation de commerçants que nous formons. Au Québec, nous exportons près de 40 % de tout ce que nous produisons. Autrefois, nous exportions des fourrures. Quand j'étais jeune — et je n'ai pas encore cent ans quand même! —, le Québec n'exportait que des matières premières. Aujourd'hui, nos principales exportations se situent dans des secteurs de haute technologie: les télécommunications, les avions et pièces d'avions et les produits pharmaceutiques.

Évidemment, le Québec a eu sa part de problèmes mais il se classe néanmoins au seizième rang dans le monde pour ce qui est de la puissance économique. Le Québec est en outre le huitième partenaire commercial en importance des États-Unis. Notre commerce avec vous représente environ 40 % du volume du commerce que vous effectuez avec le Mexique. En fait, le volume de notre commerce avec vous équivaut à l'ensemble du commerce que vous faites avec le Brésil, le Chili et l'Argentine réunis.

Alors, évidemment, le libre-échange est la pierre angulaire de la politique du Québec et tous les partis politiques représentés à l'Assemblée nationale sont en faveur du libre-échange. En fait, en Amérique du Nord, les Québécois constituent l'électorat le plus favorable au libre-échange. Sans nous, le Canada n'aurait pas voté majoritairement en faveur de l'accord canado-américain. Et sans nous, l'élan politique n'aurait pas été suffisamment vigoureux pour que le Canada signe l'ALENA. [...]

Comme vous le savez, le Canada a été fondé par deux peuples, l'un francophone, l'autre anglophone, vivant côte à côte. Pendant plus de cent ans, le partenariat a fonctionné en raison de ce que l'on pourrait appeler «un malentendu commode». Nous, les Québécois, croyions que le Canada était composé de deux peuples et que cela était le concept fondamental du pays. Les autres Canadiens croyaient cependant pour leur part que le pays était constitué de provinces égales et que c'était cela le concept fondamental. Ainsi, pendant plus d'un siècle, nous avons évité la collision frontale entre ces deux points de vue.

Mais depuis les années soixante, le Canada anglais et le gouvernement fédéral se sont engagés dans un processus musclé de développement qui est d'ailleurs à bien des égards remarquable. Des symboles canadiens ont été choisis, d'importants programmes canadiens ont été élaborés et — en grande partie à cause du fait que les Canadiens voulaient se distinguer des Américains — une identité canadienne concrète a émergé, à l'extérieur du Québec. De ce nouveau nationalisme canadien est née une détermination d'imposer au Québec cette nouvelle vision nationale, dans un certain nombre de domaines.

Le conflit le plus important est survenu en 1982 quand le document de base qui unit le Canada, la Constitution, a été modifié d'une manière fondamentale afin d'y incorporer ce nouveau nationalisme canadien, ce qui, par la même occasion, a balayé la façon dont le Québec voyait le Canada. Les provinces anglophones et le gouvernement fédéral ont adopté une nouvelle constitution — malgré l'opposition des deux partis représentés à l'Assemblée nationale du Québec. Cette nouvelle constitution a mis un frein à l'autonomie du Québec dans bien des domaines de compétence, notamment en ce qui a trait à la langue et à l'éducation qui sont au cœur même du caractère distinct du Québec.

Comme vous le savez sans doute, les Québécois représentent le quart de la population canadienne. Ce qui a amené un jour le premier ministre Brian Mulroney à faire la comparaison suivante: «Disons que c'est comme si le président des États-Unis modifiait la Constitution américaine, et si cette façon de procéder recevait l'assentiment des gouverneurs de tous les États... sauf des États de New York, de la Californie, du Texas et de l'Illinois.» [...]

«Vive le Québec libre»: une phrase dans la vie d'un peuple[1]

Devant les Amis de l'Institut Charles-de-Gaulle,
Paris, le 14 juin 1996.

[...] Dans le grand chambardement que connaît le Québec au cours de ces années [celles de la Révolution tranquille], il est significatif que l'on se soit tourné aussitôt vers la France. Parce que la Révolution tranquille, ce n'est pas seulement la réforme complète du système d'enseignement, l'irruption sur les marchés de puissantes sociétés d'État, l'installation d'une administration qui appartient à son siècle. C'est aussi le moment des retrouvailles avec la France et les Français.

Des accords culturels sont conclus, des associations d'entreprises voient le jour, une grande effervescence marque les rapports entre deux peuples qui n'en avaient plus beaucoup depuis longtemps.

Ceux qui ont connu cette époque savent bien à quel point l'Élysée fut, durant toutes ces années, l'allié, le conseiller, le complice parfois d'un peuple qui, sur les bords du

---

1. Le lecteur trouvera dans ce texte plusieurs idées exposées ailleurs. C'est à dessein que je les y ai laissées. Écrite quelques mois après que j'ai quitté le pouvoir et marquée par un certain recul, la conférence qui suit est, je pense, la synthèse la plus succincte en même temps que la plus explicite de ma perception des choses jusqu'au référendum du 30 octobre 1995.

Saint-Laurent, ne savait pas toujours où le mouvement l'entraînerait, mais ne ralentissait pas pour autant.

Il faudra un jour parler, par exemple, du rôle des grands commis de l'État français au moment de la création de sociétés d'État québécoises: la Caisse de dépôt et placement, la Société générale de financement, etc. Il faudra aussi reparler de ces ententes souvent sans beaucoup d'envergure que Québec signait avec d'anciennes colonies françaises, grâce aux bons offices de Paris, traités qui, invariablement, menaient le ministère des Affaires extérieures à Ottawa au bord de l'apoplexie. Le Québec faisait ses classes dans un domaine qu'il connaissait à peine.

Tout cela pour dire que, lorsque du balcon de l'hôtel de ville de Montréal le général de Gaulle, après une randonnée triomphale sur les deux cents kilomètres du chemin du Roy, lance son «Vive le Québec libre», entre ceux qui ont pris la direction de la Révolution tranquille et ceux qui entourent le général, on se connaît, on se connaît même fort bien.

Dans les heures qui suivront, à Montréal, à Ottawa et à Paris, il s'en trouvera pour penser que c'est trop, trop tôt. Certains feront mine de s'offusquer de cette intrusion dans les affaires d'un autre pays.

Une chose est, en tout cas, tout à fait claire: l'indépendance du Québec apparaît pour la première fois comme un aboutissement normal, souhaitable, à la face du monde. Sans doute le mouvement souverainiste québécois va-t-il suivre une trajectoire qu'il tracera lui-même; les leçons qu'il tirera de ses victoires et de ses défaites, les changements de cap qu'il connaîtra relèveront d'une dynamique qui est indiscutablement la sienne. Après tout, depuis la séparation de la Norvège d'avec la Suède au début du siècle, jusqu'au divorce de la Slovaquie et de la République tchèque, les exemples de pays occidentaux accédant à la souveraineté sans violence sont bien peu nombreux. Les modèles sont rares.

Il va rester cependant, chez les souverainistes et chez les gouvernements souverainistes du Québec, un souci de chercher en France non pas seulement un appui dans les moments cruciaux, mais aussi une oreille attentive, une possibilité de dialogue jusqu'aux niveaux les plus élevés de la vie politique. Il y a eu des hauts et des bas dans ces rapports, mais, et le dernier épisode en fait foi, les liens sont restés forts.

Le Québec est un pays — enfin, pas encore, mais cela viendra — nord-américain. Les États-Unis exercent sur la vie de tous les jours une influence constante. Il y a assez peu d'animosité à l'égard du grand voisin, moins en tout cas qu'il n'y en a à l'égard du Canada anglais. Et d'ailleurs le Québécois se sent bien moins menacé par le courant américain que le Canadien anglais, sans doute à cause de la différence de langue. Et c'est pourquoi la protection du français est devenue une sorte de devoir national. Quatre-vingt-trois pour cent des Québécois parlent le français à la maison. C'est certainement le meilleur critère pour déterminer la «densité» française du Québec. [...]

Devant la montée du nationalisme québécois, l'État fédéral a eu un certain succès à en dévier le sens. Dans un pays de droit britannique, les droits de la personne ont progressé avec l'évolution de la législation et celle des tribunaux. En 1982, une charte des droits fut enchâssée dans la Constitution canadienne. L'effet produit est profond en cette terre d'immigration qu'est le Canada. Tous les Canadiens ont dorénavant les mêmes droits. Et dans une sorte de raccourci historique étonnant, on en arrivera à la conclusion que, puisque toutes les personnes ont les mêmes droits et pouvoirs, l'expression politique de ces citoyens, c'est-à-dire leurs gouvernements provinciaux, est égale elle aussi.

La Charte canadienne des droits a rapidement pris valeur de symbole. Est canadien celui qui veut vivre sous l'empire de la Charte. Or, d'une part, les Québécois se sont donné une charte bien avant que celle d'Ottawa soit enchâssée dans la Constitution. Et d'autre part, il n'est pas question que le gouvernement du Québec ait les mêmes droits et pouvoirs que les autres gouvernements provinciaux.

L'Assemblée nationale du Québec n'a jamais accepté la Constitution de 1982. L'idée que le Québécois qui refuse le moule commun est par conséquent un Canadien récalcitrant, et n'est peut-être même pas un vrai Canadien, va gagner tellement de terrain que les tentatives de réforme constitutionnelle, sous la pression populaire, n'aboutiront à rien. Le Québec et les Québécois doivent être Canadiens, et il n'y a qu'une seule façon de l'être. Ballotté entre toutes ces visions de son identité, le Québécois, dira un humoriste, finit par vouloir un «Québec indépendant dans un Canada uni».

Mieux encore. En même temps que le régime fédéral élaborait la Charte canadienne des droits, on fit apparaître un concept, celui du multiculturalisme. Le Canada n'avait plus deux peuples fondateurs, il était dorénavant une sorte de faisceau de cultures et une mosaïque de communautés culturelles.

Plusieurs de ces communautés culturelles vont se doter, ce qui est normal, d'organismes représentatifs qui, incités d'ailleurs à le faire par les pouvoirs publics, participeront à la vie politique en tant qu'organismes représentant des groupes ethniques.

Face à la question de la souveraineté du Québec, ces organismes deviennent des interlocuteurs importants du débat politique et d'ardents défenseurs de l'unité canadienne.

Puisque le Canada est un faisceau de cultures et de communautés, le Québec doit l'être aussi, et l'idée fait son chemin que le seul point de vue des francophones, qui représentent les quatre cinquièmes de la population du Québec, ne peut suffire à la souveraineté. C'est un groupe nombreux mais ce n'est qu'un groupe. Et si, parlant des Québécois, on pense surtout aux francophones, il y aurait là, dit-on, une forme d'ethnocentrisme. Comment peut-on être Québécois? Comment doit-on être Québécois? La recherche de l'identité québécoise n'est pas terminée.

Il y a progrès cependant. Lorsque, il y a une vingtaine d'années, les maisons de sondage posaient la question: «Êtes-vous canadien, canadien-français ou québécois?», les réponses se partageaient à peu près également entre les trois vocables. De nos jours, à la même question, 60 % des gens répondent «québécois» et le reste se partage à peu près également entre «canadien» et «canadien-français».

Et puis la législation qui impose aux immigrants d'inscrire leurs enfants à l'école française commence à produire des résultats. Intégrer les immigrants cessera un jour d'être un objectif honteux.

Il n'en reste pas moins que ces réflexions sur les tribulations de l'identité québécoise montrent à quel point le «Vive le Québec libre» était, au moment où la phrase fut prononcée, remarquablement prophétique. On comprend aussi qu'elle ait provoqué des réserves sérieuses chez ceux dont la conscience québécoise n'était pas éveillée. Ils étaient encore majoritaires.

On s'en rendit compte trois ans plus tard. René Lévesque fonde [en 1968] le Parti québécois, qui regroupera les souverainistes de toutes les tendances. Ce tout jeune parti remporte 23,6 % des voix aux élections générales de 1970 et prend sept des 122 sièges. Trois ans plus tard, [aux élections générales de 1973], les souverainistes obtiennent 31 % des suffrages exprimés mais ne font élire que six députés.

Les congrès de ce parti sont, à l'époque, assez révélateurs de la brusque ouverture sur le monde que la perspective de l'indépendance laisse entrevoir. Pour la première fois, le régime politique est remis en cause par un parti reconnu qui occupe des sièges à l'Assemblée nationale. La République, bien sûr. Le vieux régime parlementaire britannique garde des adeptes, mais rapidement, le gros des troupes se partage entre les tenants d'un régime présidentiel à l'américaine et ceux d'un régime présidentiel Ve République.

L'influence française se fait sentir partout. Le type de planification qui s'est dégagé en France après la guerre est étudié, scruté, même s'il faut bien se rendre à l'évidence que l'économie nord-américaine se prête mal à un tel exercice.

C'est dans ce contexte que va se développer un concept qui fut d'abord une intuition de René Lévesque: la souveraineté-association.

[...] Le Parti québécois prend le pouvoir à la fin de 1976. Le référendum aura lieu en 1980. Toutes les précautions ont été prises pour que la question ne brusque pas. Ce qui est demandé, ce n'est pas l'autorisation de réaliser la souveraineté. C'est plutôt une demande de mandat de négocier à la fois le désengagement politique du Québec de la fédération canadienne et une association économique, où la libre circulation des biens et des personnes serait maintenue et où la monnaie serait commune.

D'une part, dès le début de la campagne référendaire, il est évident que la question est bien plus claire dans l'esprit des gens que dans celui du législateur. Elle se résume à ceci: Êtes-vous pour ou contre la souveraineté du Québec?

D'autre part, les gouvernants des autres provinces et le gouvernement fédéral refusent à l'avance toute négociation sur l'association, ce qui mine la souveraineté à sa source même. Le fameux trait d'union entre souveraineté et association qui devait accroître les chances de victoire devient une menace à la réalisation de la souveraineté. Le référendum sera perdu, le OUI n'emportant que 40 % des voix et le vote francophone étant divisé à peu près également.

Je passe sous silence les réactions au Québec et les difficultés des années qui suivirent, le découragement des uns, le cynisme de certains, l'abandon du projet par plusieurs.

En France, la désillusion fut profonde, aussi bien chez les indéfectibles amis gaullistes qui n'avaient jamais ménagé leur appui que chez certains socialistes qui arrivaient au pouvoir.

Lorsque, en 1988, je reviendrai aux affaires, dans l'opposition évidemment, cette désillusion sera mon principal obstacle pour retrouver des appuis en France: de partout on est, à juste titre, sceptique, pour ne pas dire incrédule. Le gouvernement libéral de l'époque laisse se relâcher les liens entre le Québec et la France. On n'abolit rien, mais on laisse glisser, on laisse s'éteindre.

La reprise de la marche vers la souveraineté doit alors être orientée de façon très différente. Il faut tirer des leçons de l'expérience, de la défaite de 1980, bien sûr, mais il faut

surtout s'adapter à la nouvelle situation politique et commerciale en Amérique du Nord.

D'abord, les droits douaniers ont beaucoup baissé. Le
danger de rester coincé entre deux tarifs est beaucoup plus
faible que par le passé. Mais s'amorce par ailleurs aux États-
Unis une vague de protectionnisme dont on sait par expérience au Canada à quel point elle peut être dangereuse.

Aux États-Unis comme au Canada, l'idée d'une zone
de libre-échange va alors faire son chemin. Cela ne va pas
tout seul. Au Canada, l'Ontario en particulier, la plus peu-
plée des provinces qui fait le tiers de la population totale et
qui a toujours été le centre industriel du Canada, résiste au
libre-échange d'autant mieux que c'est son gouvernement
qui mène la résistance.

Pour le Parti québécois, la perspective d'une entente de
libre-échange en Amérique du Nord est un cadeau du ciel.
Quelle qu'en soit la forme, à partir du moment où le Canada
s'engage à l'égard des États-Unis, il ne pourra faire autrement que d'être engagé à l'égard d'un Québec souverain. [...]

C'est ce qui explique qu'au Québec l'appui prêté au
gouvernement fédéral pour réaliser l'accord de libre-
échange a été non partisan, sans faille. Lorsque des observateurs du Canada anglais concluent que l'appui unanime des
forces politiques du Québec est responsable de la signature
du traité, ils ont raison. Pour une fois que l'intérêt politique
et l'intérêt économique des Québécois concordaient, il n'y
avait pas à hésiter. Un nouvel accord entre le Canada, les
États-Unis et le Mexique a reçu le même appui.

La déclaration de Miami où à peu près tous les pays des
trois Amériques s'engagèrent à réaliser un accord de libre-
échange fut salué avec enthousiasme au Québec, et singulièrement par le Parti québécois. Plus il y aurait de participants
à des accords de ce genre, plus il serait difficile d'exclure le
Québec, et moins le Canada pourrait exercer des représailles
contre le Québec.

Petit à petit d'ailleurs, l'importance du commerce entre
le Québec et les États-Unis est perçue clairement et

transparaît dans le dialogue des participants aux accords. Un chiffre fera tout comprendre: le commerce total, exportations et importations, entre le Québec et les États-Unis est actuellement égal au commerce total entre les États-Unis et le Brésil, l'Argentine et le Chili réunis. Les ventes du Québec aux États-Unis augmentent cinq fois plus vite que les ventes du Québec au Canada. Au-delà des réticences, l'intérêt du Québec et celui des États-Unis sont clairs.

La question de la monnaie commune donne lieu à une sorte de paradoxe. Un peuple qui aspire à l'indépendance situe comme premier geste à faire l'acceptation du dollar canadien comme monnaie commune, renonce en somme à toute autonomie sur le plan monétaire. Il y a deux raisons à cela, l'une politique, l'autre technique.

La raison politique tire son origine de trente ans de peurs véhiculées à chaque scrutin. La transformation appréhendée des comptes en banque, des créances, des actifs, libellés en dollars canadiens et échangés pour de la monnaie de singe provoque chez un peuple qui a quelque chose à perdre, qui n'est pas du tout démuni, des frayeurs incontrôlables. La raison technique confirme que la raison politique est juste. À une époque où les transactions financières représentent 20 ou 30 fois, chaque jour, la valeur des transactions commerciales, la spéculation peut provoquer en quelques jours un tel effondrement de la valeur de la nouvelle monnaie qu'elle ne s'en relèverait pas.

Posée de cette façon, la question de la monnaie du nouvel État est rapidement tranchée. Ce sera le dollar canadien, pas pour six mois ou un an, mais de façon permanente.

Bien sûr, le gouvernement fédéral canadien a protesté à plusieurs reprises contre l'intention du gouvernement du Québec de garder le dollar canadien comme devise advenant que le référendum soit gagné. Mais il ne peut rien y faire. Les Québécois sont propriétaires du quart de la masse monétaire. Le système bancaire est ainsi fait que la plupart des banques ont des succursales partout et il a été abondamment démontré dans le passé que la politique monétaire n'est pas «régionalisable».

Tout cela, me dira-t-on, est bien technique lorsqu'on parle de l'indépendance d'un pays. L'homme ne vit pas seulement de pain. Où est l'émotion dans tout cela, le goût du pays, l'ouverture sur le monde? On y vient et, en fait, on y est venu.

Néanmoins, il fallait convaincre les Québécois que le projet était ainsi fait qu'advenant qu'ils votent OUI, les représailles, le chantage à l'économie n'étaient pas possibles ou en tout cas pas crédibles. Il fallait montrer que l'on pouvait vouloir sa patrie, son pays, sans pour cela voir l'économie saccagée. Il fallait amener le public à sourire ou à s'indigner devant des exagérations qui ne manqueraient pas de se multiplier. En somme, il fallait calmer, donner de l'assurance.

Cela dura plusieurs années, le temps pour le fédéralisme canadien de démontrer qu'il ne pouvait pas se renouveler et donner au Québec la place qu'il avait traditionnellement revendiquée devant les empiètements du pouvoir central.

Je l'ai dit précédemment, le Québec n'a jamais accepté la Constitution de 1982. Le premier ministre libéral, M. Robert Bourassa, proposa au gouvernement d'Ottawa et à ses collègues des autres provinces cinq conditions pour que le Québec entre dans le rang. Aucun de ses prédécesseurs n'avait demandé aussi peu, il en convenait.

À Paris, dans les milieux politiques qui s'intéressaient encore à ces choses, on voyait dans l'accord des premiers ministres du Canada, accord que l'on appellera du lac Meech, la fin de la crise canadienne et la fin de l'espoir d'un Québec libre, pour reprendre l'expression du général.

Le Parti québécois décide de tout faire pour que le gouvernement du Québec ne cède pas sur les conditions minimales qu'il a lui-même fixées. Aussi pusillanimes soient-elles, on prit le risque de présumer qu'elles paraîtraient trop exigeantes au Canada anglais. Il suffisait de ne pas reculer, l'entente ne passerait pas. Elle ne passa pas.

Les dirigeants canadiens, québécois et cette fois-ci autochtones recommencèrent l'exercice, préférant en fait proposer une refonte de la Constitution. Un référendum pancanadien fut tenu en 1992 pour entériner l'entente des dirigeants, appelée entente de Charlottetown. Les Québécois dirent NON. L'entente ne leur offrait pas assez et son libellé était trop vague. Les Canadiens dirent NON. L'entente offrait selon eux trop au Québec. Les autochtones dirent NON. Ils en voulaient eux aussi davantage. Et ainsi tous les corps électoraux refusèrent l'entente signée par tous leurs dirigeants.

La table était mise pour un nouveau référendum sur la souveraineté du Québec. En 1994, le Parti québécois revint au pouvoir. On fixa pour 1995 la tenue de ce référendum.

Avant d'y arriver, il fallait procéder à deux opérations, l'une interne, l'autre extérieure.

La première consistait en la réintroduction de l'association économique avec le Canada. Certains éléments en étaient inéluctables, on vient de le voir. Mais jusqu'où devait-on aller à l'égard de ce qui est souhaitable dans le monde contemporain?

La deuxième opération avait trait à la reconnaissance internationale du Québec si le OUI l'emportait. Le Canada ne reconnaîtrait pas le nouveau pays à moins que d'autres pays n'ouvrent la voie et l'obligent en somme à constater le fait accompli.

En ce qui a trait à l'association, ce n'était pas tout d'avoir mis la libre circulation des produits, des services et des capitaux à l'abri des représailles les plus voyantes. Ce n'était pas tout d'avoir déclaré que l'on garde le dollar canadien et que l'on ne peut s'opposer efficacement à cette décision. Si l'on comprend bien maintenant au Québec que la souveraineté, l'indépendance, c'est le contrôle de nos lois, de nos impôts, de nos traités, l'esprit de l'époque est à la collaboration. L'exemple de l'Europe est là pour le démontrer.

Il faut donc proposer une formule de collaboration entre le Canada et le Québec qui engage à des négociations de bonne foi de la part du Québec, mais dont l'échec, s'il se produisait, ne remettrait pas en cause la réalisation de la souveraineté. [...]

La question de la reconnaissance était beaucoup plus délicate, infiniment plus complexe. Si, au ministère du Commerce de Washington, au State Department et au Conseil national de sécurité de la Maison-Blanche, on convenait facilement que le Québec ne pouvait être exclu de l'ALENA (l'Accord de libre-échange nord-américain), de là à reconnaître le Québec comme pays souverain, il n'y avait pas seulement un pas à franchir, mais bien un gouffre. Les liens entre Américains et Canadiens anglais sont des liens d'amitié personnelle, des liens de famille, des liens d'intérêts culturels communs, et depuis fort longtemps. Déjà le Canada anglais a compris à quel point le maintien du Québec dans l'ALENA était préjudiciable à ses intérêts politiques. Accepter que les États-Unis reconnaissent les résultats de la scission du Canada apparaissait insoutenable.

C'est la France qui pouvait faire aboutir les choses. Évidemment, on ne pouvait songer à rééditer le «Vive le Québec libre» du général de Gaulle. Pendant longtemps les gouvernements français successifs avaient calmé le jeu avec cette formule remarquable qui veut que la France à l'égard des affaires québécoises pratique «la non-ingérence et la non-indifférence». Après un référendum gagné, la France accepterait-elle de reconnaître le nouvel État une fois que le Québec aurait fait sa déclaration de souveraineté?

Même si toute l'Europe décidait d'attendre, la France jouerait-elle à l'égard du Québec le rôle que l'Allemagne a joué à l'égard de la Slovénie? De la Maison-Blanche venaient des indications selon lesquelles on ne laisserait pas la France être la première à reconnaître le Québec. Une application de la doctrine de Monroe. Pour ne pas reconnaître le Québec, ou en tout cas en retarder la reconnaissance comme on l'avait fait à l'égard de la Lituanie pour faire plaisir à Boris Eltsine, il faudrait faire pression sur la France pour qu'elle laisse tomber.

Le jeu de bascule a commencé en 1989. Il s'est poursuivi jusqu'au jour du référendum, le 30 octobre 1995. Au cours des jours qui l'ont précédé, j'ai envoyé à Paris un ancien vice-premier ministre de René Lévesque, M. Jacques-Yvan Morin, afin qu'il prépare avec nos amis français le scénario des jours qui suivraient un référendum gagné.

Je n'ai pas l'intention de retracer ici les péripéties de ce que l'on appela le «Grand Jeu», encore faudra-t-il un jour en faire le récit. Qu'il me soit simplement permis de souligner à quel point ceux qui aspiraient à avoir enfin leur pays trouvèrent ici l'appui recherché chez un grand nombre, la compréhension en tout cas chez d'autres. Qu'on me permette de souligner le rôle irremplaçable, à travers toutes ces années, des groupes d'amitié franco-québécoise, en particulier celui de l'Assemblée nationale dirigé par M. Pierre-André Wiltzer. Qu'on me permette aussi de saluer le président de l'Assemblée nationale, M. Philippe Séguin, dont l'amitié m'honore et dont l'appui indéfectible au Québec nous a fait éviter bien des écueils.

Et il me paraissait normal, lors de mon voyage officiel à Paris comme premier ministre du Québec en janvier 1995, d'aller remercier M. Mitterrand, dont on sait qu'il n'était pas enthousiasmé par la perspective d'un Québec souverain, mais qui en nous ouvrant sa porte, à l'époque du grand scepticisme, savait à quel point il nous en faisait ouvrir bien d'autres.

En tout état de cause, la campagne référendaire s'engagea. Le long travail de préparation n'avait pas été fait en vain. Les attaques d'ordre économique les plus sérieuses à la veille d'un scrutin eurent bien moins d'impact que leurs auteurs ne l'escomptaient. Ce qui tournait cependant à la guerre de tranchées fut bousculé par l'irruption des jeunes dans le débat. Le Québec dont on parlait était celui de demain. Cette société, bloquée pendant si longtemps sur ses thèmes conservateurs et surannés, débloquée par la Révolution tranquille, regardait enfin devant elle vers l'avenir. La ferveur fut telle, tant du côté du OUI que du côté du NON, que 94 % des électeurs inscrits votèrent. Du jamais vu.

La souveraineté a failli passer; 61 % des francophones du Québec ont voté OUI. Dans l'île de Montréal, 69 % des francophones ont voté OUI, ce qui est proprement stupéfiant. Nous nous attendions à ce que tout au plus 8 % ou 9 % des anglophones et des allophones votent OUI. Après tout, on leur demandait de renoncer à appartenir à la majorité au Canada et d'accepter un statut de minorité au Québec, minorité bien protégée, mais minorité tout de même.

D'avoir visé 8 % ou 9 % se révéla exagéré. Seulement 3 % ou 4 % (des anglophones et des allophones) votèrent OUI. Dans certaines sections de vote de l'île de Montréal, il n'y a eu aucun OUI. La polarisation a été complète.

Le NON l'emporta par 50 000 voix, soit 50,5 % des suffrages exprimés.

Cette deuxième défaite référendaire nous a amenés bien près du but. Un nouveau chapitre dans la marche vers la souveraineté vient de s'ouvrir. Il ne sera pas une redite de celui qui s'est exprimé. Tout doit être réexaminé, réétudié, refait. [...] Sans nostalgie, sans dogmatisme des stratégies, il va falloir reprendre le cheminement.

Il me reste à remercier tous ceux qui, en France, depuis longtemps pour plusieurs d'entre eux, appuient l'émergence d'un pays du Québec et accompagnent les Québécois dans leurs tribulations. Nous sommes tous ensemble solidaires dans la francophonie.

Par leur imagination, leur indiscutable modernité technologique, leur sens aigu de la concurrence dans le monde, les Québécois méritent mieux que le carcan qu'on leur impose depuis si longtemps. Il faut qu'ils s'en libèrent et qu'ils soient, enfin, responsables d'eux-mêmes. Il en aura fallu du temps pour tirer de la phrase du général de Gaulle les bases de la responsabilité de la nation. Mais ce temps-là n'a pas été perdu. Le pays du Québec est maintenant tout proche.

Conclusion

J'ai voulu, par ce livre, retracer les principales étapes du deuxième chapitre de l'histoire de la marche du Québec vers son indépendance. Le premier a été écrit par René Lévesque, évidemment. Précédé d'une éclatante introduction, préparée par Pierre Bourgault et son Rassemblement pour l'indépendance nationale, il commence en 1967 et se termine en 1980 avec le référendum. Le suit un long intermède consacré à un remarquable redressement du Québec, après la courte et violente récession qui a secoué l'Amérique du Nord. Cet épisode est aussi marqué par une grave déroute constitutionnelle. Qu'importe! René Lévesque a donné aux Québécois un goût du pays, une fierté d'être qui ne s'estomperont plus jamais.

Le deuxième chapitre s'ouvre en 1988. Il durera jusqu'au deuxième référendum, celui du 30 octobre 1995. Il est traversé par cinq événements importants qui se succèdent et s'enchaînent: l'échec de l'accord du lac Meech en 1990 et son prolongement, la commission Bélanger-Campeau; la victoire des souverainistes à l'occasion du référendum de 1992 sur la «dernière chance» du fédéralisme canadien, l'entente de Charlottetown; puis, la victoire des souverainistes aux élections fédérales de 1993, alors que le Bloc québécois rafle les deux tiers des sièges du Québec à la Chambre des communes; ensuite, le Parti québécois prend le pouvoir au Québec en 1994; finalement, le référendum de 1995 pour réaliser la souveraineté du Québec sera perdu de peu, mais l'appui des francophones sera, enfin, clairement majoritaire.

En arrière-plan de ce deuxième chapitre, survient la plus forte et la plus longue récession que l'Occident ait connue depuis la Seconde Guerre mondiale; seuls les États-Unis ont réussi à s'en sortir bien et rapidement. Un peu partout ailleurs, de chaque côté de l'Atlantique, on patauge, cherchant à concilier faible croissance, réduction des déficits et création d'emplois.

C'est un immense témoignage de la vitalité de l'idéal de la souveraineté au sein de notre peuple, que ni la situation réelle de l'économie du Québec ni sa situation appréhendée en cas de souveraineté n'aient tempéré l'enthousiasme des Québécois francophones, et particulièrement des jeunes.

Au moment où j'écris ces lignes, la période de deuil est terminée. Le troisième chapitre commence. Ce ne sera pas un simple prolongement du deuxième, pas plus que celui-ci n'était un prolongement du premier.

Je ne serai pas chargé d'élaborer les plans de ce nouveau chapitre. Il ne faut pas non plus que je tente d'en suggérer un. On peut, pendant quelque temps encore, laisser certaines décisions en suspens et examiner diverses possibilités, des hypothèses. Mais il faut dès maintenant s'atteler à la tâche de mettre au point une stratégie.

Quand on est passé si près du but, on n'a pas le droit de laisser dans le paysage quelque vache sacrée que ce soit. Il faut tout réévaluer, tout scruter, en n'étant guidé que par deux idées fondamentales: l'objectif principal est de réaliser la souveraineté du Québec et les moyens pour y arriver doivent être conformes à nos convictions démocratiques et à nos traditions parlementaires.

Au-delà de ces deux principes fondamentaux, tout doit être revu froidement. Ce n'est pas parce que, depuis un quart de siècle, on dit ou on promet la même chose qu'on doit la répéter pendant encore vingt-cinq ans. L'important c'est de garder l'esprit ouvert et de ne jamais perdre de vue l'objectif.

Et Dieu sait qu'il est facile de le perdre de vue quand on est au pouvoir. Gérer, administrer, faire avancer des dossiers que l'on juge importants, tout cela est fascinant. L'exercice du pouvoir peut vite devenir un piège pour les souverainistes. Québec a, au fil des années, obtenu ou exercé tant de pouvoirs qu'on peut avoir l'illusion qu'il y a là tout ce qu'il faut pour transformer la société dans le sens de ses convictions et du programme du parti politique auquel on appartient. Cela prend un certain temps pour se rendre compte que, dans l'exercice du pouvoir, Québec est en liberté surveillée par Ottawa. Il suffit souvent d'une seule action du gouvernement fédéral, une modification à une loi, à un règlement, à un transfert, pour semer la pagaille dans les programmes.

Évidemment, pour avoir la paix et organiser convenablement au moins une partie des activités gouvernementales, la tentation consiste à ne pas s'approcher des zones dites grises, où les compétences du gouvernement fédéral commencent à s'exercer. Entre quatre murs entourant un vaste carré de terrain, on peut être heureux si on se contente de cultiver un beau potager, et malheureux si on est maçon et qu'on veuille découper des fenêtres dans les murs. Jardinier ou maçon? On peut faire les deux. Il faut faire les deux.

Si on se contente de jardiner, l'œil fixé sur le sol, il est tellement facile de n'avoir plus de perspective sur ce qui nous entoure.

À la réunion de mars 1996 qui préparait le sommet économique de l'automne, tous les participants se sont mis d'accord pour que le gouvernement du Québec fasse disparaître complètement le déficit budgétaire sans augmenter les impôts. L'exercice de compressions des dépenses au cours de l'automne 1996 et de l'hiver 1997 s'avéra extrêmement pénible, on le sait. Lorsqu'il fut terminé, la diminution des dépenses pour l'année budgétaire 1997-1998 était égale à la réduction des paiements de transfert du gouvernement fédéral au gouvernement de Québec. On l'a à peine signalé. N'empêche... Bien des gens sont fiers d'avoir réussi de telles compressions sans bouleverser l'équilibre social. Pour en arriver là, on a fait mûrir les plus beaux fruits de la négociation et du consensus. Le jardinage a été fait, si l'on peut dire, en profondeur.

Évidemment, si le OUI l'avait emporté le 30 octobre 1995, nous aurions mis la main sur tous nos impôts, et le gouvernement fédéral aurait gardé ses transferts. Nous aurions ainsi obtenu des ressources dont le produit grimpe chaque année et abandonné des ressources dont le produit baisse. Cela, c'est du bon travail de maçon.

L'objectif, c'est la construction d'un pays. Ce qui ne veut pas dire que les souverainistes gèrent mal ou sont moins rigoureux. Bien au contraire, mais ils peuvent être amenés, pour certains dossiers, à gérer différemment.

Comme cela a été le cas périodiquement dans le passé, il faudra réexaminer le cadre des rapports d'un Québec souverain avec le Canada. Ce fut d'abord l'association, puis le partenariat. Y aura-t-il une troisième formule? Peut-être n'est-ce pas nécessaire.

Nous sommes toujours bien protégés par l'engagement de garder le dollar canadien, nous allons avoir à participer, nous l'espérons, à une extension de la zone de libre-échange déjà constituée. On ne reviendra pas en arrière. Et le partenariat est une formule souple pour définir le genre de rapports économiques que les Québécois souhaitent entretenir avec le Canada, jusqu'à ce que, éventuellement, les Canadiens disent ce qu'ils en pensent.

Toutes les conséquences économiques de chaque décision ont été pendant des années étudiées, pesées, débattues, jusqu'à la conclusion ultime: si on administre de façon pas trop bête, les résultats ne sont pas trop mauvais... Il fallait passer par là. Je ne suis pas certain que tout cet exercice sera repris à l'occasion du troisième chapitre. En tous cas, je ne le souhaite pas.

Il faut que la société québécoise revienne, sur le plan économique et social, aux débats de fond qui troublent tellement notre époque. Comment recrée-t-on le plein-emploi? Comment assure-t-on l'égalité des chances chez les plus jeunes? Comment évite-t-on qu'une partie de la société tombe dans une trappe de pauvreté d'où elle n'arrive plus à sortir? Comment équilibre-t-on le développement des régions et celui de la métropole? Maintenant qu'il n'y a plus guère de frontières économiques, comment s'assure-t-on, dans la société québécoise, du contrôle et de l'expansion d'un nombre suffisant de centres de décisions économiques et financiers? Et que veut dire «suffisant»?

Bien sûr, on ne peut aborder ces questions sans heurter de front les structures politiques du système fédéral canadien. Nous avons consacré tant de temps et d'énergie à tenter de sortir de ces structures, nous en avons perdu tellement à imaginer les conséquences affreuses ou heureuses du changement de régime politique que la réflexion sur les vraies questions n'a pas suffisamment avancé. C'est à cela que doit servir, à mon sens, le troisième chapitre: réfléchir, au sein du gouvernement et de l'administration, évidemment, mais partout dans notre société, à des esquisses de solution, aux moyens d'adapter notre société aux problèmes lancinants qui caractérisent la fin de ce siècle.

Tôt ou tard, le Québec sera indépendant. Le plus tôt sera le mieux.

D'ici là, il faut éviter de se laisser emporter de nouveau dans des débats politiques qu'il fallait certes tenir, mais dont toutes les perspectives ont été épuisées. Les premiers ministres des neuf autres provinces et du gouvernement fédéral ont modifié la Constitution en 1982. Depuis quinze ans maintenant, le Québec refuse d'entériner le résultat. Ces mêmes premiers ministres ont accepté par la suite des propositions destinées à ramener le Québec dans le giron constitutionnel, avant de renier leur parole sous la pression de l'opinion publique canadienne-anglaise. Enfin, ils ont proposé en 1992 une transformation constitutionnelle pour le Québec sans doute, mais aussi pour tout le Canada. Le Québec a rejeté la proposition... et le Canada aussi, d'ailleurs.

Suffit! Quand on pense à tous les changements qui sont survenus dans le monde depuis 1982, et surtout depuis

1990, justement, on ne peut que déplorer la perte de temps et admirer la persistance de l'espoir.

Le message pourtant est clair: Acceptez la situation comme elle est, le *statu quo*, ou sortez. Eh bien, sortons!

Il ne faut pas se laisser reprendre, dans les années qui viennent, par les arguties juridiques. On n'empêche pas un peuple de disposer de lui-même en s'adressant aux tribunaux. On ne peut avoir accepté que la souveraineté du Québec soit l'objet de deux référendums, pour ensuite annoncer que le troisième sera sans objet et sans justification. Oublions tout cela, nous avons mieux à faire.

Le troisième chapitre sera caractérisé — je le pense, même si au moment où ces lignes sont écrites, ce n'est pas évident — par une clarification de l'identité québécoise. Il faudra bien un jour s'entendre sur ce qu'on est! Et il ne faudra pas faire dans la dentelle. Quelques idées claires devraient suffire. Mais encore faut-il qu'elles soient claires pour un nombre suffisant de Québécois.

Est québécois qui veut l'être. La langue des Québécois est le français. Leur culture est d'expression française, façonnée par l'Amérique du Nord, et en cela profondément originale. Les Québécois sont d'origines très diverses. Ce n'est ni la race ni la couleur qui les définissent, c'est la langue. Au moment où le Québec deviendra un pays souverain, tous ceux qui y résideront et qui seront déjà citoyens canadiens (ou sinon qui rempliront les conditions déterminées) acquerront automatiquement la citoyenneté québécoise.

Les anglophones forment au Québec une minorité historique dont le rôle reste important. Leurs droits seront maintenus, mais, peut-être serait-il préférable, cette fois-ci, qu'on n'en ajoute pas et qu'on s'aligne un peu plus sur ce que le Canada entend faire à l'égard des francophones hors Québec avant de confirmer le statut des anglophones comme la minorité la mieux protégée et la plus geignarde du monde occidental.

Savoir qui l'on est. S'affirmer québécois. Participer, en ce début d'un nouveau millénaire, à l'aventure de la connaissance et de la culture dans un monde ouvert comme jamais, avoir les moyens de ses ambitions et retrouver le goût de faire des choses, chacun pour soi et tous ensemble, c'est à tout cela que le troisième chapitre doit nous convier. Nous y arriverons.

La tâche serait plus simple si on rajeunissait un peu le pouvoir dans cette société qui a pris un coup de vieux depuis la Révolution tranquille. Les nostalgiques, les vestales et les momies pullulent. Les idées deviennent plus rares; les savants se transforment souvent en techniciens, les politiciens, de plus en plus en administrateurs jansénistes. Il reste évidemment les poètes. Et tant qu'ils seront là, tout est possible.

Table

La question économique: de l'apocalypse au partenariat

Les anglophones, les allophones et les autochtones face à la souveraineté